Kreative Intelligenz

CI

Howard Gardner

Kreative Intelligenz

**Was wir mit Mozart, Freud, Woolf und
Gandhi gemeinsam haben**

Aus dem Englischen von Andreas Simon

Campus Verlag
Frankfurt/New York

Die englische Originalausgabe *Extraordinary Minds* erschien 1997 bei BasicBooks, New York. Copyright © 1997 Howard Gardner

Redaktion: Catrin Yazdani, Mainz

Die Deutsche Bibliothek – CIP-Einheitsaufnahme

Gardner, Howard:
Kreative Intelligenz : was wir mit Mozart, Freud, Woolf und Gandhi gemeinsam haben / Howard Gardner. Aus dem Engl. von Andreas Simon. – 2. Aufl. – Frankfurt/Main ; New York : Campus Verlag, 1999
Einheitssacht.: Extraordinary minds <dt.>
ISBN 3-593-36180-9

2. Auflage 1999

Umschlaggestaltung: Guido Klütsch, Köln
Umschlagmotive: © AKG, Berlin
Satz: Publikations Atelier, Frankfurt/Main
Druck und Bindung: Media-Print, Paderborn
Gedruckt auf säurefreiem und chlorfrei gebleichtem Papier.
Printed in Germany

Jenen außergewöhnlichen Philanthropen,
die Gelehrsamkeit und Erziehung fördern

Inhalt

3 Aussergewöhnliche Entwicklung

4 Kreative Meisterschaft: der Fall Mozart

5 Kreative Neuerung: der Fall Sigmund Freud

6 Kreative Selbstbeobachtung: Der Fall Virginia Woolf

7 Kreative Einflussnahme: Der Fall Mahatma Gandhi

8 Spielformen des Aussergewöhnlichen

Vorwort

Ich habe mich in den letzten zehn Jahren ausgiebig und intensiv mit dem Leben außergewöhnlich kreativer Menschen befaßt. Nicht immer, aber in der Regel handelte es sich dabei um Menschen, die ich bewundere. Ich habe viel über ihr Leben gelesen, ihre Werke studiert und, wo dies möglich war, mit Menschen gesprochen, die sie kannten. Und ich habe versucht, soweit wie möglich ihre wunderbare, häufig rätselhafte kreative Intelligenz zu ergründen, um ihre Triebkräfte und ihr Wesen zu verstehen.

Einige Lehren aus dieser Beschäftigung mit Außergewöhnlichkeit sind spezifischer Natur: zum Beispiel, daß man nicht umhin kommt, die Notizbücher von Martha Graham oder die Skizzenbücher von Pablo Picasso eingehend zu studieren, wenn man beide verstehen will. Andere Erkenntnisse sind allgemeiner Art: So kehrt zum Beispiel eine überraschend große Zahl von Merkmalen kreativer Intelligenz häufig wieder: über die Zeiten (Mozart und Strawinski), über Räume (Mao Zedong und Franklin D. Roosevelt) und Arbeitsgebiete hinweg (Virginia Woolf und Margaret Mead). Dieses Buch gibt mir die Gelegenheit, ein Resümee meiner Erkenntnisse über Kreativität, Intelligenz, Führungsqualitäten und andere Arten der Gattung »außergewöhnliche Intelligenz« zu ziehen.

Es ist reizvoll, die eigenen Gedanken zusammenzufassen, bietet sich so doch die Gelegenheit, sie gleichzeitig einer kritischen Durchsicht zu unterziehen. Daneben aber habe ich dieses Projekt vor allem aus zwei Gründen in Angriff genommen. Erstens bin ich zu dem Schluß gelangt, daß es vier gesonderte Spielarten von kreativer Intelligenz gibt. In diesem Buch werde ich versuchen, die entwicklungsgeschichtlichen Ursprünge und die ausgereifte Praxis des Meisters, des Neuerers, des Selbstbeobachters und des Beeinflussers zu erläutern. Zweitens bin ich überzeugt, daß jeder von uns die wesentlichen Zutaten dieser vier Arten von kreativer Intelligenz in sich trägt. Indem wir die Außergewöhnlichkeit von Mozart, Freud, Woolf und Gandhi besser verstehen, kann jeder einzelne von uns als Mensch nicht nur mehr erreichen, sondern auch eher einen bedeutenden Beitrag für die Gesellschaft leisten.

Da dieses Buch als Resümee meiner Arbeit gedacht ist, habe ich die Zitate im Text auf ein Minimum beschränkt. Wer die verschiedenen Themen vertiefen möchte, wird dafür in den Literaturhinweisen reichlich Anregungen finden.

Ich möchte John Brockman danken, der die ursprüngliche Idee zu diesem Buch hatte. Für ihre Unterstützung bei der Redaktion danke ich Susan Rabiner, Linda Carbone und Brian Desmond. Zu Dank verpflichtet bin ich ferner Mihaly Csikszentmihalyi, William Damon, Robert Kiely, Tanya Luhrmann und meiner Frau Ellen Winner: Sie alle standen mir mit ihrem nützlichen Rat und ihrer kritischen Begleitung zur Seite. Für die Unterstützung meiner jüngsten Arbeit über Kreativität danke ich der Hewlett Foundation, der Ross Family Charitable Foundation und der Louise and Claude Rosenberg Jr. Family Foundation. Und schließlich möchte ich Daniel Carleton Gajdusek danken, der mich während meiner gesamten Arbeit inspirierte – ein Freund und Gelehrter von wahrhaft außergewöhnlicher Intelligenz.

1

Einleitung: Auf dem Weg zu einer Wissenschaft kreativer Intelligenz

Phänomene kreativer Intelligenz

Von den Milliarden von Menschen, die in den letzten Jahrtausenden auf unserem Planeten wandelten, haben vergleichsweise wenige über ihren unmittelbaren Umkreis hinaus Spuren hinterlassen. Unter jenen, die in Erinnerung geblieben sind, sind einige für ihren ungewöhnlichen Mut bekannt (die Jungfrau von Orléans), einige für ihr hohes Lebensalter (Rose Kennedy), andere für ihre Großzügigkeit (Andrew Carnegie) und wieder andere für ihre Grausamkeit (Dschingis Khan).

In jedem Zeitalter zeichnet sich ein winziger Prozentsatz von Menschen durch ihre kreative Leistung aus. Einige ragen durch die Großartigkeit und Qualität ihrer Werke hervor: Obwohl er in jungen Jahren starb, schuf zum Beispiel Wolfgang Amadeus Mozart Dutzende von Meisterwerken in praktisch jedem bekannten Musikgenre. Manchmal stechen solche Menschen durch ihren Innovationsgeist hervor: Noch im Alter von vierzig unbekannt, gelang es etwa Sigmund Freud, eine einflußreiche neue Lehre zu begründen, die Psychoanalyse. Manchmal tun sich diese Menschen durch die Ergründung ihres Innenlebens hervor: Virginia Woolf zum Beispiel drang tief in ihre eigene Psyche, die weibliche Erfahrung und das Wesen bewußter geistiger Prozesse ein. Und manchmal schließlich bestechen sie durch ihre Fähigkeiten, andere zu beeinflussen: Mahatma Gandhi, ein Rechtsanwalt aus einer entlegenen Provinz der damaligen britischen Kronkolonie Indien, ersann und praktizierte eine Form des zivilen Ungehorsams, die bis heute Millionen von Menschen auf der ganzen Welt inspiriert.

Mozart, Freud, Woolf und Gandhi sind ganz besondere Menschen – so besonders, daß ich sie hier als typische Vertreter kreativer Intelligenz ausgewählt habe. Aber sie sind durchaus nicht die einzigen Beispiele für außergewöhnliche Intelligenz. Wer heute zum Beispiel die Affenzeichnungen des chinesischen Mädchens Wang Yani betrachtet, die Pferdeskizzen des autistischen Mädchens Nadia und die Architekturzeichnungen des autistischen Jungen Stephen Wiltshire, der ist von diesen anregenden Schöpfungen tief beeindruckt. Wir sind überrascht zu erfahren, daß Lorenzo di Medici im Alter von 14 Jahren eine diplomatische Mission erfüllte, daß Thomas Jefferson die Unabhängigkeitserklärung mit 26 Jahren schrieb und Alexander der Große zur Zeit seines Todes mit 36 Jahren einen Großteil der zivilisierten Welt erobert hatte. Wir staunen über den Erfolg, den die polnisch-französische Wissenschaftlerin Marie Curie, die amerikanische Pionierin des modernen Tanzes Martha Graham und der politische Führer Südafrikas Nelson Mandela trotz gewaltiger Widerstände hatten. Und wir können kaum glauben, daß Goethe seinen *Faust* im Alter von 82 beendete und Verdi, der irische Dichter William Butler Yeats und Michelangelo einige ihrer größten Werken im hohen Alter schufen.

Immer schon begegneten die meisten Menschen den außergewöhnlich kreativen Individuen in ihrer Mitte mit einer Art Haßliebe. Einerseits schätzen wir ihr Schaffen und profitieren davon; wir benennen Gebäude nach ihnen und sogar ganze Städte, wir lesen (und schreiben manchmal Bücher) über sie, wir bauen unsere Studiengänge und Disziplinen auf ihren Worten und Werken auf.

Und doch nähren wir gleichzeitig beträchtliche Zweifel, wenn einzelne mit großen Gaben ausgestattet sind oder einen großen Einfluß auf unser Leben ausüben. Anfangs weigern wir uns, ihre Leistungen anzuerkennen, manchmal, indem wir ihre Schöpfer zu einem Schattendasein verurteilen, manchmal, indem wir ihre Neuerungen ablehnen. Haben wir einmal ihre Errungenschaften akzeptiert, suchen wir bei ihnen häufig nach Blößen, Schwachstellen und Gründen, um sie zu deklassieren, als ob wir es ihnen in gewisser Hinsicht heimzahlen wollten. Selbst noch in der Verehrung unserer Helden gelüstet es uns »Normalsterblichen« danach, sie zu verunglimpfen.

Ähnlich ambivalent ist unsere Haltung im Hinblick auf die Bildungspolitik. Die meisten Gesellschaften erkennen auf die eine oder andere Weise die Talentierten in ihrer Mitte an und geben ihnen Möglichkeiten, ihr Potential auszuschöpfen – durch besondere Programme, die sie fördern oder den Besten das Überleben ermöglichen. In demokratischen Gesellschaften bereitet uns die Idee einer Elite jedoch großes Unbehagen, ob sie nun auf Verdienst oder auf der Idee beruht, daß Menschen zu ihrem Beruf »geboren« werden. Besonders gering achten wir Menschen mit intellektueller Begabung: Zum Beispiel wenden wir unverhältnismäßig mehr Mittel für Kinder mit Lernproblemen als für ungewöhnlich Begabte auf. Und wir sind (mit einigem Grund) mißtrauisch gegenüber jenen »Anbetern des Kanons«, die sich für überlegen halten, weil sie angeblich als einzige in der Lage sind, die großen Geister der Vergangenheit zu verstehen.

Selbst unter Gelehrten trifft man auf unterschiedliche Haltungen. Besonders Geisteswissenschaftler – etwa Biographen, Historiker, Literatur- und Kunstkritiker – erkennen bestimmte Menschen als außergewöhnlich an und schenken ihnen deshalb anhaltendes Interesse. In der Vergangenheit neigten Studien über Freud oder Marx, Einstein oder Darwin, Jane Austen oder Charles Dickens dazu, diese kreativen Menschen zu glorifizieren und ihre große Wirkung zu betonen. In jüngerer Zeit wurden dagegen aus dem Unbehagen an bestimmten »kanonisierten« Persönlichkeiten ihre Schwächen betont, eine Tendenz, die zuweilen in richtigen »Pathographien«, in »Krankheitsbildern« kulminierte.

In den Natur- und Verhaltenswissenschaften stießen außergewöhnliche Menschen auf kein vergleichbares Forschungsinteresse. Unterschiede zwischen Individuen in anderen Spezies der Tierwelt sind nicht sehr ausgeprägt; und die meisten Forscher, die sich mit dem Menschen befassen, sind eher an Mustern interessiert, die unter uns allen vorherrschen, als an regelmäßigen Merkmalen, die einige Individuen von anderen unterscheiden könnten. Zudem neigt man auf dem neuen Gebiet der Kognitionswissenschaften, die sich besonders mit Denkstrukturen befassen, stark zu der Annahme, daß sich alle Individuen derselben grundlegenden mentalen Prozesse bedienen. Ob wir nun Abraham Lincoln, Marie Curie oder Lieschen Müller als Beispiel nehmen: Alle drei bedienten und bedienen sich nach dieser Auffassung der gleichen Erinnerungs-, Lern- und Verhaltensprozesse. Wo man Unterschiede zwischen Individuen annimmt, hält man sie für graduell, nicht für wesensmäßig.

Jenseits der Karikaturen kreativer Intelligenz

Es ist denkbar, daß das Leben außergewöhnlich kreativer Menschen so unterschiedlich ist, daß sich aus dem Studium ihrer ganz individuellen Züge keine Verallgemeinerungen ableiten lassen. Ebenso denkbar ist es, daß Wissenschaftler letztlich keine hervorstechenden Unterschiede zwischen den Charles Darwins und Hansi Müllers dieser Welt finden werden. Aber es wäre vermessen, zu einer dieser Folgerungen zu gelangen, ohne überhaupt den Versuch unternommen zu haben, aufschlußreiche Parallelen im Leben von Martha Graham und Mahatma Gandhi, in den Persönlichkeiten von Lorenzo di Medici und Alexander dem Großen oder in den frühen Lebensumständen von Wunderkindern der Musik und Malerei zu entdecken. Kurz gesagt: Ob es eine Wissenschaft kreativer Intelligenz geben kann, bleibt eine empirische Frage.

Ich behaupte: Eine Wissenschaft kreativer Intelligenz ist möglich – tatsächlich entsteht sie bereits. Eine solche Wissenschaft muß zwei gleichermaßen verfehlte Extreme vermeiden. Sie kann nicht der Skylla der »Abgesondertheit« nachjagen – der Überzeugung, daß außergewöhnlich kreative Menschen eine Art für sich sind, die nicht mit den normalen Gesetzen des Verhaltens, Denkens und Handelns erklärbar ist. Gleichzeitig sollte sie nicht der Charybdis der »Unterschiedslosigkeit« erliegen, das heißt dem Glauben, daß außergewöhnlich kreative Individuen in allen wichtigen Aspekten von uns anderen ununterscheidbar sind. Wenn es eine Wissenschaft kreativer Intelligenz geben soll, so muß sie diese beiden Positionen miteinander verbinden. Tatsächlich müssen außerordentlich kreative Menschen aus demselben Stoff gemacht sein wie wir anderen; aber in dem Moment, wo ihre

Persönlichkeiten voll ausgebildet sind, unterscheiden sie sich sehr deutlich vom sprichwörtlichen Mann (oder der Frau) auf der Straße. Diesen Mittelweg einzuschlagen ist nicht einfach. Die Großtaten herausragender Menschen können uns blind machen für die Leistungen von Individuen, die nicht sehr bekannt sind. Mit großer Wahrscheinlichkeit gibt es für jeden William Butler Yeats oder jede Marie Curie, die ihren Weg in die Enzyklopädien finden, Menschen mit dem gleichen Potential – die vielleicht sogar Bedeutendes geleistet haben –, die aber aus dem einen oder anderen Grund im Schatten bleiben. Ebenso wichtig ist es, in Erinnerung zu behalten, daß jeder normale Mensch Glanzstücke vollbringen kann, die vom Mars aus betrachtet beeindruckend und schwer erklärlich sind: eine oder mehrere Sprachen zu lernen; Hunderte von Menschen an ihrem Gesicht zu erkennen; sich an eine scheinbar endlose Reihe von Ereignissen aus der Vergangenheit zu erinnern. Und mit Übung können die meisten von uns Dinge lernen, die einst Beobachter von unserem eigenen Planeten in Erstaunen versetzt hätten: lange Zahlenreihen im Gedächtnis zu behalten; mehrere Musikinstrumente zu beherrschen und einen Text wie diesen schneller zu lesen, als wir sprechen, ohne dabei unsere Lippen zu bewegen.

Wir haben leider gar keine Schwierigkeit, an Individuen zu denken, die in der Geschichte Ströme von Blut vergossen haben – allein aus dem 20. Jahrhundert springen die Namen Hitler, Stalin und Mao ins Gedächtnis. Diese Menschen üben eine nachhaltige Faszination aus und wurden von Wissenschaftlern und Journalisten eingehend analysiert. Ich glaube aber, daß es genauso wichtig – und vielleicht wichtiger – ist, Menschen zu verstehen, die einen nachhaltigen *positiven* Beitrag zur menschlichen Zivilisation geleistet haben. Solche Persönlichkeiten erinnern daran, welches Potential in uns Menschen steckt, und sie können andere dazu inspirieren, in Zukunft vergleichbare Höhen zu erreichen. Darüber hinaus glaube ich, daß es keine absolute Trennlinie zwischen dem Gewöhnlichen und dem Außergewöhnlichen gibt: Wir sind alle Menschen und damit dem Verständnis der Humanwissenschaften zugänglich. Was immer ihre Erbanlagen waren, Pablo Picasso, Jane Austen und Nelson Mandela kamen nicht schon als voll ausgebildete Persönlichkeiten auf die Welt; sie mußten sich Minute für Minute, Tag für Tag zu den bemerkenswerten Menschen entwickeln, zu denen sie schließlich wurden. Und aus diesem Grund halten sie für uns alle Lehren bereit.

In diesem Buch habe ich mir drei Aufgaben gestellt. Erstens und vor allem versuche ich, Individuen zu erklären, die wahrhaft außergewöhnlich sind – um das Muster zu erkennen, das hinter einem Newton, Leonardo da Vinci und Rousseau steht. Zweitens suche ich nach Faktoren, die das Gewöhnliche mit dem Außergewöhnlichen verbinden. Dazu müssen gemeinsame Merkmale jeder Persönlichkeitsentwicklung sowie Züge außergewöhnlicher Kreativität gefunden werden, die im Leben von uns allen ihren Widerhall finden. Schließlich suche ich im Leben außergewöhnlich kreativer Menschen nach besonderen Hinweisen und Einsichten darüber, wie die anderen – schlicht gesagt, wir übrigen »Normalsterblichen« – ein produktiveres und befriedigenderes Leben führen können.

Bevor wir diese Untersuchung in Angriff nehmen können, sind noch einige Vorbemerkungen nötig. Im Rest der Einführung präsentiere ich daher einige Überlegungen zu einer »Wissenschaft kreativer Intelligenz«, führe die wichtigsten Bausteine meiner Analyse ein und skizziere den Plan für den Rest des Buches.

Leitlinien der Untersuchung

Eine Wissenschaft, die sich mit kreativer Intelligenz befaßt, gründet auf zwei Pfeilern. Der erste Pfeiler besteht in einer sorgfältigen Untersuchung außergewöhnlich kreativer Menschen, die zunächst einzeln von Fall zu Fall zu betrachten sind. Wir können nicht beginnen, außergewöhnlich kreative Intelligenz zu verstehen, bevor wir nicht sehr viel über das Leben und die Intelligenz jener Menschen wissen, die nach allgemeiner Meinung etwas Besonderes sind. Eine solche Wissenschaft muß nach Individuen innerhalb vorhandener Fachgebiete suchen – zum Beispiel nach Wissenschaftlern wie Charles Darwin, Albert Einstein und Marie Curie –, um zu sehen, ob bei ihnen bestimmte Muster erkennbar werden. Sie muß diese Menschen mit Individuen aus anderen Gebieten vergleichen – zum Beispiel mit Schriftstellern wie Virginia Woolf, James Joyce und Leo Tolstoi –, um zu sehen, ob ähnliche Muster in ganz unterschiedlichen Gebieten anzutreffen sind. Eine »Wissenschaft kreativer Intelligenz« zielt also darauf, zu erkunden, was alle außergewöhnlich kreativen Menschen gemeinsam haben (etwa im Hinblick auf die Energie, die sie in ihre Arbeit stecken); in welchen Punkten außerordentliche Individuen einander ähneln (etwa darin, daß es in den Familien von Schriftstellern mit größerer Wahrscheinlichkeit als bei anderen Kreativen Fälle von manisch-depressiven Erkrankungen gibt). Schließlich soll erkennbar werden, in welcher Weise außergewöhnliche Menschen einzigartig sind (etwa in der Einsamkeit und dem Mystizismus, von dem Newtons Leben durchdrungen war).

Verschiedene Wissenschaftler haben in dieser Richtung bereits Pionierarbeit geleistet. Howard Gruber zum Beispiel konzentriert sich auf einzelne außergewöhnlich kreative Menschen, und Dean Keith Simonton sucht nach allgemeinen Gesetzen von außerordentlicher Kreativität. Ich persönlich bin am stärksten von Mihaly Csikszentmihalyis »Systemsicht« von kreativer Intelligenz beeinflußt.

Diesem Ansatz zufolge, der zum Teil in Zusammenarbeit mit David Feldman und mir entstand, ist es irreführend, danach zu fragen, ob bestimmte Individuen kreativ oder außergewöhnlich sind – als läge die Antwort allein im Gehirn, dem Bewußtsein oder der Persönlichkeit des Individuums selbst. Statt dessen müssen wir, so argumentiert Csikszentmihalyi, nach einer Interaktion dreier Elemente Ausschau halten: dem *Individuum* selbst mit seinen Talenten und Zielen; der besonderen Domäne, das heißt dem Gebiet oder der Disziplin, die das Individuum als Tätigkeitsbereich gewählt hat; und dem *Umfeld* – der Gruppe von Personen und Institutionen, die (zuerst zögerlich, später entschiedener) Urteile über die Qualität der Arbeit fällen, die ein kreativer Mensch leistet. Wir sollten nicht fragen, *wer* außergewöhnlich ist, sondern eher, *wo* sich außergewöhnliche Kreativität findet, und die Antwort liegt im dynamischen Zusammenspiel der drei genannten Faktoren.

Dazu einige Beispiele. Einen Großteil ihres kurzen Lebens schrieb Emily Dickinson Gedichte. Sie hatte Talent und arbeitete auf einem anerkannten literarischen Gebiet. Doch es dauerte bis zur posthumen Veröffentlichung der Gedichte, bis die Kritiker Mabel Todd und Thomas Wentworth Higginson ein Urteil über ihre Qualität abgeben konnten. Erst nachdem also das informierte »Umfeld« der Lyrikexperten die Gelegenheit hatte, Dickinsons Arbeit zu untersuchen, konnte es sein positives Urteil fällen. Eine ähnliche Geschichte läßt sich über den Maler Vincent van Gogh und den Biologen Gregor Mendel erzählen, die beide erst Jahre nach ihrem Tod anerkannt wurden. Im Gegensatz dazu war Sigmund Freud ein Mensch mit vielfältigen Gaben und ungewöhnlichem Ehrgeiz. Und doch wechselte er in der ersten Hälfte seiner Karriere von einem wissenschaftlichen Spezialgebiet zum anderen, ohne großen Eindruck zu hinterlassen. Erst als Freud sich daran machte, eine neue Wissensdomäne, ein neues Fachgebiet zu schaffen – die Psychoanalyse – und schließlich die Entwicklung eines Umfeldes anregte, das Urteile auf diesem Gebiet abgeben konnte, wurde sein Werk als verdienstvoll anerkannt.

Vor diesem Hintergrund entstand mein Ansatz zur Erforschung kreativer Intelligenz. Wie Howard Gruber beginne ich zunächst mit sorgfältigen Fallstudien. Im nächsten Schritt gehe ich über einzelne Individuen hinaus und trage Fallstudien innerhalb und über die Grenzen einzelner Fachgebiete hinweg zusammen. Auf diese Weise hoffe ich, von der Untersuchung von Individuen (dem sogenannten idiographischen Ansatz) zur Aufstellung von Gesetzen zu gelangen (dem sogenannten nomothetischen Ansatz), wie dies Keith Simonton versucht hat. In diesem Bemühen bin ich sehr von Csikszentmihalyi beeinflußt, dessen Modell uns daran erinnert, daß außergewöhnliche Kreativität nie die Eigenschaft einer Person oder eines Werkes allein ist. Erst wenn wir das Individuum im Licht des Arbeitsgebietes einerseits und des Umfeldes von Kritikern andererseits betrachten, können wir ein verläßliches Urteil fällen, ob sein Beitrag außergewöhnlich ist oder nicht.

Von einer Methode zu einer Wissenschaft ist es noch ein Stück Weges. Denjenigen, die sich mit kreativer Intelligenz befassen, fehlen stichhaltige Modelle, die sich eindeutig überprüfen lassen. Aus meiner Warte ist Voraussetzung und Grundlage einer solchen Arbeit die sorgfältige Beschreibung von Einzelfällen und eine darauf aufbauende Klassifizierung. Als Wissenschaftler, die ein neues Forschungsgebiet eröffnen, sind wir wie Aristoteles oder Linné mit der wichtigen Aufgabe der Klassifikation befaßt. Gelingt es uns, unsere Daten in eine Ordnung zu bringen, erhöht sich die Wahrscheinlichkeit, daß wir wie Darwin zu einer Synthese gelangen.

Die Bereiche kreativer Intelligenz

Nachdem ich die Traditionen erwähnt habe, auf denen meine Untersuchung aufbaut, komme ich zur zweiten Vorbemerkung, zur Identifizierung einer Gruppe von Bereichen oder Bausteinen, auf denen die Analyse von kreativer Intelligenz aufbauen kann. Zunächst möchte ich drei primäre Bereiche sowie eine Reihe von Prozessen skizzieren. Bei den Bereichen handelt es sich um drei elementare Lebensbereiche: die Welt der Personen, die Welt physischer Objekte und die Welt symbolischer Gebilde. Die Prozesse beziehen sich auf die menschliche Entwicklung. Auf diesem einfachen Fundament möchte ich ein Gedankengebäude errichten, mit dem sich Gewöhnlichkeit, Außergewöhnlichkeit und die verschiedenen Stufen zwischen ihnen hinreichend erklären lassen.

Zunächst zu den Personen. Wir sind alle Personen: Wesenheiten, die in der natürlichen Welt existieren, ein bestimmtes Erscheinungsbild und bestimmte Gefühle, Wünsche und Bedürfnisse haben. Personen haben alle möglichen Beziehungen zueinander: Sie begehren einander, fürchten einander, versuchen miteinander zu kommunizieren, und sie sind frustriert, wenn eine solche Kommunikation nicht glückt.

Zweitens gibt es die nicht-menschlichen, physischen Objekte (in der Folge schlicht *Objekte* genannt). Wir Menschen sind von Myriaden von Dingen umgeben: von einfachem Kinderspielzeug wie Rasseln und Puppen; komplexen natürlichen Objekten wie Elefanten, Hummeln und immergrünen Bäume, und mehr oder weniger ausgeklügelten künstlichen Objekten wie Schaukelpferdchen und CD-ROMs. Trotz ihrer unterschiedlichen Herkunft und Erscheinung verhalten sich alle Objekte nach denselben physikalischen Gesetzen. Technisch gesehen sind Menschen ebenfalls physische Objekte; aber es erweist sich als nützlich – und ist wissenschaftlich gerechtfertigt –, zwischen menschlichen »Objekten« und allen anderen physischen Objekten auf der Welt zu unterscheiden.

Drittens schließlich gibt es die symbolischen Gebilde. Menschen haben das eigentümliche Charakteristikum, Symbole zu schaffen und ihnen Sinn zu geben: Wörter, Gesten, Bilder, Zahlen und viele andere Zeichen, die sich auf physische und natürliche Objekte beziehen. (In dieser Besonderheit unterscheiden wir uns mehr als in jeder anderen von nicht-menschlichen Tieren.) Manchmal sind diese Symbole materieller Art, wie im Fall von Landkarten. Dann wieder sind sie eher flüchtiger Natur, wie im Fall der gesprochenen Sprache oder mathematischer Operationen, die im Kopf einer Person stattfinden. Manchmal stehen die Symbole für sich (wie eine Skulptur von Henry Moore), dann wieder sind sie Teil eines ausgeklügelten Systems (wie bei einer natürlichen Sprache oder einer Computersprache).

Schließlich verbinden sich Symbole mit bestimmten ausgereiften Praktiken oder »Domänen« – mit Fertigkeiten oder Disziplinen, die von der Kultur geschätzt und durch eine anerkannte Ausbildung vermittelt werden. So hängt das Gebiet des Rechtswesens von sprachlichen Symbolen ab; Mathematik beruht auf numerischen und anderen abstrakten Symbolen; Musiker haben es mit Partituren zu tun, die auch Anweisungen über Ausdruck und Dynamik enthalten.

Schließlich sind noch die Entwicklungsprozesse zu nennen. Es wäre denkbar, daß Menschen, wie viele Tiere, bereits voll ausgebildet zur Welt kommen. Es wäre auch denkbar, daß sie zwar nicht voll ausgebildet geboren werden, ihre Entwicklung sich aber nach einem festen Plan vollzieht, der von den Launen der Erfahrung unberührt bleibt.

Keines von beiden ist der Fall. Vom Moment der Empfängnis an ist das Embryo von den physiologischen Bedingungen im Mutterleib betroffen, und danach werden die besonderen Umstände seiner je besonderen Umgebung immer einen tiefen Einfluß darauf haben, was aus dem Organismus wird. Andererseits ist der Organismus (oder die Person) nicht einfach ein unbeschriebenes Blatt, sondern ist mit feinen Sinnesorganen und sinnstiftenden Fähigkeiten ausgestattet, aber auch mit starken Neigungen, sich auf bestimmte Erfahrungen zu konzentrieren, bestimmte Schlüsse zu ziehen und bestimmte kognitive, affektive und physiologische Stadien zu durchschreiten.

Durch die Verwendung des Begriffs »Entwicklung« betone ich, daß jedes individuelle Wachstum Abbild einer beständigen und dynamischen Interaktion zwischen einem Organismus mit seinen internen Anlagen und der Umwelt ist, deren Eigenschaften nie ganz vorherzusehen sind. Außerdem finden diese dynamischen Interaktionen während des ganzen aktiven Lebens hindurch statt und geben der Existenz und den Leistungen eines Individuums Form und Sinn.

In den folgenden Kapiteln spüre ich der Entwicklung dieses Dreiklangs von Person – Objekt – Symbol sowohl bei gewöhnlichen wie bei außergewöhnlich kreativen Individuen nach.

Säugling

direkte Beziehung zu Personen   direkte Beziehung zu Objekten

---

Kind

direkte Beziehung zu Personen   direkte Beziehung zu Objekten

erstes Erkennen und Verwenden von Symbolsystemen
(zum Beispiel Sprache, bildhafte Darstellungen usw.),
die sich auf Personen und Objekte beziehen

Erwachsener

direkte Beziehung zu Personen   direkte Beziehung zu Objekten
indirekte Beziehung zu Personen   Schaffung von Objekten in
durch symbolische Gebilde   bestehenden oder neugeschaffenen Symbolsystemen

---

Vier Formen kreativer Intelligenz

Im Laufe ihrer Entwicklung erwerben Menschen viel direktes Wissen über die Welt der Individuen – über andere und sich selbst. In dem Maße, wie sie sich der Welt der Arbeit annähern, gewinnen sie ein vergleichbares Wissen über Objekte und Symbole. Diese Fertigkeiten werden auf verschiedenen Gebieten angewandt, von den Fächern in der Schule über die Erfordernisse der Arbeit oder des Berufs bis hin zu den verschiedenen Steckenpferden, mit denen Menschen ihr Leben bereichern.

Wir können die Bandbreite der Fertigkeiten als Diagramm darstellen, in dessen Mitte wir das Individuum rücken:

Domänen				Andere Personen
1.				1.
2.				2.
3.	Individuum	Individuum	Individuum	3.
4.	in Beziehung	in Beziehung	in Beziehung	4.
5.	zu	zu	zu	5.
.	Domänen	sich selbst	anderen Personen	.
.				.
N.				N.

Wie dargestellt, entwickelt jedes Individuum Beziehungen zu anderen Personen, zu Bildungsdomänen und zu sich selbst. Diese Gemeinsamkeit vereint tatsächlich alle Menschen, unabhängig vom Milieu, in dem sie leben. Individuen unterscheiden sich jedoch untereinander in dem Ausmaß, in dem sie eine oder mehrere dieser Beziehungen betonen; und außergewöhnliche Menschen unterscheiden sich dramatisch untereinander und von gewöhnlichen Individuen durch das Gewicht, das sie auf eine bestimmte Beziehung legen.

Ausgestattet mit diesem begrifflichen Rahmen können wir uns den vier Personen zuwenden, die ich für dieses Buch ausgewählt habe. Jede verkörpert exemplarisch eine von vier möglichen Beziehungen, zu denen jeder von uns fähig ist.

Mozart ist das Beispiel für den *Meister*. Der Meister ist ein Individuum, das völlige Meisterschaft über eines oder mehrere Bildungsgebiete erlangt hat. Seine oder ihre Neuerung vollzieht sich innerhalb einer etablierten Praxis. Mozart beherrschte die musikalische Kompositionskunst seiner Zeit so vollständig, wie man es sich nur denken kann. Man könnte auch Bach aus einer etwas früheren oder Brahms aus einer etwas späteren Epoche als Meister der Musik bezeichnen. Jede Bildungsdomäne hat ihre exemplarischen Meister: Wir denken an George Eliot (Mary Ann Evans) als Meisterin des englischen Romans des 19. Jahrhunderts oder an Rembrandt als Meister der niederländischen Porträtkunst des 17. Jahrhunderts.

Freud dient uns als Beispiel für den *Neuerer*. Ein Neuerer kann eine bereits existierende Domäne gemeistert haben, aber er konzentriert seine Energien auf die Schaffung eines neuen Gebiets. Freud schuf das Gebiet der Psychoanalyse. Wir können auch an Jackson Pollock als Erfinder einer Form des abstrakten Expressionismus, des sogenannten *action painting*, denken oder an Charles Darwin als Neuschöpfer des Gebietes der Evolutionsbiologie. In der Populärkultur waren Menschen wie Charlie Chaplin oder John Lennon Neuerer (während etwa Ella Fitzgerald besser als Meisterin angesehen wird).

Virginia Woolf ist unser Beispiel für die *Selbstbeobachterin* oder Introspekteurin. Den höchsten Stellenwert hat für eine solche Person die Erkundung seines oder ihres Innenlebens: der alltäglichen Erfahrungen, mächtigen Bedürfnisse und Ängste, der (eigenen oder fremden) Bewußtseinsvorgänge. Woolf hinterließ reichhaltige Belege ihrer Introspektion – in ihren Romanen, in ihren Essays, in ihren Tagebüchern und in ihren Briefen. Andere bedeutende Selbstbeobachter jüngerer Zeit sind die Romanciers Marcel Proust und James Joyce und Tagebuchschreiber wie Anaïs Nin und Witold Gombrowicz.

Gandhi steht als Beispiel für den *Beeinflusser*. Das vornehmste Ziel einer solchen Person ist die Einflußnahme auf andere Individuen. Gandhi übte Einfluß durch seine Führung verschiedener politischer und sozialer Bewegungen aus, durch sein machtvolles persönliches Beispiel, und, weniger direkt, durch seine anregenden autobiographischen und moralischen Schriften. Politische und militärische Führer beeinflussen direkt; andere beeinflussen indirekt durch ihre Schriften (z. B. Karl Marx) oder, indem sie politische Führer überzeugen, einen bestimmten Weg einzuschlagen (z. B. Machiavelli).

In unserer Studie stellen diese vier Rollen die Hauptformen von kreativer Intelligenz dar. Dies verlangt nach einigen ergänzenden Bemerkungen. Zunächst gibt es andere Formen von Außergewöhnlichkeit (den spirituellen Guru zum Beispiel oder das moralische Vorbild). Ich betrachte einige dieser Spielformen in Kapitel 8. Zweitens können Individuen Beispiele für mehr als eine Form von kreativer Intelligenz sein. Tatsächlich ließe sich ein »Gelegenheitsmensch« wie Sigmund Freud als Modell für alle vier genannten Formen anführen, denn Freud war ein Meister auf dem Gebiet der Neurologie, »schuf« das Gebiet der Psychoanalyse, betrieb eine genaue Selbstanalyse seiner eigenen Lebenserfahrung und hatte großen Einfluß auf

Dutzende von Anhängern, schließlich sogar auf Millionen von Patienten und Lesern. Drittens hebt unsere Einteilung von kreativer Intelligenz andere Klassifizierung nicht auf: In späteren Kapiteln werde ich zum Beispiel erörtern, wie bei diesen vier Formen kreativer Intelligenz verschiedene Arten von kreativem Verhalten und verschiedene menschliche Talente (oder Intelligenzformen) beteiligt sind.

Schließlich sind die Formen von kreativer Intelligenz nicht durch eine scharfe Linie voneinander zu trennen. Da jede Handlung bis zu einem gewissen Grad originell ist, ist kein Mensch ausschließlich ein Meister; und auch ein Neuerer kann nicht ohne ein bestimmtes Maß an Meisterschaft in einem existierenden Gebiet vorankommen. Es lassen sich weitere Beispiele für die Verbindung von Formen kreativer Intelligenz anführen: Obwohl sie sich in erster Linie mit der Welt der Personen befassen, arbeiten Menschen, die sich vorrangig der Selbstbeobachtung oder der Einflußnahme widmen, in bestimmten Fachdomänen. So waren Woolf und Joyce Neuerer auf dem Gebiet der Literatur, ganz so wie Gandhi und Mao Zedong Neuerer auf dem Gebiet der Politik waren. Es könnte hilfreich sein, sich unsere vier Beispiele in einer kreisförmigen Anordnung vorzustellen, wobei jedes Verbindungen zu den anderen möglichen Positionen hat:

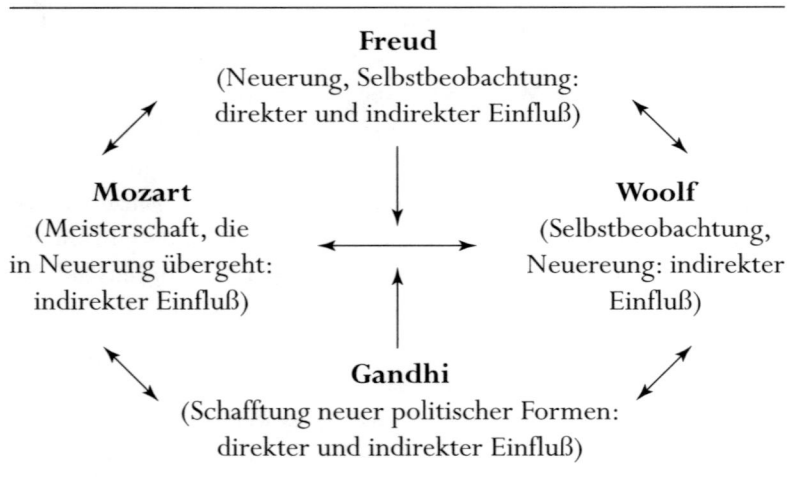

Freud
(Neuerung, Selbstbeobachtung:
direkter und indirekter Einfluß)

Mozart
(Meisterschaft, die
in Neuerung übergeht:
indirekter Einfluß)

Woolf
(Selbstbeobachtung,
Neuereung: indirekter
Einfluß)

Gandhi
(Schafftung neuer politischer Formen:
direkter und indirekter Einfluß)

Zum Untertitel und zum Aufbau dieses Buches

Der Untertitel dieses Buches lautet: »Was wir mit Mozart, Freud, Woolf und Gandhi gemeinsam haben«. Natürlich sind *wir* nicht alle außergewöhnlich kreativ, sonst wäre der Begriff sinnlos. Von *uns* rede ich hier aus zwei Gründen. Erstens besitzen wir alle in bestimmter Weise das Potential, jede der vier genannten Formen von kreativer Intelligenz zu entwickeln: Wir können alle ein Gebiet beherrschen, es in bedeutsamer Weise verändern, können uns selbst beobachten und andere Personen beeinflussen. In einem elementaren Sinn besteht das geistige Potential eines jeden von uns aus diesen vier Varianten. Zweitens sind die außergewöhnlich kreativen Geister der Vergangenheit ein Teil von uns. Es sind »unsere« Geister sowohl in dem Sinn, daß sie einen Beitrag zum Leben der menschlichen Gesellschaft geleistet haben, als auch darin, daß sie durch die Beurteilungen früherer Generationen, durch ihr jeweiliges Umfeld erst »gemacht« wurden (und dazu gehörten Mitmenschen wie wir).

Im nächsten Kapitel möchte ich die Aufmerksamkeit auf die Entwicklung von Kindern richten. In Kapitel 2 betrachte ich gewöhnliche Kinder und untersuche die Prozesse, welche die normale Entwicklung von der frühen Kindheit bis zum Erwachsenenalter formen. In Kapitel 3 lenke ich das Augenmerk dann auf Phänomene außergewöhnlicher Entwicklung und suche nach Faktoren, die bestimmte Kinder von normalen Kindern unterscheiden, sowie nach solchen Faktoren, die charakteristisch für ein Kind auf dem Weg zu außergewöhnlicher Leistung sein könnten.

Im zentralen Teil des Buches (Kapitel 4-7) untersuche ich die Ergebnisse von Fallstudien über Mozart, Freud, Woolf und Gandhi und vergleiche sie mit anderen außergewöhnlich kreativen Individuen, um allgemeine Muster kreativer Intelligenz zu finden. In Kapitel 8 wende ich mich speziell der Frage nach anderen Formen von Außergewöhnlichkeit bei Individuen und im breiteren Kontext der Gesellschaft zu.

Am Schluß des Buches konzentriere ich mich auf drei Themen, die in unserer Welt von wachsendem Interesse sind: Was können wir »Normalsterblichen« von der Untersuchung bemerkenswerter Menschen lernen? Welche Faktoren könnten ein höheres Maß an Kreativität und Vortrefflichkeit in unserer heutigen Welt fördern? Und wie könnten wir die Wahrscheinlichkeit erhöhen, daß kreative Leistungen auch dem Gemeinwohl zugute kommen?

Als Wegmarke für den Leser möchte ich vorab drei wichtige Lehren nennen, die sich aus dieser Untersuchung ergeben:

1. Außergewöhnlich kreative Individuen stechen durch das Maß hervor, in dem sie – häufig ganz bewußt – die großen und kleinen Ereignisse ihres Lebens reflektieren.

2. Außergewöhnliche Individuen unterscheiden sich weniger durch ihre beeindruckenden »Rohkräfte« als durch ihre Fähigkeit, ihre Stärken zu erkennen und auszunutzen.

3. Außergewöhnliche Individuen scheitern häufig, manchmal auf katastrophale Weise. Statt aufzugeben, fühlen sie sich jedoch durch ihre Rückschläge eher herausgefordert und verwandeln ihre Niederlagen in Chancen.

Ich werde häufig gefragt, warum ich mich so sehr mit Vortrefflichkeit, Kreativität und außergewöhnlicher Intelligenz beschäftige. Manchmal wird die Frage aus reiner Neugier gestellt, zuweilen schwingt aber auch die verdeckte (oder weniger verdeckte) Anklage mit, daß es sich dabei um eine gelehrtenhafte Beschäftigung mit dem privilegierten Ende der Glockenkurve handle. (Mit einer glockenförmigen Kurve läßt sich die Verteilung von Intelligenz in einer Population graphisch darstellen, A.d.Ü.).

Mein Interesse hat unterschiedliche Motive. Vor allem glaube ich, daß solche Individuen – und Gruppen von Individuen – für sich genommen interessant sind und von den herkömmlichen Ansätzen und Theorien in den Humanwissenschaften nicht erfaßt werden. Um nur ein Beispiel zu nennen: Jean Piagets zu Recht berühmte Theorie der kognitiven Entwicklung des Menschen trägt der Existenz von Wunderkindern auf Einzelgebieten keine Rechnung, und allein diese Auslassung stellt seine Verallgemeinerungen über die Struktur oder »Phasen« des menschlichen Intellekts in Frage. Solange wir nicht das Ungewöhnliche verstehen können – sei es exzentrisch, autistisch, genial oder schizophren –, solange werden unsere allgemeinen Theorien nicht wirklich umfassend sein.

Zweitens glaube ich, daß viele gute und viele schlechte Dinge auf der Welt das Ergebnis der Gedanken und Taten einiger außergewöhnlich kreativer Individuen sind. Was wären die Naturwissenschaften ohne Menschen wie Darwin und Einstein, die Musik ohne Mozart oder die Beatles, das politische Leben ohne Napoleon oder Mahatma Gandhi? Man kann die große Bedeutung des Zufalls, der historischen Kräfte, des richtigen Moments, der sozialen Bedürfnisse der Zeit usw. anerkennen, ohne daß man deshalb den unnötigen (und, wie ich meine, grundlegend falschen) Schluß ziehen muß, das Individuum sei bedeutungslos. Tatsächlich haben häufig gerade jene, die von der Bedeutungslosigkeit des Individuums überzeugt waren (wie Leo Tolstoi oder Karl Marx), diese Auffassung durch den enormen Einfluß ihrer eigenen Werke Lügen gestraft.

Schließlich schwingt in meinem Unterfangen auch ein moralisches Moment mit. Ich erkenne völlig an, daß sich kreative Intelligenz nicht von selbst zum Nutzen und Wohl der Gesellschaft auswirkt oder sich auch nur mit der Frage befaßt, worin dieses Wohl bestehen könnte. Wenn wir jedoch eine Weltzivilisation wollen – besonders, wenn diese nach Fairneß und Friedfertigkeit streben soll –, dann müssen wir soviel wie möglich über ungewöhnlich vielversprechende Individuen erfahren, die Großes leisten können. Aus diesem Verständnis könnte nämlich die Einsicht erwachsen, wie sich Talent und Verantwortungsbewußtsein besser in Einklang bringen lassen.

2

Die normale Entwicklung

Zwei große Kinderbeobachter

Es ist vielleicht kein Zufall, daß zwei der berühmtesten Erforscher der menschlichen Entwicklung, Sigmund Freud und Jean Piaget, ihre Aufmerksamkeit auf komplementäre Aspekte des Kindes richteten. Für Freud (1856-1939), der sich dem Studium der Persönlichkeit und der emotionalen Entwicklung widmete, betrafen die zentralen Erfahrungen des Lebens die Beziehung des Kindes zu anderen Menschen: die Beziehung des Säuglings zur Mutter, die Beziehung der Geschwister untereinander und vor allem die dramatische Spannung zwischen dem Kind und seinen Eltern in der Phase des Ödipuskomplexes, wenn der kleine Junge versucht, seine Mutter zu besitzen und sich vom bedrohlichen Vater zu befreien. (Obwohl er auch mit einem »Elektrakomplex« liebäugelte, legte sich Freud im Hinblick auf das Verhältnis kleiner Mädchen zu den Eltern nie ganz fest.) Bei der Behandlung von Erwachsenen suchte Freud nach Ereignissen, die in jungen Jahren die Störungen ausgelöst hatten. Die Ursprünge von Virginia Woolfs extremen sexuellen Schwierigkeiten mit Männern würde eine Freudsche Analyse zum frühen Tod ihrer Mutter, der Strenge des Vaters und der wahrscheinlichen sexuellen Belästigung durch ihre beiden Halbbrüder zurückverfolgen.

Jean Piaget (1896-1980) widmete seine Forscherkarriere der kognitiven Entwicklung des Kindes, das heißt dem Wachstum seiner geistigen Kräfte. Wie Freud war Piaget an universellen Entwicklungsmerkmalen interessiert – an jenen grundlegenden Entwicklungsstufen, die charakteristisch für jedes Kind sind. Aber für Piaget war die zentrale Aktivität in der Entwicklung des Kleinkindes seine Beziehung zur Welt der Objekte. Zuerst sind diese Objekte vollständig berührbar: der Säugling, der mit der Baskenmütze seines Vaters spielt, das Kleinkind, das nach einem versteckten Ball sucht, das junge Schulkind, das mit Murmeln spielt. Aber Objekte nehmen abstraktere Formen an, wenn der junge Mensch mit unberührbaren Gebilden wie Zahlen umgeht, sich die Wurfbahn von Murmeln vorstellt und sich auf die *Beziehungen* zwischen Handlungen konzentriert – zum Beispiel auf die Verbindung zwischen dem Verteilen (oder Anhäufen) von Murmeln und ihrer jeweils vorausgehenden Konfiguration.

Mit Blick auf die drei dieser Untersuchung zugrunde gelegten Bereiche oder Bausteine erkennt man in der Arbeit der beiden großen Kinderbeobachter eine interessante komplementäre Betrachtungsweise. Freud war an den Beziehungen des Individuums zu anderen Personen interessiert. Im Hinblick auf physische Objekte betonte er das Maß, in dem diese Objekte entweder Menschliches symbolisierten (zum Beispiel die Zigarre als Phallus) oder Züge der Individuen trugen, die sie geschaffen oder benutzt hatten (ausgestopfte Teddybären). »Reine Objekte« gab es für ihn kaum, obwohl er scherzhaft bemerkt haben soll, daß auch eine Zigarre manchmal einfach nur eine Zigarre sei. Piaget interessierte sich ausdrücklich für die Beziehung des Individuums zu Objekten und die auf sie bezogenen Handlungen. Er richtete nur wenig Aufmerksamkeit auf menschliche Beziehungen. Wurde er danach gefragt, so neigte er entweder dazu, sie außerhalb seiner Kompetenzen zu sehen, oder er behandelte die menschliche Person einfach nur wie ein weiteres »zu erkennendes Objekt«.

Komplementär ist auch Piagets und Freuds Verhältnis zur Welt der Symbole. Freud betrachtete die Welt der Symbole – Träume, Bilder, Erzählungen – als vorzügliche Vehikel, um den heimlichen Dramen des Schlafzimmers auf die Schliche zu kommen. Piaget behandelte Symbole als differenzierte Mittel, um Handlungen und die Beziehungen zwischen Handlungen darzustellen. So ist der Heranwachsende nach Piaget in der Lage, in logischen Behauptungen auszudrücken, was das Kleinkind noch in der physischen Welt ausleben muß. Piaget räumte durchaus ein, daß bestimmte Symbole für das Kind »affektiv aufgeladen« seien – zum Beispiel solche, die sich auf die Körperfunktionen bezogen –, aber für ihn war dieses Interesse ein regressives Element, und er schien erleichtert, wenn solche Symbolisationsformen im »Untergrund« verschwanden.

Beiden Wissenschaftlern ging es um eine allgemeine Darstellung menschlicher Entwicklung. Ihr Werk ist daher nützlich, um den mittleren Bereich der Glockenkurve zu erhellen, der den breiten Anteil normaler Intelligenz in der Bevölkerung anzeigt. Er eignet sich aber weniger zum Verständnis von Individuen von außergewöhnlicher kreativer Intelligenz. Tatsächlich war dies beiden bewußt: Für Piaget war Kreativität ein faszinierendes Thema, das noch zu erkunden sei (vgl. Gardner, 1993a, S. 6), und Freud sagte, daß der Wissenschaftler vor der Kreativität seine Waffen strecken müsse (vgl. Freud, 1948, S. 117).

Obwohl viele ihrer speziellen Thesen in Frage gestellt wurden, bauen heutige Untersuchungen frühkindlicher Entwicklung immer noch auf den Ansätzen von Freud und Piaget auf. Im verbleibenden Teil dieses Kapitels skizziere ich, ausgehend von ihrer Pionierarbeit, eine Reihe von entscheidenden Schritten in der kindlichen Entwicklung. Dabei richte ich mein Augenmerk jeweils auf jene Aspekte der Beziehung zu anderen Menschen, Objekten und Symbolen, die für *alle* Kinder in einer bestimmten Entwicklungsphase gleichermaßen charakteristisch sind. Erst am Ende des Kapitels wende ich mich Merkmalen zu, in denen sich Kleinkinder eindeutig voneinander unterscheiden.

Das Bewußtsein des Säuglings

Das Bewußtsein des Kleinkindes – weder eine *Tabula rasa*, noch, wie William James meinte, ein »blühendes, schwirrendes Durcheinander« – ist bereits ein recht genauer und gegliederter mentaler Apparat. Selbst ein drei- oder viermonatiger Säugling hat einen ausgeprägten Begriff davon, was ein physisches Objekt ist. Er erwartet, daß

Objekte ihre feste Konsistenz und ihre Form behalten und sich als einzelne, begrenzte Gebilde bewegen. Er ist erstaunt, wenn sich ein Objekt aufzulösen scheint oder die Regeln gleichmäßiger Bewegung verletzt. Der Säugling hat auch einen beginnenden Zahlensinn: Zeigt man ihm zwei Elemente, so erkennt er diese Anzahl auch dann noch, wenn sie räumlich neu arrangiert werden; und er bemerkt, wenn ein Element hinzugefügt oder weggenommen wurde.

Säuglinge richten ihre Aufmerksamkeit beinahe von Geburt an auf menschliche Gesichter und Stimmen. Sie können ihre eigene Mutter innerhalb weniger Monate nach der Geburt am Aussehen und an der Stimme erkennen. Sie sind verwirrt, wenn ein teuflischer Experimentator das Aussehen oder die Stimmen geliebter Menschen auf die eine oder andere Weise verzerrt. Am Ende des ersten Lebensjahres haben die meisten Säuglinge starke Bande zu den wichtigen Bezugspersonen in ihrem Leben entwickelt und sind zutiefst verunsichert, wenn sie von ihnen getrennt werden.

Säuglinge sind so ausgestattet, daß sie die Welt der Personen von der Welt der Objekte unterscheiden können. Während der ersten Monate der Kindheit stehen Säuglinge in einem erstaunlich nuancierten Austausch mit ihren Bezugspersonen: Sie lächeln, gurren, wiegen sich rhythmisch vor und zurück, alles in dem Bemühen, eine enge Kommunikation aufrechtzuerhalten. Diese intimen Dialoge mit anderen Menschen haben keine direkte Analogie in den Reaktionen auf Spielzeug oder Haushaltsgegenstände. Natürlich kann das Kleinkind eine starke Beziehung zu einem Spielzeugtier zum Schmusen oder einem Lieblingskissen haben; solche intensiven Beziehungen stellen einen Versuch dar, einem nichtreaktiven, leblosen Gegenstand lebensähnliche Eigenschaften zu geben. Im Alter von einem Jahr entwickeln Kleinkinder bereits Kategorien, die wichtige Unterscheidungen der Erwachsenen anklingen lassen: Sie kennen prototypische Pflanzen, Tiere, Personen, Spielzeug und Möbel und verwechseln nicht die Kategorien, zu denen diese jeweils gehören.

Schließlich treffen Kleinkinder viele jener Unterscheidungen, die auch Erwachsene machen. Statt das Spektrum der Sprache als ununterbrochenen Strom von Lauten wahrzunehmen, erkennen sie die gleichen wichtigen Unterschiede wie erwachsene Sprecher – zum Beispiel die Unterscheidung zwischen /bah/ und /pah/ oder /dah/

und /tah/. Sie zerlegen auch das Farbenspektrum wie Erwachsene, erkennen die gleichen Farben und können rot von orange oder blau von grün etwa so gut gegeneinander abgrenzen wie erwachsene Menschen. Kleinkinder erinnern sich an Tonsequenzen, erkennen, wenn diese in Tonlage oder Tempo verändert wurden, unterscheiden harmonische von disharmonischen Akkorden und erkennen die Tonleiter, die die Musik ihrer Umgebung beherrscht. Und am Ende ihres ersten Lebensjahrs sind die meisten Kinder bereits in die Welt der Symbole eingetreten: Sie erkennen einige Wörter aus ihrer Sprache, orientieren sich richtig, wenn sie »Mama« oder »Telefon« hören, und äußern erkennbare eigene Wörter.

Das Bewußtsein nach dem Säuglingsalter: Das Kind als Symbolbenutzer

Die Welt eines einjährigen Kindes wird vom Umgang mit Objekten und zunehmend feinen Unterscheidungen in der Wahrnehmung von Personen, Objekten und Erfahrungen des täglichen Lebens beherrscht. Es verfügt über alle unsere Erkenntnisbausteine – bis auf einen. Kleinkinder beginnen sich in den folgenden Jahren radikal von allen anderen Tieren zu unterscheiden, einschließlich der höheren Primaten. Das vornehmlichste Vehikel dieses intellektuellen Spurts ist unser letzter Bereich oder Baustein: das Symbol.

Wie bereits angemerkt, sind Symbole Gebilde: physische Gebilde wie Zeichen auf einem Blatt Papier; wahrnehmbare Gebilde wie Wörter; begriffliche Gebilde wie Ideen in einem Traum oder Termini in einer Theorie über menschliche Entwicklung. Sie beziehen sich auf, repräsentieren oder bezeichnen einige Aspekte des Lebens. Zeichen auf einem Blatt Papier können sich auf einen Ton beziehen (wie der Buchstabe *A*), ein gesprochenes Wort (wie das Wort *Hund*), ein Objekt in der Welt (ein Bild von einem Hund), eine räumliche Beziehung in der Welt (eine Karte der eigenen Nachbarschaft) oder spezifische Informationen (eine Einkaufsliste). Ein gesprochenes Wort oder ein Satz können sich auf ein vertrautes Objekt, ein Gefühl, eine Erfahrung oder auch auf eine neue Idee beziehen (zum Beispiel eine

Wissenschaft, die sich dem Studium kreativer Intelligenz widmet). Und eine Idee oder ein Bild in einem Traum oder einer Theorie können sich auf so ziemlich alles oder nichts beziehen.

Das machtvolle, spontane Interesse an Symbolen, ihre überschwengliche Verwendung und das Eintauchen in die eigenen und die Symbole anderer erweist sich als ausschließlich menschliche Eigenschaft. Die Wissensdomänen – die Fertigkeiten und Disziplinen der Erwachsenenwelt – sind auf der Grundlage von Symbolen errichtet. Unsere Fähigkeit, diese zu beherrschen und neue Systeme zu erfinden, setzt ebenfalls die flüssige Symbolverwendung voraus, die in den Jahren nach dem Säuglingsalter einsetzt.

Wir alle wissen, wie schnell Kleinkinder das Sprechen lernen und sich eloquent in der Sprache ausdrücken können. Ein einjähriges Kind kennt höchstens einige Wörter; das dreijährige Kind kann in einfachen Sätzen sprechen; das fünfjährige Kind kann sich völlig artikuliert ausdrücken, beherrscht beinahe alle grammatikalischen Strukturen seiner Sprache und ist bereits in der Lage, einfache Erzählungen, Witze und persönliche Geschichten zu erzählen und zu begreifen. Einige Fünfjährige können schon lesen und schreiben, die anderen lernen dies, sobald sie in die Schule kommen und ihre formale Ausbildung anfängt.

Die Fortschritte in anderen Symbolsystemen sind fast ebenso eindrucksvoll. Ein einjähriges Kind kann höchstens einige Töne singen; das dreijährige kann die Lieder grob nachsingen, die es hört; die stimmlichen Fähigkeiten von fünf- oder sechsjährigen Kindern unterscheiden sich nur wenig von dem, was die Älteren in ihrer Gesellschaft können (damit verbindet sich hier leider eine Kritik an der stimmlichen Zurückgebliebenheit der meisten Erwachsenen, denn in vielen anderen Ländern entwickelt sich das gesangliche Können weiter). Einjährige können zufällige Linien und Punkte malen; dreijährige Kinder können Blumen und Sonnen darstellen; fünf- bis sechsjährige Kinder können schon eine wohlgegliederte Landschaft malen. Ähnliche Fortschritte machen Kinder auch bei anderen Symbolsystemen von Gesten über Tanz bis hin zu Rollenspielen und Zahlen. In einer genügend anregenden Umgebung reagieren viele Fünfjährige sogar schon auf verschiedene Genres innerhalb eines Symbolsystems. Solche Kinder erkennen die Unterschiede zwischen einer Nachrichten-, einer Schauer- und einer Märchengeschichte; und sie beginnen sogar schon, das Wesen solcher Unterschiede in ihren eigenen einfachen Erzählungen einzufangen.

Es ist also kaum eine Übertreibung, wenn man sagt, daß ein fünf- oder sechsjähriges Kind schon in vollem Umfang ein symbolverwendendes Wesen ist – ein Individuum, das einen ersten rudimentären Zugang zu den wichtigsten Symbolsystemen seiner Kultur hat. Das Kind kann in diesen Systemen »lesen« und »schreiben«. Das unmittelbare Wissen über die Welt der Personen und Objekte, das bereits im ersten oder in den ersten beiden Lebensjahren aufblühte, wird nun von einer Reihe machtvoller Fähigkeiten gekrönt, die einen Bezug auf Menschen und Objekte durch getrennte Symbole (wie Wörter) oder Symbolsysteme (wie Landkarten) erlauben.

Das »theoretische« Verständnis des Kindes

In den 80er Jahren überprüften Forscher, die sich mit der menschlichen Entwicklung beschäftigen, ein altes Thema Piagets: Was wissen Kinder über das menschliche Bewußtsein im allgemeinen? Die Antwort erweist sich als komplex. Schon im Säuglingsalter haben Kinder eine Vorstellung von der menschlichen Denkstruktur, aber es bedarf einer langen Reihe von Entwicklungen, bevor sie ein Verständnis von Bewußtsein haben, das sich demjenigen der Erwachsenen annähert.

Betrachten wir die folgenden grundlegenden Entwicklungsschritte. Mit etwa 18 Monaten sind Kinder zu Rollenspielen fähig. Sie können ein Objekt behandeln, als wäre es ein anderes, und sie können am Rollenspiel anderer Anteil nehmen und lachen. Etwa im Alter von zwei oder drei wird Kindern bewußt, daß sie und andere unterschiedliche Ansichten, Wünsche und Ängste haben. Sie können aus den Entscheidungen, die ein anderer trifft (oder nicht trifft), auf dessen Wünsche schließen. Und sie beginnen, Spaß an Spielen wie dem Versteckspielen zu haben.

Ungefähr im Alter von vier ist eine kritische Schwelle erreicht. Kinder werden dann zu der Erkenntnis fähig, daß andere Individuen eine durch *Repräsentationen*, durch *Vorstellung* geprägte Denkstruktur haben, eine Intelligenz, die Überzeugungen über die Welt hegt, die falsch sein können. Faszinierende experimentelle Beweise dafür stammen aus Versuchen, in denen Kindern Aufgaben zu »falschen Überzeugungen« gestellt wurden. Kinder bemerken zum Beispiel, daß der Ort eines Gegenstandes verändert wurde und erkennen auch, wenn eine andere Person darüber nicht eingeweiht ist. Sie werden dann gefragt, wo die nicht eingeweihte Person den Gegenstand *vermutet*. Kinder, die jünger als vier Jahre sind, glauben, daß die Person den wirklichen Ort des Gegenstandes kennt. Kinder, die älter als vier sind, erkennen, daß die Person das Objekt am falschen Ort vermutet und also einer falschen Überzeugung aufsitzt. Das Kind versteht nun, daß Denken die Realität *repräsentiert* und nicht einfach nur spiegelt. Nur ein Verstand, der eine Vorstellung über die Welt »da draußen« entwickelt, kann eine falsche Repräsentation, eine falsche Vorstellung oder Überzeugung haben – und so erkennt das Kind, daß seine eigene Überzeugung manchmal falsch sein kann.

Natürlich ist im Alter von vier oder fünf die Entwicklung des Verständnisses, das ein Kind vom menschlichen Bewußtsein hat, alles andere als abgeschlossen. Kinder in diesem Alter sind zum Beispiel noch nicht in der Lage, Ironie zu verstehen, etwa wenn jemand absichtlich etwas Unwahres sagt, um eine Art soziales Band zum Zuhörer zu knüpfen (wie zum Beispiel »Es macht *so viel* Spaß, auf den Zug zu warten«). Auch können Kinder in diesem Alter keine komplexeren Formen von Täuschung oder kompliziertere literarische Schöpfungen begreifen, wenn es etwa, wie in einem Roman von Henry James, um die Überzeugungen einer Person im Hinblick auf die Überzeugungen einer anderen geht.

Doch das Verstehen des Fünfjährigen hat sich in bedeutender Weise erweitert. Das Kind nimmt nun die Bemerkungen oder Schöpfungen einer Person nicht mehr nur als durchsichtige Handlung wahr, sondern eher als einen Akt, hinter dem irgendeine Absicht oder Überzeugung steht. Eine Person sagt etwas – oder gibt etwas auf eine bestimmte Weise wieder –, nicht weil es notwendigerweise wahr ist, sondern weil sie *glaubt*, daß es wahr sei. Es gibt keine körperlosen Symbole mehr; vielmehr steht hinter diesen Symbolen jeweils eine Intelligenz. Diese gewöhnliche menschliche Fähigkeit ebnet schließlich den Weg für künstlerische und wissenschaftliche

Schöpfungen und Interpretationen, die weit über das Gewöhnliche hinausgehen.

Das Kind hat nun zwei Welten zusammengebracht, die getrennt waren: die Welt der Individuen und die Welt der Gegenstände. Einige der Objekte, mit denen es in Berührung kommt, stehen nun nicht mehr nur für sich selbst, sondern stellvertretend für die Person, die sie geschaffen hat. Persönliches Wissen kann in einem Artefakt verkörpert sein, das von einer anderen Person oder für eine andere Person geschaffen wurde. Diese Erkenntnis steht im Zentrum ästhetischer Erfahrungen. Der Schluß liegt nahe, daß auch hinter den anderen Objekten, wie etwa jenen der natürlichen Welt, eine andere Art von Intelligenz steht – die göttliche Kraft, die als Schöpfer der nicht von Menschen gemachten Gegenstände angesehen wird. Diese Denkweise liegt religiösen oder spirituellen Vorstellungen zugrunde. Alle normalen Individuen haben Anteil an dieser von schöpferischer Tätigkeit ausgehenden, »generativen« Verschmelzung von Person und Gegenstand; und einigen außerordentlichen Menschen gelingt es, sie in einzigartiger Weise zu verwirklichen.

Das *außergewöhnlich*-gewöhnliche Bewußtsein des Fünfjährigen

Physiker lieben es, über das Wesen des Lichts nachzudenken, und Biologen lassen sich von den Formen lebender Dinge fesseln. Als Entwicklungspsychologe finde ich es am aufregendsten, über das Bewußtsein des fünfjährigen Kindes nachzudenken.

Auf so vielfältige Weise scheint sein Verstand noch ungeformt. Schließlich ist das Kind gerade erst in die Vorschule gekommen, und die Bekanntschaft mit den Schulfächern steht ihm noch bevor. Es weiß wenig über Leidenschaften wie Liebe, Eifersucht oder Stolz, und es mußte noch nicht – falls es nicht großes Unglück hatte – mit persönlichen Tragödien fertig werden. Die Welt der Arbeit ist noch rätselhaft, und es fällt dem Kind schwer, sich große Entfernungen, lange Zeitabschnitte oder das Leben in entfernten Kulturen vorzustellen.

Gleichzeitig hat es schon beträchtliches geistiges Terrain erobert. Von einem fast allein auf Sensorik und Motorik beschränkten Wesen hat es sich in eine Welt hineinbewegt, die von Symbolen und Symbolsystemen erfüllt ist. Diese Fähigkeit zur Symbolverwendung erlaubt es ihm, etwas über fremde Erfahrungen zu lernen und sich in einer Weise mitzuteilen, die für das Kind selbst und auch für andere Sinn macht und verständlich ist. Und es hat bereits Kenntnis von einer geistigen Welt – einer Welt von wahren und falschen Überzeugungen, von durchsichtigen und versteckten Intentionen, von Objekten, die das Wirken anderer Personen oder eines allmächtigen Schöpfers reflektieren.

Vielleicht am verblüffendsten ist, daß das Bewußtsein eines fünfjährigen Kindes offenbart, wie weit sich die Erkenntnisfähigkeit von Menschen auch ohne Anleitung durch Erwachsene von selbst entwickeln kann. Das Kleinkind zergliedert und interpretiert seine Erfahrungen aus eigener Kraft – manchmal, wie im Falle von Wunderkindern, mit überraschender Geschwindigkeit und Genauigkeit. Wir könnten sagen, daß die Natur das Kind für die ersten Lebensjahre mit der Fähigkeit ausgestattet hat, sein eigenes Weltverständnis zu konstruieren: über die Beschaffenheit der Welt als Ansammlung von Materie, bevölkert von zahllosen Lebewesen; und über die Welt als Konglomerat von Ideen, Überzeugungen und Werken.

Einige der Theorien, die das Kind aufstellt, treffen genau ins Schwarze, während andere herrlich eigenwillig oder irreführend sind. Fünfjährige Kinder wissen viel über die Welt physischer Gegenstände, was dort möglich ist und was nicht; und sie wissen viel über die Welt der Menschen, über unser gutes und böses Trachten. Fünfjährige glauben jedoch auch eine ganze Menge Dinge, die schlicht nicht wahr sind: zum Beispiel, daß alle Bewegung auf der Welt durch eine Art unsichtbaren Urheber bewirkt wird; daß nur lebt, was sich von selbst bewegt; daß Menschen immer mehr oder weniger so waren, wie sie in unserer heutigen Kultur sind; daß die Welt in gute und schlechte Menschen geteilt ist, wobei die guten so aussehen wie wir, während die schlechten anders aussehen. Erziehung besteht zu einem Großteil aus dem Bemühen, diese irrigen Vorstellungen zu beseitigen, und die kognitive Psychologie hat gezeigt, wie schwer es ist, den »ungeschulten Kopf« zu »schulen«.

Während sie in manchen Überzeugungen schon gefestigt ist, bleibt die Weltsicht des fünfjährigen Kindes insgesamt flexibel und phantasievoll. Das Kind ist von den vorherrschenden Praktiken seiner Kultur nicht allzusehr belastet. Es ist glücklich, so zu malen, wie es will, eine Geschichte so zu erzählen, wie es ihm gefällt und sich ausgiebig mit Rollenspielen zu beschäftigen. Das Kind folgt seinem eigenen Genius. Und aus diesem Grund sind die symbolischen Hervorbringungen von Kleinkindern gewöhnlich reizvoller, anregender und origineller als bei nur wenige Jahre älteren Kindern.

Das fünfjährige Kind steht auf dem Gipfel der Möglichkeiten. Es hat dank seiner Artzugehörigkeit viel erreicht. Es hat schon eine charakteristische Persönlichkeit und ein spezielles Profil von Stärken. Aber es ist im Begriff, für immer in die Praktiken und Überzeugungen seiner Kultur einzutauchen. Wie es seine natürlichen Neigungen mit den Möglichkeiten und Beschränkungen der Gesellschaft in Einklang bringt, wird darüber entscheiden, ob es neue Höhen erreicht – und, wenn ja, ob diese Leistung im Rahmen dessen bleibt, was die Gesellschaft belohnt, oder ob sie dieser oder sogar der ganzen Menschheit völlig neue Perspektiven eröffnet.

Die Lehrzeit: Der traditionelle Weg zur Fachkenntnis

In den ersten fünf bis sieben Lebensjahren spielt das Kind das Programm seiner natürlichen Anlagen ab und entwickelt jene Fertigkeiten und Fähigkeiten, die so stark vorherbestimmt sind, daß es nur geringfügiger Auslöser bedarf, um sie zu *entfalten.* In den folgenden Jahren nach der frühen Kindheit verschafft sich die Kultur mit ganzer Macht Geltung. Auf der ganzen Welt beginnt in diesem Lebensabschnitt eine Form institutionalisierter Erziehung. Danach hängt das Schicksal des Kindes zunehmend von den Optionen – und den Institutionen – seiner jeweiligen Kultur ab.

Jede Gesellschaft legt bestimmte Rollen fest, die sie zum Überleben braucht – zum Beispiel Nahrung zu beschaffen und zuzubereiten. Jede Gesellschaft von einiger Komplexität hat eine Vielzahl von anderen Rollen, die das Leben bereichern: Musikerin, Zauberer, Schneiderin, Baumeister, Krieger, Schamane, Medizinmann oder Ärztin. Manchmal übernehmen Kinder diese Rollen einfach, indem sie über die Jahre ihre Eltern (oder ihre Geschwister bzw. nahen Verwandten) beobachten und nach und nach in der ihnen gemäßen Geschwindigkeit die festgelegten Tätigkeiten ausfüllen. Aber es ist nichts Ungewöhnliches, daß andere Erwachsene die Verantwortung übernehmen, um den Kindern die erforderlichen Fertigkeiten beizubringen.

Den Begriff »Lehrzeit« verwende ich hier nicht im Sinne eines Lehrvertrags mit festgelegter Zeitspanne oder genau vorgeschriebenen Ausbildungsetappen vom Lehrling über den Gesellen zum Meister. Ich beziehe mich damit vielmehr auf die Kernbeziehung zwischen einem jungen Menschen, der für irgendein Handwerk oder Gewerbe ausersehen wurde, und dem erwachsenen Mitglied der Gesellschaft, das schon seit einigen Jahren auf diesem Tätigkeitsfeld arbeitet und für fähig gehalten wird, das wesentliche Können an andere weiterzugeben.

Lehrzeiten unterscheiden sich im Hinblick darauf, wie formal das Arrangement ist und wie genau der Lehrplan festgelegt ist, erheblich voneinander. Manchmal ist ein Kind nach nur einigen Jahren informeller Beaufsichtigung fähig, die Rolle des Erwachsenen zu übernehmen. In anderen Situationen dauert die Ausbildung mehrere Jahre und erfordert zahlreiche Stufen der Unterweisung. Es kann umfangreiches Geheimwissen geben, ebenso wie offen praktizierte Initiationsriten. Menschen können sich auch selbst eine Lehrzeit auferlegen: Virginia Woolf und Wolfgang Amadeus Mozart brachten sich schließlich noch fehlendes Können selbst bei. In jedem Fall kann der Neuling, nachdem der Prozeß erfolgreich durchlaufen ist, ein vollgültiges Mitglied der Erwachsenenwelt werden, das in der Lage ist, die Fertigkeit ohne Beaufsichtigung zu praktizieren und schließlich die wesentlichen Praktiken an Jüngere weiterzugeben.

Ein erwachsenes Mitglied der Gesellschaft zu sein bedeutet nicht nur zu wissen, wie man segelt, näht oder schreibt; vielmehr gehören dazu auch bestimmte Überzeugungen und die sinnvolle Beteiligung an verschiedenen Prozeduren und Ritualen. Wie diese übernommen werden, mag wiederum unterschiedlich sein, aber keine Kultur kann überdauern, wenn sich die nächste Generation nicht ihre wesentlichen Glaubensinhalte aneignet.

Ich fasse alle diese Fertigkeiten, Überzeugungen und Praktiken unter der allgemeinen Rubrik »Erwerb von Fachkenntnissen« zusammen. Die Beherrschung von Fertigkeiten hat Psychologen schon immer interessiert. In jüngster Zeit konnten im Gefolge der Computerrevolution Modelle der Kernprozesse erstellt werden, die am Erwerb eines hohen Grades an Fertigkeiten beteiligt sind.

Solche Modelle des Erwerbs von Fertigkeiten, bei denen die »Informationsverarbeitung« im Mittelpunkt steht, vermitteln im allgemeinen ein ernüchterndes Bild: Es sind keine besonderen Fähigkeiten oder spezielles Geschick nötig, um auf einem Gebiet oder Tätigkeitsfeld ein hohes Niveau zu erreichen. Um ein Experte zu werden, sind statt dessen nur genügend formale Schulung und Praxis erforderlich, die in angemessener Weise überprüft werden. Vielleicht erwerben manche Individuen Fertigkeiten schneller, weil sie insgesamt intelligenter sind, eine besondere Intelligenz besitzen und höher motiviert sind, oder weil sie das Glück haben, bessere Lehrer zu finden. Aber nach dem Modell der Informationsverarbeitung sollte jeder, der über einen ausreichenden Zeitraum hinweg fleißig arbeitet, in der Lage sein, ein Experte zu werden.

Wissenschaftler, die in dieser Tradition arbeiten, haben versucht, Fachwissen zu quantifizieren. Im allgemeinen geht man davon aus, daß etwa zehn Jahre sorgfältiger Praxis nötig sind, um zu einem vollgültigen Experten zu werden, und daß solche Experten dann etwa 50.000 »Züge«, »Schritte« oder Schemata zur Verfügung stehen. Eine gute Schachspielerin etwa muß somit ein Jahrzehnt gespielt und ihr Spiel verbessert haben und ist dann in der Lage, Zehntausende von unterschiedlichen strategischen Zügen auszuführen. Entsprechend muß ein Botanikexperte oder guter Zoologe die Flora oder Fauna viele Jahre beobachtet haben und ist dann fähig, sich bei der Klassifizierung von Lebewesen Tausende von spezifischen Details und Habits zu vergegenwärtigen. Und ein guter Musiker oder Athlet kann nach zehn Jahren Übung Tausende verschiedener Bewegungssequenzen mit der richtigen Muskulatur flüssig einsetzen.

Solche Praxis führt zu einem Können, das dem Uneingeweihten wie ein Wunder erscheint. Die meisten von uns waren schon einmal von Menschen fasziniert, die mehrere Schachspiele gleichzeitig spielen können; die zahlreiche seltene Pflanzen oder Tiere auf einen

Blick bestimmen können; oder die in der Lage sind, unbekannte Musikstücke vom Blatt zu spielen oder einen Tennisgegner durch ungewöhnliche Spielzüge zu übertreffen. Und nur wenige bleiben unbeeindruckt, wenn sie normal begabte, aber hochgeübte Menschen sehen, die Reihen von 80 oder 100 Zahlen im Gedächtnis behalten – und dies, obwohl sich ungeübte Menschen durchschnittlich nur sieben Zahlen merken können. Vertreter der kognitiven Psychologie meinen, daß jeder von uns, der sich einer Sache über mehrere Jahre widmet, solche Expertenfertigkeiten erreichen kann. Nur die Übung trennt das Gewöhnliche vom Außergewöhnlichen.

Fachkenntnisse in der Schule

Auf der ganzen Welt haben sich Schulen über Jahrtausende für bestimmte Zwecke entwickelt, darunter die Vermittlung bürgerlicher oder moralischer Tugenden. Aber in erster Linie haben diese Institutionen die Aufgabe, Individuen (gewöhnlich Jungen) in den wichtigsten Zeichensystemen ihrer Kultur zu schulen: in der geschriebenen Sprache und den numerischen Systemen. Die Funktionsfähigkeit der Gesellschaft hängt davon ab, daß Scharen von jungen Menschen nachrücken, die problemlos wichtige Texte lesen, Information schriftlich niederlegen und jene mathematischen Operationen ausführen können, die für die Buchführung und geschäftliche Zwecke erforderlich sind.

Obwohl die Beherrschung von Zeichensystemen bis heute das wichtigste pädagogische Ziel der Schulen ist, betonen komplexere Gesellschaften auch andere Lernziele. Im Mittelalter lernten Studenten das Trivium (Rhetorik, Logik, Grammatik) und das Quadrivium (Arithmetik, Astronomie, Musik und Geometrie). In der modernen säkularen Gesellschaft befassen sich Studenten mit Geschichte, Chemie, visuellen Künsten, um nur einige wichtige Fächer zu nennen. Im Idealfall lernen sie auch, wie Vertreter verschiedener Fachrichtungen Probleme angehen und Produkte schaffen.

Häufig legt eine Gesellschaft den künftigen Studenten eine Reihe von Hindernissen in den Weg. Im 19. Jahrhundert mußten junge

Menschen, die studieren wollten, zwei oder mehr klassische Sprachen beherrschen. Im 20. Jahrhundert müssen sie in manchen Ländern höhere Mathematik und moderne Fremdsprachen beherrschen und ein bestimmtes Niveau bei standardisierten Tests und Themenaufsätzen erreichen. Nur selten sind diese Kenntnisse tatsächlich erforderlich, um in der Gesellschaft Erfolg zu haben. Vielmehr dienen sie, wie das Gesellenstück, das alle Lehrlinge schließlich anfertigen müssen, als Ausweis hoher Leistungsfähigkeit. Wenn ein Student die Zeit aufbringt, griechisch zu lernen oder Differentialgleichungen zu lösen, bedeutet dies, daß er oder sie auch als Beamter oder unabhängiger Freiberufler Erfolg haben wird.

Schüler und Auszubildende erkunden in ihrer Ausbildung weiterhin die Welt der Individuen, der Gegenstände und der Symbole, aber sie tun dies in spezifischer Weise. Ein Großteil des Unterrichtsstoffs in der Schule ist bewußt aus dem Kontext gerissen: Man lernt etwas über die Dinge aus einem Abstand heraus. Und so verbringen die Schüler ihre Zeit damit, Symbole zu schaffen oder zu entziffern und sich mit Zeichen zu beschäftigen, die sich ihrerseits auf konkrete Dinge beziehen. Im Gegensatz dazu arbeiten Auszubildende direkt mit den Objekten ihres Handwerks und mit anderen Menschen – den Meistern –, die das erforderliche Fachwissen mitbringen. In der Welt der Lehrzeit kann es Symbole geben, aber diese werden eher nebenher bei der Arbeit mit physischen Objekten eingeführt, statt als Ersatz für den tatsächlichen Kontakt mit konkreten Materialien zu dienen.

Es gibt auch Veränderungen im persönlichen Bereich. Die Auszubildenden sind zunächst völlig vom Meister abhängig und zumeist mit Menschen konfrontiert, die mehr können als sie. Im Verlauf der Lehrzeit ändert sich dieses Verhältnis: Die Fertigkeiten des Auszubildenden ähneln nun denen des Meisters und der gereifte Auszubildende sieht nun andere, deren Fertigkeiten weniger entwickelt sind als seine eigenen. In der Schule ist das Lernen eine mehr private Angelegenheit, und die vorrangige pädagogische Beziehung besteht zwischen Schülern und Lehrern. Persönliche Beziehungen entwickeln sich hauptsächlich zu Gleichaltrigen, und häufig spielt das Niveau der Kenntnisse in diesen »lateralen« Beziehungen keine große Rolle.

Wenn das Kind zum Jugendlichen heranreift, konzentriert sich die Persönlichkeitsentwicklung auf Probleme der Identität. Die Heranwachsenden sind mit der Frage konfrontiert, wer sie sind, was aus ihnen werden wird, mit wem sie zusammenleben werden, wie sie sich in die Gemeinschaft einfügen und ob sie mit ihren Lebensoptionen zufrieden sind. Identitätsfragen sind in unserer Zeit, in der junge Menschen nicht länger das tun, was ihre Vorfahren taten und sich Optionen im Laufe des Lebens (gewollt oder ungewollt) mehrfach ändern können, immer entscheidender geworden. Identitätsfragen berühren das Selbstverständnis der Individuen, ihre Beziehung zu anderen und die Fertigkeiten, die in einer Kultur erforderlich sind, um zu überleben. Wir werden diesen Themen wieder begegnen, wenn wir uns der häufig hervorgehobenen »Identitätskrise« außergewöhnlich kreativer Menschen zuwenden.

Der kompetente Erwachsene

Fachkenntnisse (oder Gelehrtenwissen) zu erwerben – und dies ist der entscheidende Punkt unserer Untersuchung – bedeutet jedoch noch nicht, außergewöhnliche Intelligenz zu entwickeln. Fachkenntnisse liegen in Reichweite eines bedeutenden Teils der Bevölkerung, sofern die Ausbildung einigermaßen gut ist und die Lernenden entsprechend motiviert sind. Die meisten von uns sollten in der Lage sein, passable Jäger oder Köche zu werden; recht viele von uns sollten es fertigbringen, die Grundprinzipien der Physik oder der historischen Analyse in der Geschichtswissenschaft zu begreifen und anzuwenden. Und wenn wir das Glück haben, mit einem kraftvollen Intellekt ausgestattet zu sein und einen herausragenden Meister oder Lehrer auf uns aufmerksam zu machen, können wir vielleicht sogar ein sehr hohes Leistungsniveau erreichen. Dieser Erfolg wird allerdings nicht mit dem eines frühreifen Geigers, Schachspielers oder Mathematikers vergleichbar sein, der schon in jungen Jahren Meisterleistungen vollbringt. Die Natur hat es nicht so gewollt. Aber nach dieser Auffassung ist das, was solche Wunderkinder von frühauf leisten, für die meisten von uns möglich, wenn wir das Erwachsenenalter erreicht haben.

Aber, um es noch einmal zu sagen, Fachkenntnisse sind nicht gleichbedeutend mit außergewöhnlicher Kreativität. Die meisten Menschen erreichen keine außerordentlichen Leistungen, entweder weil sie es nicht wollen oder weil ihnen und/oder der sie umgebenden Gesellschaft die Mittel fehlen, um herausragende oder innovative Leistungen zu erbringen. Auch stellen die meisten Individuen die herrschenden Praktiken und Normen später nicht in Frage: Die Erziehung ist darauf nicht ausgerichtet, und den meisten fehlt die Neigung, sich aufzulehnen und schöpferisch tätig zu werden, um für sich ein neues Gebiet zu schaffen. Tatsächlich reicht es den meisten von uns, Fachkenntnisse in wenigstens einem Gebiet zu erwerben. Solche Fachkenntnisse erlauben es uns, unseren Lebensunterhalt zu verdienen, uns in eine Gemeinschaft einzufügen und unsere eigenen (oder andere) Kinder großzuziehen, so daß auch sie sich schließlich am Fortbestand der Gesellschaft beteiligen können.

Individuelle Unterschiede

Wie ein guter und treuer Anhänger von Piaget oder Freud habe ich bisher die Unterschiede zwischen den Menschen weitgehend beiseite gelassen. Für einen Wissenschaftler ist dieser Kunstgriff durchaus statthaft: Es lassen sich bedeutende Einsichten gewinnen, wenn man eine Spezies als Einheit betrachtet. Natürlich leugnen Wissenschaftler nicht die Unterschiede zwischen den Menschen; sie vertreten vielmehr entweder den Standpunkt, daß diese Unterschiede nicht so wichtig sind oder daß sie zwar Bedeutung haben, aber gegenüber der Bestimmung universeller menschlicher Eigenschaften nachrangig sind.

Früher oder später werden Forscher jedoch mit den Unterschieden zwischen den Menschen konfrontiert. Schließlich springen solche Unterschiede überall ins Auge – manchmal schon beim Frühstück oder im Schlafzimmer. Außerdem läßt sich viel aus Variationen innerhalb einer Spezies lernen. Unterschiede in den Fertigkeiten, Gewohnheiten, Überzeugungen und Wünschen sind zuweilen frappierend; und man kann argumentieren, daß sich verläßliche Aussagen über *den* Menschen nur dann treffen lassen, wenn man sich zuvor mit den extremen Abweichungen zwischen den Menschen befaßt hat. Selbst unter Säuglingen lassen sich Unterschiede beobachten. Die hervorstechendsten hängen mit dem Temperament zusammen. Einige Säuglinge sind still, passiv, von Beginn an ängstlich, während andere voller Energie stecken, aktiv und belastbar sind. Diese individuellen Unterschiede erweisen sich als recht stabil. Frühkindliche Ängstlichkeit läßt sich noch Jahre später erkennen, wenn die Kinder mit neuen Aufgaben oder mit Fremden konfrontiert sind. Besonders extreme Gemütsanlagen lassen sich dabei nur schwer verändern.

Auch andere aufschlußreiche Unterschiede kann man bei Kindern beobachten. Einige davon liegen in der Geschwindigkeit ihrer Entwicklung: Bestimmte fundamentale Entwicklungsschritte vollziehen sich bei manchen Kindern viel früher als bei den meisten anderen. Einige Kleinkinder haben schon früh ein genaueres Gedächtnis, manche sprechen (oder verstehen) frühzeitiger als andere, und wieder andere erreichen beständig höhere Werte bei Intelligenztests. Unterschiede lassen sich auch bei Aspekten der Persönlichkeit erkennen, zum Beispiel beim Selbstvertrauen, der Selbstbeherrschung, der Risikofreudigkeit, der individuellen Wertschätzung von Freundschaft, Unabhängigkeit oder Wettbewerb.

Am faszinierendsten unter dem Gesichtspunkt dieser Studie ist, daß Kinder sich auch in ihren charakteristischen intellektuellen Stärken unterscheiden. Einige Kinder sind sehr frühreif in ihrem Sprachgebrauch, aber nicht in ihren musikalischen Fähigkeiten oder ihrem räumlichen Vorstellungsvermögen. Andere Kinder entwickeln ein frühes Geschick beim Malen oder ihrer körperlichen Gewandtheit, aber nicht in ihrem Zahlenverständnis oder ihrer Fähigkeit, die Motivationen anderer zu erkennen. Tatsächlich hat meine eigene Forschung mit Vorschulkindern gezeigt, daß die meisten Kinder in manchen Gebieten relative Stärken, in anderen erkennbare Schwächen haben (vgl. Gardner, 1993b).

Wichtig ist: Man muß nicht bis zur mittleren Kindheit warten, um bedeutsame Unterschiede zwischen Kindern aufzuspüren. Sie springen uns selbst in der frühen Kindheit ins Auge, haben möglicherweise eine biologische Ursache, und wenigstens einige von ihnen lassen sich noch Jahrzehnte später in wichtigen Verhaltensweisen erkennen.

Schematischer Überblick

Auf einer Hitliste wissenschaftlicher Vermessenheit würde der Versuch, die menschliche Entwicklung in einem einzigen Kapitel zu schildern, einen vorderen Platz belegen. Dennoch ist ein solches Unterfangen als Hintergrund für die Untersuchung außergewöhnlicher Entwicklung notwendig, die ich in allgemeiner Weise in Kapitel 3 skizziere und in konzentrierteren Porträts in den Kapiteln 4-7 darstellen möchte. Als Zusammenfassung der in diesem Kapitel berührten Punkte und als Ausblick auf die wichtigsten Themen dieses Buches mag das folgende Diagramm dienen:

Alter	Beziehung zu Personen	Beziehung zu Objekten	Symbolsysteme
Säuglingsalter	Bindung zur Pflegeperson	sensomotorisches Wissen von der Welt	elementare Bedeutungen
Krabbelalter	erster Kontakt zu Gleichaltrigen	grundlegende physikalische Regeln	Spiel; erste Verwendung von Symbolsystemen
5-7 Jahre	Ödipuskonflikt	frühe Theorien	erstes, skizzenhaftes Wissen von Symbolsystemen
Schuljahre	Freundschaft	beherrschen von Fächern	Beherrschung von Zeichensystemen
Adoleszenz	Identitätssuche (Ich, Gemeinschaft); sexuelle Beziehungen	Berufsentscheidung	theoretisches Denken; hypothetische Welten
Erwachsener	Familie, Intimität, Unterrichten anderer	Fachwissen; Möglichkeit der Kreativität	symbolische Praktiken schaffen und vermitteln

3

Außergewöhnliche Entwicklung

Außergewöhnliche Intelligenz: Die Standardmeinung

Zwischen Psychologen und Laien besteht im Hinblick auf menschliche Intelligenz ein Konsens. Dieser Standardmeinung zufolge ist Intelligenz eine Einheit – häufig als »allgemeine Intelligenz« bezeichnet –, die in der modernen Gesellschaft von herausragender Bedeutung ist. Wie intelligent man ist, ist dieser Auffassung nach in beträchtlichem Umfang (wenn auch nicht gänzlich) von den jeweiligen biologischen Erbanlagen abhängig. Man kann nur wenig tun, um die gottgegebene, angeborene Intelligenz zu verändern. Darüber hinaus, so meint man, habe sich gezeigt, daß Intelligenz hinreichend einfach strukturiert ist, um von Psychologen gemessen zu werden. In der Vergangenheit benutzten Psychologen dazu klinische Interviews oder Tests mit Papier und Bleistift; doch heute glaubt man, sich der Intelligenz annähern zu können, indem man etwa mißt, wieviel Zeit man braucht, um auf zwei Blitzlichter zu reagieren, oder sogar, indem man Gehirnwellenmuster analysiert. Wer genug Glück hat, viele Punkte bei dieser Intelligenz-Lotterie zu erzielen, hat nach der landläufigen Meinung dann auch gute Aussichten, im Leben erfolgreich zu sein.

Außergewöhnliche Intelligenz: Die neue Sichtweise

Ich wende mich gegen den eben erwähnten Konsens und vertrete die Meinung, daß die psychometrische Auffassung von Intelligenz veraltet ist. Vieles von dem, was wir in den letzten hundert Jahren von der Biologie, Psychologie und Anthropologie gelernt haben, widerspricht den zentralen Behauptungen dieser Standardmeinung diametral. Aus der Biologie haben wir gelernt, daß es unmöglich ist, bei Menschen genetische Faktoren und Umweltfaktoren sinnvoll auseinanderzuhalten: Wir können schlicht die entscheidenden Experimente nicht durchführen. Tatsächlich beeinflußt die Umwelt den Ausdruck der Gene vom Moment der Empfängnis an.

Die Psychologie hat uns gelehrt, daß Menschen viele verschiedene intellektuelle Fähigkeiten besitzen und daß diese in erheblichem Maße unabhängig voneinander sind. Jeder Versuch, eine einheitliche Intelligenz zu isolieren, stößt auf Schwierigkeiten bei der Messung. Und selbst sogenannte reine Intelligenzmessungen werden tatsächlich immer von Nebeneffekten bei der Durchführung der Tests beeinflußt.

Aus der Anthropologie haben wir gelernt, daß es in anderen Kulturen (wie der japanischen) überraschend andere Annahmen über menschliches Lernen und menschliche Motivation gibt. Der erzieherische Erfolg solcher Kulturen wäre unmöglich, wenn man von einer »unveränderlichen Intelligenz« ausginge, wie es die meisten Vertreter der Psychometrik tun. Tatsächlich sind die Leistungen von Kindern im Schulalter in Amerika und Asien ähnlich, doch die asiatischen Kinder liegen weit vorne, wenn sie das Alter erreicht haben, um auf weiterführende Schulen zu gehen.

Auf der Suche nach einer Alternative entwickelte ich vor 15 Jahren eine Theorie »vielfacher Intelligenzen«. Die Theorie faßt verschiedenes Wissen über den Menschen zusammen: Dazu gehören Erkenntnisse über die Gehirnentwicklung, über spezifische Gruppen (wie Autisten und Wunderkinder) sowie die Bestimmung von Fähigkeiten und Fertigkeiten, die in fremden Kulturen geschätzt werden, die sich von der unsrigen sehr unterscheiden – darunter auch solche, in denen es keine Schulen gibt oder diese kein hohes Ansehen genießen.

Vielfältige, einander stützende Beweise legten nahe, daß sich Menschen als Spezies durch wenigstens sieben charakteristische Formen von *Intelligenz* auszeichnen, wobei »Intelligenz« als Fähigkeit definiert ist, Probleme zu lösen oder Produkte zu erzeugen, denen wenigstens in einem kulturellen Umfeld oder einer Gemeinschaft Wert beigemessen wird. Meine ursprüngliche Liste von Intelligenzformen enthielt sprachliche und logische Intelligenz (die beiden Formen, die in der Schule und besonders bei Prüfungen belohnt werden); räumliche Intelligenz (die Fähigkeit, große Räume und/oder räumliche Gebilde zu erfassen); musikalische Intelligenz (die Fähigkeit, musikalische Strukturen zu schaffen und wahrzunehmen); körperliche, kinästhetische Intelligenz (die Fähigkeit, mit dem Einsatz des ganzen Körpers oder Teilen des Körpers Probleme zu lösen oder Produkte zu schaffen) sowie zwei Formen personaler Intelligenz – eine, die auf das Verständnis anderer Personen und eine, die auf Selbsterkenntnis ausgerichtet ist. In jüngster Zeit habe ich diese Liste um eine achte Form von Intelligenz ergänzt: das Erfassen der natürlichen Welt, wie es bei Jägern und Botanikern zum Ausdruck kommt.

Obwohl alle Menschen bis zu einem gewissen Grad die ganze Bandbreite von Intelligenzformen besitzen, unterscheiden sich Individuen in ihrem je besonderen Profil von Stärken und Schwächen. Diese Unterschiede machen das Leben interessanter, aber sie machen die Aufgabe der Schule auch schwerer. Wenn wir alle verschiedene Formen von Intelligenz haben, dann ist es schlicht unangemessen, uns alle so zu unterrichten, als handelte es sich nur um unerhebliche Variationen einer durchschnittlichen Einheitsintelligenz. Tatsächlich sollte ein jeder von uns genauestens darauf achten, was das Besondere seiner Intelligenz und der Intelligenz der Kinder ist, für die wir Verantwortung tragen.

Angesichts meiner kritischen Ansicht über die psychometrische Standardtheorie von menschlicher Intelligenz und meines Eintretens für eine Perspektive vielfältiger Intelligenzformen drängt sich natürlich die Frage auf, warum ich dieses Kapitel mit einer kurzen Kritik der Behauptungen der Standardtheorie begonnen habe. Der Grund ist einfach. Erstens, weil ein Großteil der Forschung über außergewöhnliche Intelligenz in der Tradition steht, die den Intelligenzquotienten für allesentscheidend hält. Zweitens, weil IQ-Tests eine bestimmte Form von Intelligenz isolieren, nämlich jene Form, der in unserer auf schulische Bildung fixierten Kultur Wert beigemessen wird. Der dritte, entscheidende Grund besteht darin, daß es Kinder gibt, die tatsächlich im Hinblick auf ihre psychometrische Intelligenz außergewöhnlich sind, und über diese Kinder ist viel bekannt.

Schulische Frühreife

In den Vereinigten Staaten weiß man vermutlich mehr über Michael Kearney als über jedes andere allgemein als »extrem gescheit« angesehene Kind. Geboren 1984, war Kearney von Beginn an ein Phänomen. Er begann, Worte zu verstehen, als er ein paar Monate alt war, und sprach in der Mitte seines ersten Lebensjahres bereits vollständige Sätze. Als er noch kein Jahr alt war, schockierte er Kunden im Supermarkt, weil er die Markennamen der Produkte in den Regalen las. Er beherrschte das ganze Alphabet zu Beginn seines zweiten Lebensjahres und entdeckte die Prinzipien der Algebra im Alter von drei. Im Einschulungsalter hatte er bereits den Grundschullehrstoff erfolgreich bewältigt. Zu dieser Zeit absolvierte er das Mathematikpensum eines Jahres in wenigen Tagen. Gespannt darauf, wie schnell Michael durch das Bildungssystem steuern würde, bemühten sich Kearneys Eltern, ihn für die Universität von Alabama vorzubereiten: Er absolvierte das College, bevor er zehn Jahre alt wurde, aber Universitäten zögerten, das Kind aufzunehmen, obwohl seine Leistung im College durchaus respektabel gewesen war.

Während er darauf wartete, die nächste Stufe auf der akademischen Leiter zu erklimmen, verdiente Michael Geld und fand ein Auskommen mit Reisen durchs Land, auf denen er Wissenschaftler besuchte und viel Beachtung in den Medien fand. Sein erklärter Ehrgeiz war es, in Ratesendungen im Fernsehen mitzuspielen, aber zu Michaels Unglück fanden die Produzenten, daß ein derart kluges Kind die anderen Wettbewerber einschüchtern würde. Ohne Frage wird man noch von Michael Kearney hören, auch wenn man jetzt noch nicht wissen kann, ob er so etwas wie eine Jahrmarktattraktion bleiben wird oder schließlich in einem anerkannten (oder, weniger wahrscheinlich, in einem neugeschaffenen) Gebiet berühmt werden wird.

Michael Kearney ist das extreme Beispiel eines nach konventionellen Maßstäben hochintelligenten Kindes. Sein Intelligenzquotient liegt deutlich im Bereich von 200 — seine Eltern meinen sogar, er liege näher an 300 —, und er verschlingt jede Art von Lehrstoff. Er erfaßt Zeichensysteme und Ideen mit einer Leichtigkeit, mit der andere Kinder Eicheln auflesen oder Schneebälle kneten. Er erreicht auch auf Gebieten wie Musik oder Schach beachtliche, wenn auch nicht erstaunliche Leistungen. Seine emotionale Entwicklung entspricht kaum seinem Alter: Manchmal erscheint er wie ein erwachsener Autodidakt, manchmal wie ein verdorbenes Kleinkind im Krabbelalter, und sehr häufig ist er unsicher, welche Haltung er einnehmen soll. (Man kann ihm seine mißliche Lage nachfühlen.)

Es ist wichtig, zu betonen, wie weit man sich vom Normalmaß entfernt hat, wenn man auf das rechte Ende jener Glockenkurve blickt, mit der man die Verteilung von Intelligenz in einer Population darstellen kann. Ich finde es daher nützlich, zwischen »normaler« und »außergewöhnlicher Klugheit« zu unterscheiden. Lewis Termans Erhebung unter 1500 kalifornischen Kindern mit hohem Intelligenzquotienten zu Anfang dieses Jahrhunderts konzentrierte sich auf normal kluge Individuen — solche, die leicht ein oder zwei Klassen überspringen können und von denen man erwarten kann, daß sie in kürzester Zeit das College absolvieren. Die Terman-Erhebung ist wahrscheinlich die intensivste der Welt, denn die Probanden wurden von der Kindheit bis in die Gegenwart begleitet (die noch lebenden sind heute über 80). In nahezu jeder Hinsicht erzielen die »Termiten«, wie die Prüflinge häufig scherzhaft genannt werden, gute Ergebnisse: Sie sind gesund, recht wohlhabend und kultiviert, zufrieden mit ihrem Leben — allerdings die Männer in erheblich höherem Maße als die Frauen. Die meisten Frauen haben keine Karriere gemacht, ein Umstand, der heute anders wäre.

Die »Termiten« beeindrucken wahrscheinlich am wenigsten in kreativer Hinsicht. Während eine Reihe von ihnen herausgehobene Positionen innehielten und akademischen Ehrengesellschaften angehörten, gibt es, wenn überhaupt, nur wenige hochkreative Künstler und Schriftsteller und keinen Wissenschaftler von Nobelpreisformat unter ihnen. (Wohl die erfolgreichsten Wissenschaftler der Erhebungsgruppe sind Psychologen, und man kann nicht umhin, sich zu fragen, in welchem Maß ihre Karriereentscheidung wohl durch ihre Aufnahme in die privilegierte Gruppe der Terman-Prüflinge beeinflußt wurde.)

Kinder mit hohem Intelligenzquotienten wurden ausgiebig erforscht. Eine interessante Gruppe sind jene, die lesen können, bevor sie das Schulalter erreichen, häufig ohne formalen Unterricht. Typisch für sie ist, daß sie schon im zweiten Lebensjahr Ähnlichkeiten und Unterschiede in der Form der Buchstaben erkennen. Sie hören aufmerksam zu, wenn ihnen vorgelesen wird, behalten die Texte im Gedächtnis und versuchen dann, die visuellen Muster, die sie lernen, mit den Wörtern zu verbinden, an die sie sich erinnern. Im Alter von drei oder vier können sie bereits flüssig lesen. Wenn sie das Schulalter erreichen, kann es gut sein, daß sie Bücher auf Mittelschulniveau lesen und intelligent darüber reden können. Ein Großteil der Grundschulbildung erwerben solche Kinder einfach durch die Lektüre von Büchern, sofern sie dazu von den Erwachsenen ermutigt und vielleicht ein wenig beaufsichtigt werden. Aber wenn man ihr Lerntempo bremst, indem man zum Beispiel verhindert, daß sie in eine Klasse mit älteren Kindern kommen, können sie sehr wohl durch das langsamere Tempo (oder die banalen Interessen) ihrer weniger frühreifen Altersgenossen frustriert werden.

Es verdient Beachtung, daß es keine zwingende Beziehung zwischen frühem Lesen und einer hohen psychometrischen Intelligenz gibt: Es gibt frühreife Leser, die auf anderen Gebieten nicht klug sind (und manchmal sogar Gehirnschäden haben). Andererseits gibt es sehr kluge Kinder, die im normalen Alter oder sogar verspätet zu lesen beginnen. Unser Verständnis von schulischer Intelligenz ist jedoch unlöslich mit der Fähigkeit verknüpft, arbiträre Zeichensysteme zu beherrschen und sie rasch und flexibel einsetzen zu können. Die Beherrschung der geschriebenen Sprache ist ein früher Beweis dieser Fähigkeit. Und so überrascht es nicht, daß Kinder mit einem Intelligenzquotienten von über 170 mit doppelt so hoher Wahrscheinlichkeit im Alter von vier Jahren lesen können als Kinder mit einem niedrigeren IQ.

Die Schulpsychologin Leta Hollingworth untersuchte Schüler mit noch selteneren, ungewöhnlicheren Fähigkeiten. Kinder mit Intelligenzquotienten über 180 sind nicht glücklich. Sie sind einfach zu verschieden von den anderen. Sie sind daher häufig Eigenbrötler, die keine Gemeinsamkeiten mit ihren Altersgenossen finden können und zu Angst und gravierenden sozialen und emotionalen Problemen neigen. Solchen Kindern kann man sehr helfen, wenn man sie mit anderen Kindern (egal welchen Alters) zusammenbringt, die ihnen intellektuell gleichrangig sind. Endlich müssen sie nicht mehr ihre akademischen Fähigkeiten verstecken und riskieren, andere durch ihr Wissen, ihre Art zu denken und die Schnelligkeit, mit der sie Informationen aufnehmen, zu befremden.

In ihrem Buch *Hochbegabt* (1998) erwähnt Ellen Winner einige andere Merkmale von außergewöhnlich intelligenten Kindern: Sie beweisen bemerkenswerte Energie, Neugier und Konzentration in Gebieten, die sie interessieren, salopp gesagt, sie sind »lernwütig«. Sie lernen beständig, und es ist oft schwer, sie von ihren leidenschaftlich geliebten Interessensgebieten fortzuziehen. Sie handeln aus eigenem Antrieb und folgen ihrem eigenen Rhythmus. Nicht die Eltern scheinen sie in eine Richtung zu drängen; vielmehr sind es umgekehrt die Kinder, die mit der Energie ihrer Begabung ihre Eltern mitreißen.

Fragen über Intelligenz

Zwei Fragen werden häufig im Hinblick auf kluge Menschen gestellt. Die erste hat mit der Quelle ihrer ungewöhnlichen psychometrischen Intelligenz zu tun. Von wenigen Ausnahmen abgesehen stimmen Experten darin überein, daß Intelligenz in bedeutendem Maß von den biologischen Eltern beeinflußt wird. Kennt man die Intelligenz eines biologischen Elternteils, läßt sich üblicherweise in hohem Maße die Intelligenz des Kindes vorhersagen. Selbst Kinder, die bei ihrer Geburt von ihren biologischen Eltern getrennt wurden, entwickeln schließlich Intelligenzquotienten, die eher jenen ihrer wirklichen Eltern als ihrer Zieheltern entsprechen. Nur wenn die Lebensumstände im Haus der Adoptiveltern sehr unterschiedlich sind, kann es erkennbare Unterschiede in der Intelligenz von Eltern und ihren biologischen Kindern geben. Mit anderen Worten: Die gemessene Intelligenz wird im Hinblick auf die meisten Aspekte stärker von den Genen als der Umwelt bestimmt.

Aber viele Biologen bleiben mißtrauisch gegenüber einer rein biologischen Erklärung von Intelligenz: 1.) weil bisher nur wenige der zahllosen möglichen sozialen Milieus untersucht wurden; und 2.) weil adoptierte Kinder in der Regel von Eltern aufgezogen werden, die den Herkunftsfamilien recht ähnlich sind. Die meisten Wissenschaftler weisen rassische oder ethnische Unterschiede bei der Intelligenz zurück, weil die Mechanismen, die Unterschiede in den Testergebnissen innerhalb einer Gruppe bewirken, nicht mit den Unterschieden zwischen verschiedenen Gruppen vergleichbar sind. Anders gesagt: Der Grund, warum etwa Afroamerikaner gewöhnlich niedrigere Ergebnisse als weiße Amerikaner erzielen, könnte wenig oder gar nichts mit den Genen zu tun haben, aber viel mit latentem oder offenem Rassismus und/oder unterschiedlichen kulturellen Einstellungen, Praktiken und Möglichkeiten.

Die zweite Frage zur Intelligenz ist für unsere Untersuchung bedeutsamer: Stimmt es, daß Kinder, die in psychometrischer Hinsicht klug sind, jedweden Stoff gut lernen, oder zeigen sich bei ihnen starke und schwache Gebiete? Die Antwort auf diese Frage scheint mir auf der Hand zu liegen: Kinder mit hohem Intelligenzquotienten sind gut in den Fächern, die in der Schule unterrichtet werden. Entsprechend ist die Vorhersagekraft eines Intelligenztests um so besser, je stärker er das Gewicht auf diese Aufgaben und Fertigkeiten legt. Wenn es zum Beispiel in einem Intelligenztest stark um die Entschlüsselung von sprachlichen oder numerischen Zeichensystemen geht, läßt sich mit ihm sehr akkurat vorhersagen, wie Kinder in den schulischen Standardfächern abschneiden werden. Konzentriert sich der Test dagegen auf Fertigkeiten, die nichts mit Zeichensystemen zu tun haben (wie zum Beispiel, den Weg aus einem Labyrinth zu finden), oder legt die schulische Umgebung das Schwergewicht eher auf Projekte als auf Tests mit Kurzantworten, dann wird die psychometrisch festgestellte Intelligenz die schulischen Leistungen weniger genau voraussagen können.

Dasselbe gilt für das nachschulische Leben. Will man vorhersagen, wie gut oder schlecht jemand etwa einen Angestelltenberuf ausüben wird, ist die Kenntnis des Intelligenzquotienten hilfreich. Will man dagegen eine Voraussage für ein technisches Handwerk oder eine Arbeit als Verkäufer treffen, ist die Kenntnis des Intelligenzquotienten von zweifelhaftem Wert. Ich habe gelegentlich halb scherzhaft die Auffassung vertreten, daß der Intelligenztest vor hundert Jahren in Frankreich und Großbritannien als ein Mittel perfektioniert wurde, Individuen auszuwählen, die sich gut als mittlere Beamte für entlegene Posten im Kolonialreich eignen würden.

Wissenschaftler geraten zuweilen in Streit darüber, wie allgemein das Phänomen Intelligenz ist. Einige – wahrscheinlich die Mehrheit – stimmen mit Dr. Samuel Johnson überein, daß es sich beim wahren Genie um eine allgemein starke Intelligenz handele, die zufällig in eine bestimmte Richtung gelenkt werde (vgl. Bate, 1975, S. 252). Ist man auf einem Gebiet gut, so könnte man nach dieser Auffassung beinahe auf jedem Gebiet gut sein. Und ist man sehr gut, um so besser! Andere betonen die Tatsache, daß Kinder, die in der Schule herausragend sind, außerhalb der Schule Eigenbrötler sein können, so wie Menschen, die durchschnittliche Wissenschaftler sind, im Geschäftsleben oder den Künsten häufig sehr erfolgreich sind. Ohne Zweifel läßt sich das Vorhandensein von Gruppen, die auf einem Gebiet bemerkenswert gut (wie »Fachidioten«) oder bemerkenswert schlecht sind (wie Kinder mit einer selektiven Lernschwäche), schlecht mit der Ansicht vereinbaren, daß die Intelligenz ein einheitliches Ganzes mit einer einzigen Antriebskraft ist, die entweder durchweg gut oder schlecht funktioniert.

Tatsächlich lassen sich aber Belege für jede dieser Positionen finden. Es gibt gelegentlich Menschen, denen die meisten Gebiete gleichermaßen leichtzufallen scheinen. Viele Menschen zeigen sehr gute Leistungen in einem breiten Spektrum von Schulfächern und bleiben erfolgreich, solange sie in einer Umgebung bleiben, die deutliche Ähnlichkeit mit der Schule hat, das heißt, wenn sie später zum Beispiel in einem Büro oder einer Anwaltskanzlei arbeiten. Gleichzeitig gibt es Individuen, die in der Schule ein unausgeglichenes Leistungsprofil zeigen: Kinder, die zum Beispiel sehr gut in sprachlichen Fächern sind, aber große Schwierigkeiten mit Mathematik oder anderen Naturwissenschaften haben. Und es gibt Individuen, die ein perfektes Ingenieurgehirn haben, aber nicht einen einzigen kohärenten

Absatz zu Papier bringen. Dann wieder gibt es solche – zuweilen legendären – Menschen, die (wie Winston Churchill und Thomas Alva Edison) mittelmäßige Schüler waren, aber auf ihren Gebieten zu absoluten Assen wurden.

Und die Jahre nach der Schule? Auch hier sind die Befunde unterschiedlich. Einerseits nähern sich Individuen mit dem Älterwerden immer mehr dem Intelligenzquotienten ihrer biologischen Eltern an – dies stützt die These einer einheitlichen Intelligenz. Andererseits erbringen sie viel bessere Leistungen in den Gebieten, denen sie sich auch im späteren Leben intensiv widmen – dies stützt die These verschiedener Intelligenzformen.

Was läßt sich aus all dem folgern? Ich meine, man sollte der Schule und den Intelligenztests den gebührenden Respekt zollen, gleichzeitig sollten sie aber nicht das Urteil über den Wert oder das Potential eines Menschen diktieren. Was letztlich zählt, ist die tatsächliche Leistung eines Menschen in seinem Arbeits- und Privatleben. Dieses Urteil kann und sollte direkt gefällt werden, ohne daß man sich der Krücke von Testergebnissen bedient.

Die Rolle von Kultur und Erfahrung

Bisher habe ich die psychologische Standardmeinung übernommen, daß sich die Leistungen eines Kleinkindes weitgehend den intellektuellen Kräften verdanken, die es selbst in eine Lernsituation einbringt. Diese Meinung war in westlichen Gesellschaften lange populär, besonders (und überraschend) in den Vereinigten Staaten. Ihre Popularität rührt daher, daß sie sich aus der psychometrischen Standardtheorie ableitet und dem Widerwillen der meisten Erwachsenen entgegenkommt, das intellektuelle Wachstum von Kindern in den ersten Lebensjahren entschieden zu beeinflussen.

In anderen Weltregionen sieht man die Sache anders. In Gesellschaften, die von konfuzianischen Ideen beeinflußt sind, wie China und Japan, geht man nur von minimalen angeborenen Unterschieden aus. Was ein Mensch in seinem Leben erreicht, wird in erster Linie als Ergebnis seiner Motivation und des Engagements seiner Familie gesehen: wie hart man arbeitet, in welchem Maß man aus Fehlern lernt, wie geschult der eigene Lehrer oder Trainer ist. Kleinkinder können verwöhnt werden, aber dies geht nicht auf Kosten der Vermittlung von Fertigkeiten und Werthaltungen. Erwachsene und Lehrer arbeiten hart, um die Kinder in den Jahren bis zum Schulalter an Ordnung, Disziplin und Respekt gegenüber anderen zu gewöhnen (besonders gegenüber Älteren, die mehr wissen). Es besteht ein krasser Unterschied zwischen einem relativ chaotischen westlichen Kindergarten und seinem extrem wohlgeordneten asiatischen Gegenstück.

Nicht so einhellig ist die Meinung in asiatischen Gesellschaften darüber, ob schon in den ersten Lebensjahren die Beherrschung schulischer Fächer angestrebt werden sollte. Aber im Hinblick auf Kunst, Musik und Tanz ist man allgemein der Meinung, daß die ersten Lebensjahre entscheidend sind. Deshalb ist es akzeptierte Praxis, Kindern Pinsel in die Hand zu geben, sie formale Tänze oder Volkstänze zu lehren und ihnen beizubringen, eine Geschichte sicher zu erzählen oder in einem Chor zu singen.

In den Vereinigten Staaten ist das bekannteste Beispiel dieser asiatischen Auffassung die sogenannte »Talenterziehung« für Geige, die der legendäre japanische Pädagoge Shinichi Suzuki entwickelte. Als Amerikaner zum erstenmal Scharen junger Japaner virtuos Geige spielen sahen, war die erste Reaktion Ungläubigkeit. Dann nahm man an, daß Suzuki sich die Wunderkinder aus jedem Winkel seines Heimatlandes für eine internationale Konzerttour zusammengesucht hatte. Doch sie irrten sich. Tatsächlich ist Suzuki nämlich ein ausgesprochen erfinderischer Lehrer, der in jahrzehntelangen Versuchen herausfand, wie man völlig normale Jungen und Mädchen dazu bringt, wunderbare Geigenkonzerte zu spielen. Zur Methode, die in der Literatur ausgiebig diskutiert wurde, gehört, schon früh eine Verbindung zwischen Mutter und Instrument herzustellen; kurze tägliche Übungen mit Mutter und Kind; viele Möglichkeiten, zu spielen und andere spielen zu sehen, besonders Musiker verschiedener Kompetenzniveaus; die Auswahl eines Repertoires, das eingängig und leicht zu spielen ist; viele Möglichkeiten, Aufnahmen mit exemplarischen Interpretationen zu hören; schließlich ein Umfeld, das die Liebe zur Musik nährt.

Die Suzuki-Methode erweist sich als Spitze eines asiatischen Eisbergs. Viele Bildungsprogramme in asiatischen Ländern führen Kinder zu einem hohen Niveau in einer Kunst- oder Musikform oder in athletischen oder anderen Fertigkeiten. Darauf aufmerksam geworden, riefen Lehrer und Eltern im Westen ähnliche Programme ins Leben, die von frühen Schwimmkursen bis zu frühen Lese- und Mathematikkursen reichen. Manchmal (und dies sind die glücklicheren Fälle) ist das Training Teil eines umfassenderen, anregenden Programms, das Familienunterhaltung einschließt; bei anderen hat man den Eindruck, daß man beim Abrichten von Seehunden zusieht, und den Kindern scheint diese Dressur ebensoviel »Spaß« zu machen wie den Meerestieren. Natürlich gibt es solche krassen Unterschiede nicht nur in Europa und den Vereinigten Staaten: Auf der ganzen Welt gehen Bemühungen um frühkindliche Erziehung mal in die eine, mal in die andere Richtung.

Auf halbem Weg zwischen der unstrukturierten Verwöhnung, die weitgehend die westliche Erziehung prägt, und dem zu rigiden Regime eines Suzuki-Trainings oder eines chinesischen Kalligraphie-Kurses gibt es attraktive Optionen. Ich denke beispielsweise an die Kinder, die sich häufig mit Hilfe von Büchern, Spielzeug und gelegentlichen Ausflügen ins Naturkundemuseum praktisch ein Expertenwissen über Dinosaurier angeeignet haben, ohne daß sie von den Erwachsenen dazu angehalten oder belohnt werden mußten; oder an Kinder, die den Umgang mit Computern in einer Mischung aus Gesprächen mit Gleichaltrigen und durch eigenes Herumprobieren lernen; oder an die norditalienische Provinzhauptstadt Reggio nell'Emilia, wo kleine Schulkinder sich monatelang auf Themen konzentrieren, die sie interessieren, und schließlich unter Anleitung geschulter Lehrer schöne Kunstobjekte und beeindruckende Aufführungen zu Wege bringen.

Die Debatte über die relative Bedeutung von »Talent« und »Schulung« ist in der Psychologie in jüngster Zeit erneut entbrannt. Der Psychologe Anders Ericsson und seine Kollegen haben beeindruckende Beweise zusammengetragen, daß sich Menschen, die in bestimmten Gebieten, vom Musizieren bis zum Erinnern von Zahlen, geschult sind, vor allem in der Anzahl der Stunden unterscheiden, die sie wiederholt »freiwillig üben«. Aber entgegen seiner Hoffnung konnte Ericsson nicht das Problem des Talents lösen. Skeptiker (mich eingeschlossen) weisen darauf hin, daß wahrscheinlich nur Talentierte Abertausende von Stunden üben und daß reines Üben allein in hochgeistigen Gebieten wie Mathematik, Schach oder Musikkomposition kaum wirkungsvoll ist.

Die klassischen fünfjährigen Wunderkinder

Bisher haben wir gesehen, daß ungewöhnliche Leistungen zwei ganz verschiedene Voraussetzungen haben können: Erstens kann man Kindern mit hoher psychometrischer Intelligenz die Gelegenheit geben, in einer schulischen Umgebung ihr Lerntempo selbst zu bestimmen; oder man kann Kindern, die für sich genommen nicht bemerkenswert sein mögen, eine pädagogische Methode angedeihen lassen, die entweder bestimmte Fertigkeiten fördert (wie Geige zu spielen) oder ihnen ein breites Erfahrungsangebot macht (wie beim lehrplanmäßigen Werken in den Schulen von Reggio nell'Emilia).

Bisher habe ich jene Kinder außer acht gelassen, die am wahrscheinlichsten außergewöhnliche Erwachsene werden – in dem Sinne, daß sie schließlich in einem Gebiet oder auf politischem Feld Einfluß gewinnen. Dabei handelt es sich um Individuen, die sich bereits im Alter von etwa fünf Jahren durch ihre Leistung auf einem bestimmten Fachgebiet auszeichnen.

Es gibt drei klassische Domänen frühreifer Entwicklung: Schach, Musik und mathematisches Verständnis. Man findet in jeder dieser Domänen Wunderkinder, das heißt Kinder, die bereits das Niveau kompetenter Erwachsener erreicht haben. Charakteristisch für solche Kinder ist ein frühes Interesse, Schach zu spielen, ein Instrument zu erlernen oder Zahlenspiele zu erfinden und zu spielen. Dieses Interesse wird von den Erwachsenen gefördert, aber die meisten Eltern beschreiben es als eine Art »Besessenheit«, die sich darin äußert, daß ihre Kinder jeden Tag Stunden damit verbringen, Schachzüge auszuklügeln, sich mit Multiplikation zu beschäftigen oder ein bestimmtes Musikstück (häufig mit Variationen) auf ihrem Instrument einzuüben.

Es überrascht nicht, daß wir in diesen spezifischen Gebieten Frühreife finden. Sie sind relativ genau umrissen, jedes mit einer Reihe von Symbolen und allgemein akzeptierten Regeln. Man erwirbt Geschicklichkeit, indem man die Regeln lernt und ausdauernd befolgt. Es wird kein Wissen über subtilere Aspekte der Erfahrung verlangt, es besteht keine Notwendigkeit, bestimmte persönliche Entdeckungen zu machen. (Dies ist vermutlich der Grund, warum Frühreife in den Gebieten Literatur, Politik oder Moral weitaus seltener ist.) Es ist möglich, daß sich diese drei Formen von Frühreife alle auf ein zentrales Talent stützen, mit numerischen oder räumlichen Strukturen umzugehen – dies würden zumindest die Vertreter einer »einheitlichen Intelligenz« vermuten. Aber bevor man diese Hypothese akzeptiert, sollte man sich daran erinnern, daß die meisten Kinder in einem dieser Gebiete frühreif sind, nicht in allen dreien, und daß – wenngleich jedes der Gebiete eine räumliche Komponente hat – räumliche Vorstellungskraft eine weit bedeutendere Rolle beim Schach spielt, während bei der musikalischen Begabung musikalisches Einfühlungsvermögen und körperliches Geschick entscheidend sind.

Prototypische Wunderkinder in diesem Sinne wären somit der jugendliche Yo-Yo Ma oder Yehudi Menuhin, zwei Streicher; Nobert Wiener und Carl Friedrich Gauß, zwei frühreife Mathematiker; und Sammy Reshevsky und Bobby Fischer, zwei Schachwunderkinder. Sie alle haben vermutlich eine hohe psychometrische Intelligenz, aber besonders im Hinblick auf Musiker und Schachspieler gibt es keinen Grund zu der Annahme, daß sie notwendig zu einer ausgesprochen klugen Gruppe von Menschen gehören müssen.

In den letzten Jahren gab es immer mehr Fälle von weiblichen Wunderkindern wie die Polgar-Schwestern (Schachmeisterinnen) und Streicher wie Midori und Sara Chang. Auch wurden auf anderen Gebieten Wunderkinder bekannt, wie Wang Yani, eine frühreife Meisterin der Tuschemalerei, und Alexandra Nechita, eine Amerikanerin, die mit Picasso verglichen wurde. Bevor man annimmt, daß es Wunderkinder nur in bestimmten Gebieten gibt oder nur Jungen Wunderkinder werden, ist es entscheidend zu wissen, welche Aktivitäten in der Gesellschaft hohes Ansehen genießen und welche Mitglieder der Gesellschaft ermutigt (oder entmutigt) werden, sich damit zu beschäftigen. Yo-Yo Mas Schwester zum Beispiel wurde, obwohl musikalisch hochbegabt, nicht ermutigt, die gleiche Karriere einzuschlagen wie ihr ungewöhnlich talentierter Bruder.

Es muß kurz, aber nachdrücklich betont werden, daß solche außergewöhnlichen Fähigkeiten zwar mit dem individuellen Talent beginnen, sich aber ohne umfangreiche Förderung nicht entfaltet hätten. Studien über Kinder mit außergewöhnlichen Leistungen dokumentieren die enorme Unterstützung durch Eltern, Familienmitglieder, Lehrer und, nicht selten, durch andere Mitglieder der Gemeinschaft. Niemand, egal wie talentiert, kann seinen Weg ganz allein gehen. Allerdings wird solche Unterstützung wenig bringen, wo angeborene Intelligenz(en) und »Lernwut« fehlen.

Leider ist über die frühen Vorläufer unserer vier Beispiele für kreative Intelligenz wenig bekannt. Frühreife scheint hauptsächlich in Gebieten aufzutreten, in denen Objekte und Symbole im Vordergrund stehen. Entweder sind Kleinkinder im Hinblick auf die Welt der Personen nicht frühreif, oder wir können die Anzeichen einer solchen Begabung nicht erkennen. Die Unterscheidung zwischen neuschöpferischer Tätigkeit und meisterlicher Beherrschung eines Gebietes bleibt im Fall der meisten Kinder naturgemäß etwas theoretisch, da sie noch keine Zeit hatten, das Schwergewicht auf das eine oder das andere zu legen. Es erscheint jedoch plausibel, daß Kinder mit größerer Wahrscheinlichkeit schöpferische Neigungen entwickeln, wenn sie ein spannungsreiches Temperament haben, wenn sie Spätgeborene (und folglich rebellischer) sind und wenn sie sich für eine Domäne entscheiden, die bereits in hohem Grad entwickelt ist. Schließlich ist die Beziehung zwischen den Intelligenzformen des Kindes und den jeweiligen Gebieten bedeutsam. Wo Intelligenz eng auf das Objekt bezogen ist, wird ein Wunderkind mit größerer Wahrscheinlichkeit die virtuose Beherrschung eines Gebietes anstreben. Wo dagegen die Intelligenz(en) des Wunderkindes vom Üblichen abweichen, kann sich das Kind der Neuschöpfung zuwenden.

Kreative Intelligenz als singuläre Gabe

In wenigstens einer Hinsicht ist es nicht so schwer, sich eine Wang Yani oder einen Yehudi Menuhin zu erklären. Schließlich kann man mit Recht annehmen, daß diese beiden von Anbeginn über ein hohes Maß an Intelligenz verfügten. Daß sie einem spezifischen Gebiet zuneigten, lag zum Teil an einem frühen Interesse, zum Teil an einer ausgesprochen förderlichen Umgebung.

Eine weit größere Herausforderung für den Forscher stellen jene wenigen Menschen dar, die abgesehen von einem einzigen Gebiet auf den meisten anderen äußerst beschränkt sind. Diese Kinder sind häufig Autisten – behinderte Menschen, deren Fähigkeit (in irgendeinem der geläufigen Symbolsysteme) zu kommunizieren schwach oder nicht vorhanden ist. Trotz dieser Behinderung malte das rumänische Mädchen Nadia seit ihrer Vorschulzeit äußerst ausdrucksvolle Bleistiftzeichnungen von Pferden und Menschen; der Junge Stephen Wiltshire konnte fachmännische Architekturzeichnungen anfertigen, sowohl nach Vorlagen wie aus der Phantasie; John und Michael, autistische Zwillinge, die Oliver Sacks untersuchte, konnten mit großen Summen rechnen und den Wochentag eines beliebigen Datums der letzten hundert Jahre identifizieren; und obwohl er blind und zurückgeblieben war, lernte Leslie Lemke autodidaktisch hervorragend Klavier spielen und eignete sich häufig komplexe Stücke durch einmaliges Hören an.

Natürlich hat man bei solchen Fällen keine intakte Intelligenz vor sich. Nach Auskunft derjenigen, die sie am besten kannten, waren es hier auch nicht Eltern oder Therapeuten, die begeistert die einzige verbliebene Fähigkeit dieser Kinder trainierten. Bei der kleinen Malerin Nadia zum Beispiel war es ein Arzt, der bei einer Untersuchung ihr Talent entdeckte – Nadias Mutter hatte nicht einmal bemerkt, wie ungewöhnlich gut ihre Tochter zeichnen konnte. Vielmehr handelt es sich um eine singuläre geistige Fähigkeit oder eine Reihe von Intelligenzformen, die mit erstaunlicher Präzision in ein Gebiet passen, mit dem das Kind in seiner Kultur konfrontiert wurde. Sobald diese Verbindung hergestellt ist, braucht das Kind nur wenig Anleitung; die Erkundung der regelmäßigen Merkmale eines Gebietes genügt, um Leistungen von berückender Qualität hervorzubringen. Tatsächlich wird vermutet, daß Autisten in bestimmten Domänen sogar außerordentliche Leistungen vollbringen, eben weil sie nicht durch konventionellere Ausdrucks- und Kommunikationsweisen gehemmt werden.

Wir alle haben schon von Menschen mit scheinbar normalem Hintergrund und gewöhnlichen Fähigkeiten gehört, die dann aber Erstaunliches leisten – häufig genannt werden die Beispiele Charles Darwin, der ein mittelmäßiger Student war, und Harry Truman, der noch im Alter von vierzig Jahren als gescheiterte Existenz galt. Forscher, die sich mit außergewöhnlichen Menschen befassen, können auch viele Beispiele für Fälle von äußerst vielversprechenden Talenten auflisten (wie Norbert Wieners Zeitgenosse William James Sidis), deren spätere Karriere zerbrach. Und für jeden Stephen Wiltshire oder Temple Grandin, die sich mit ihrem autistischen Talent ihren Lebensunterhalt verdienen können, gibt es viele andere wie Nadia, die weiterhin in Anstalten leben und für die Bewunderung der anderen unempfänglich bleiben. Schließlich gibt es, um das Bild abzurunden, jene seltenen Menschen, die sowohl im Hinblick auf ihre Frühreife wie auf ihre späteren kreativen Leistungen herausragen – in der jüngeren Geschichte des Abendlandes sind die beiden hervorstechendsten Beispiele hierfür wahrscheinlich Pablo Picasso und Wolfgang Amadeus Mozart.

Fünf Erfahrungen am Tag

Zuweilen werde ich gefragt, warum ich nicht einfach die Macht des biologischen Erbgutes eines Menschen akzeptiere und es dabei belasse. Um dieser Versuchung zu begegnen, rate ich zu folgendem Gedankenexperiment, das ich »fünf Erfahrungen am Tag« nenne.

Man denke sich zwei Personen, die sich soweit wie irgend möglich ähneln. Man kann sich sogar den Extremfall von identischen Zwillingen vorstellen, die nicht bei der Geburt, sondern direkt nach der Zeugung voneinander getrennt werden. Stellen Sie sich nun vor, daß eine Person, genannt G (für gutmütig), fünf positive und die zweite Person, genannt B (für böswillig), fünf negative Erfahrungen am Tag macht, bei denen jeweils Geist, Herz und Körper beteiligt sein können. Neun Monate später, bei seiner Geburt, wird G bereits über 1300 gute Erfahrungen gemacht haben, während B über 1300 negative Dinge erlebt haben wird – insgesamt eine Disparität von 2600 Erfahrungen.

Weitere fünf Jahre später kann man 9000 zusätzliche positive Erfahrungen für G und 9000 negative Erfahrungen für B hinzuzählen, das macht einen Gesamtunterschied von 10.300+ Erfahrungen in die eine Richtung für G und 10.300– in die weniger glückliche Richtung für B. Kann man wirklich etwas anderes erwarten, als daß diese Individuen mit einer Disparität von 20.600 Erfahrungen irgend etwas anderes sein können als radikal unterschiedlich? Selbst wenn sie identische Zwillinge wären, wird G voraussichtlich eine positive Einstellung zu sich selbst haben. Er oder sie wird die Möglichkeit gehabt haben, einige Fertigkeiten zu erwerben und motiviert sein, mehr zu tun, während B mit großer Wahrscheinlichkeit schlecht ernährt, unglücklich und unmotiviert ist – in seinen eigenen Augen und für die Gemeinschaft auf dem besten Weg, ein Versager zu werden.

In der Realität wird es vielleicht nicht allzu viele Beispiele solcher Erfahrungen geben, und doch ist unbestritten, daß einige ein Leben führen, das eher dem Leben von G ähnelt, während allzu viele Menschen Erfahrungen machen, die denen von B sehr ähnlich sind. Das Bewußtsein eines Fünfjährigen ist in gewissem Maße noch ungeprägt, aber es ist andererseits in vieler Hinsicht schon recht stark geformt. Wenn wir verstehen wollen, wie es einigen Individuen gelingt, im Alter von fünf Jahren in positiver Weise außergewöhnlich zu sein, müssen wir mehr vom Gehirn und von Biologie verstehen; aber wir müssen dazu auch mehr über die Erfahrungen wissen, die einigen von uns die Möglichkeit geben, uns über die Menge zu erheben und zu besonderen Menschen zu werden.

Vier Beispiele kreativer Intelligenz

Es ist leicht, Menschen zu finden, die im Hinblick auf ihre hohe psychometrische Intelligenz oder ihre Fertigkeit in einem anerkannten Gebiet, in dem Talent eine Rolle spielt, herausragen, wie Schach, Musik oder Malerei. Es könnte jedoch auch Kinder geben, die in anderen Gebieten gleichermaßen frühreif sind, vom Verständnis anderer bis zur Selbsterkenntnis, von literarischer Sensibilität bis zum Erfindergenie. Sobald wir ein besseres Verständnis davon haben, wie sich die erstgenannten Fähigkeiten in der Kindheit entwickeln, können wir unsere Perspektive erweitern und auch solche Spielarten von Begabung einschließen. Es ist außerdem wichtig zu betonen, daß sich spätere Großtaten nicht immer in der Kindheit ankündigen. Einige Menschen sind Spätentwickler. Fertigkeiten in einem Gebiet geben sich manchmal erst bei Jugendlichen oder sogar noch später zu erkennen; und Menschen, die insgesamt eher gewöhnlich sind, können zuweilen durch äußere, ermutigende und auch bittere Ereignisse zu großen Leistungen angestachelt werden. Eine wunderbar glückliche Kindheit kann Menschen zuwenig stimulieren, Großes zu leisten, so wie eine Reihe von Tragödien selbst noch das vielversprechendste Kind verstümmeln kann. Unter den vier Beispielfällen dieses Buches waren Mozarts besondere Gaben schon von frühauf erkennbar.

Vor dem Hintergrund einer normalen Entwicklung, wie sie die meisten Menschen durchmachen, konzentriere ich mich hier auf jene Faktoren, die zu einer außergewöhnlichen Kindheit führen. Frühreife tritt dort am wahrscheinlichsten auf, wo ein Individuum eine hohe psychometrische Intelligenz oder eine besondere Gabe in einer anderen Spielform von Intelligenz aufweist *und* eine angemessene Unterstützung durch die Familie und die Kultur erfährt, die es umgibt. Ein Mensch in der westlichen Welt verkörpert das Zusammentreffen dieser Faktoren mit unvergleichlicher Anschaulichkeit, und daher ist es angemessen, unsere Untersuchung außergewöhnlich kreativer Intelligenz mit einer Betrachtung Mozarts zu beginnen.

4

Kreative Meisterschaft: Der Fall Mozart

Der Musterschüler

1785 beendete der neunundzwanzigjährige Wolfgang Amadeus Mozart sechs Streichquartette (KV 387, 421/417b, 428/421b, 458, 464, 465). Für sich genommen ist diese Tatsache nicht bemerkenswert. Mozart war ein überaus produktiver Komponist und komponierte häufig Stücke für Soloinstrument oder Ensembles. Aber Mozarts Arbeit an diesen Stücken über einen Zeitraum von drei Jahren war beispiellos. Er hatte sorgfältig die Kompositionstechnik seines älteren Zeitgenossen Franz Joseph Haydn studiert. Haydns Können im Hinblick auf Kontrapunkt und Chromatik, seine Fähigkeit, den Genius eines jeden Instruments bei der Entwicklung eines Themas zum Vorschein zu bringen; seine Art, das Tempo zu strukturieren und Stimmungen zu variieren, forderten Mozart heraus und inspirierten ihn zugleich. Im Gegensatz zu Mozarts üblicher flüssiger Kompositionsweise studierte er dieses Mal verschiedene Entwürfe und nahm sogar noch Veränderungen an der gedruckten Version vor. Er bezeichnete diese Kompositionen als Ergebnis einer langen und mühseligen Anstrengung und bereitete eine förmliche Widmung vor, in der er diese Stücke als seine »sechs Söhne« bezeichnet, die er seinem »lieben Freund« Haydn anvertraut (vgl. Mozart, 1963, S. 404).

Obwohl sie sich nur wenige Male trafen, fühlten sich beide Männer in besonderer Weise verbunden. Der höchst selbstbewußte Mozart verstand, daß Haydn vielleicht der einzige Zeitgenosse war, von dem er als Erwachsener etwas lernen konnte. Haydn, beinahe ein Vierteljahrhundert älter als Mozart, schätzte seine eigenen Fähigkeiten alles andere als gering, erkannte jedoch die einzigartigen Leistungen seines jüngeren Seelenverwandten. Tatsächlich äußerte er Mozarts Vater gegenüber das berühmte Lob: «Ich sage ihnen vor Gott, als ein ehrlicher Mann, ihr Sohn ist der größte Komponist, den ich von Person und dem Namen nach kenne: er hat Geschmack, und über das die größte Kompositionswissenschaft.» (Mozart, 1963, S. 373)

Von seinen frühesten Tagen an hatte sich Mozart als Teil seiner musikalischen Lehre immer an Kompositionsmodellen orientiert und war in der Lage, sich deren Stil und Technik nahezu unbegrenzt anzueignen. Aber die Streichquartette erforderten eine Aufmerksamkeit für Struktur, Detail und Kompositionstechnik, die ihm nicht spontan zufiel. Statt dessen mußte er nun, wie der aufmerksame Schüler zu Füßen eines Meisterlehrers, die Modelle genau analysieren, die entscheidenden Komponenten erkennen und seine Entwürfe wiederholt überarbeiten, bevor er überzeugt war, daß die Stücke den Anforderungen seines bewunderten Meisters genügen würden.

Es gibt einen anderen, ebenso wichtigen Aspekt in der Beziehung zwischen Haydn und Mozart. Von seiner Geburt an wurde Mozarts Leben von seinem Vater beherrscht. Leopold Mozart war selbst ein talentierter Geiger, Lehrer und unbedeutender Komponist. Er erkannte früh das Genie seines Sohnes und widmete sich freigebig der Förderung seiner Karriere. (Allerdings ist unter Musikhistorikern umstritten, ob Leopolds Einsatz für die Karriere seines Sohnes wirklich so uneigennützig war oder nicht doch eher seinem eigenen Ruhm diente.) In den frühen 80er Jahren des 18. Jahrhunderts wollte sich Mozart verzweifelt von seinem Vater lösen und auf eigenen Beinen stehen, sowohl persönlich als auch musikalisch. Was lag näher, als in Haydn einen gefürchteten Ersatzvater zu sehen? Obwohl Mozart in seiner Widmung die Vater/Sohn-Analogie als literarisches Stilmittel benutzt haben mag, ist unbestreitbar, daß es ihm zu jener Zeit, kurz vor seinem 30. Geburtstag, in erster Linie darum ging, sich von seinem Vater zu lösen.

Genie ohne Lorbeerkranz

Das Wort »Genie«, über das heutzutage viel gestritten wird, sollte jenen Menschen vorbehalten bleiben, die selbst noch unter den Außergewöhnlichen herausragen – jenen seltenen Individuen, deren Schatten die Geschichte nachfolgender Epochen dominiert. In jeder denkbaren Definition muß Mozart als Genie gelten. Er findet seinen angemessenen Platz neben einigen wenigen anderen herausragenden Komponisten – Bach aus der vorangehenden und Beethoven aus der nachfolgenden Generation – und einigen anderen großartigen Künstlern: Shakespeare und Goethe unter den Schriftstellern, Rembrandt und Picasso unter den Malern, Michelangelo und Rodin unter den Bildhauern.

Einige Mitglieder dieser erlesenen Gesellschaft sind sozusagen »partikuläre« Genies, das heißt Künstler, deren Werke stark von ihrer Persönlichkeit beherrscht werden. Unter den Komponisten hatten Beethoven und Wagner solche starken Persönlichkeiten und ausgeprägte Weltanschauungen, die ihre Musik durchdrangen. Man könnte etwas Ähnliches über die Werke des Schriftstellers Victor Hugo oder die Gemälde Francisco José de Goyas sagen.

Mozart verkörpert dagegen das »universelle« Genie. Seine Persönlichkeit taucht in ihrer Eigenwilligkeit in seinen Werken nicht auf. Wir lernen über Mozart als Person nicht mehr aus den tragischen Zügen seiner 40. Symphonie (G Moll) als aus den triumphalen Takten seiner 41. (»Jupiter«) Symphonie. Mozart stellte sich vielmehr völlig in den Dienst der Genres und Themen, mit denen er arbeitete – eine Feststellung, die sich auch über Shakespeare und Goethe treffen ließe. Der Dichter John Keats beschrieb einmal diese Fähigkeit, völlig in das künstlerische Sujet einzutauchen, so:

Was den poetischen Charakter selbst angeht, so ist er nicht er selbst – hat kein Selbst –, ist alles und nichts, hat keinen Charakter, genießt Licht wie Schatten, lebt nach Gusto, sei er schlecht oder gut, hoch oder niedrig, reich oder arm, gemein oder erhaben (…). Ein Poet ist das am wenigsten poetische Ding, das es gibt, weil er keine Identität hat – er ist beständig im Werden begriffen und füllt immer irgendeinen anderen Körper aus. (…) Befinde ich mich mit anderen in einem Raum, gehe ich danach nicht (…) heim zu mir selbst, sondern die Identität eines jeden im Raum preßt sich mir auf, so daß ich in kürzester Zeit ausgelöscht bin – und nicht nur bei Erwachsenen: Es wäre dasselbe in einem Kindergarten. (zitiert nach Bate, 1963, S. 260f.)

Diese grobe Unterscheidung von Genialität ist für unsere Zwecke hilfreich. Im großen und ganzen ist das Ziel eines Meisters wie Mozart die vollständige Meisterschaft der Gattungen seiner Zeit. Innerhalb ihrer Grenzen möchte er Werke von höchster Qualität schaffen. Aus Neigung Klassizist, verwirklicht er sich im Medium der Sprachen, die ihm zur Verfügung stehen. Ein Neuerer wie Beethoven läßt im Gegensatz dazu schließlich die herrschenden Genres und Gebiete seines Arbeitsfeldes hinter sich, um eine neue Form des Ausdrucks zu schaffen. Mit weit größerer Wahrscheinlichkeit trägt die Handschrift des Neuerers ganz spezifische Züge und spiegelt seine ihm eigene Voreingenommenheit. Der Neuerer ist Romantiker und schafft sich die Sprache, die es ihm erlaubt, seiner Person authentisch Ausdruck zu verleihen.

Indem er die Quartette nach Haydns Vorbild schuf und ihm widmete, nahm Mozart seinen Platz in der Kontinuität der klassischen Ordnung ein. Indem er sich aber in die Tradition einordnete und sie perfekt meisterte, legte er paradoxerweise das Fundament für die neuen Ansätze, die Beethoven und seine romantischen Nachfolger »schufen«.

Das Wunderkind

Mozart war zweifelsohne in mehreren Bereichen begabt: Er mochte Zahlen, lernte leicht Sprachen, hatte Spaß an Spielen und kindlichen Späßen (tatsächlich fand er noch als Erwachsener Gefallen an kindlichen Albernheiten). Ohne Frage jedoch stellten Mozarts musikalische Leistungen seine Fähigkeiten auf anderen Gebieten vollkommen in den Schatten und überragten vielleicht die jedes anderen Künstlers.

Betrachten wir die gesicherten Tatsachen. Mozart begann im Alter von drei Jahren Klavier zu spielen. Mit vier fiel es ihm bereits leicht, Musikstücke zu lernen. Gleichzeitig beobachtete er andere beim Geigespielen und brachte sich ohne Anleitung die Grundlagen selbst bei. Im Alter von fünf schrieb er seine ersten Kompositionen und mit sieben komponierte er bereits regelmäßig. Die aus seinen frühesten Jahren erhaltenen Stücke sind reizvoll, und Kompositionen aus seinen Jugendjahren sind bereits ehrgeizig angelegte, bedeutende Leistungen.

Mit seiner Familie im Schlepptau (darunter seine talentierte Schwester Nannerl) begann Mozart, im Alter von sieben durch Europa zu reisen und verbrachte den Großteil seiner Kindheit mit Auftritten in den ersten Konzerthäusern und Salons Europas. Neben der Aufführung seiner eigenen und fremder Stücke vollbrachte er legendäre musikalische Bravourstücke. So gelang es ihm zum Beispiel, nach nur einmaligem Hören Gregorio Allegris »Miserere«, eine hochkomplexe geistliche Komposition, die in der Sixtinischen Kapelle aufgeführt wurde und nicht kopiert werden durfte, nahezu fehlerfrei aus dem Gedächtnis zu notieren.

Das wichtigste Kapitel in Mozarts Kindheit war die Entwicklung seines kompositorischen Könnens. Wohl angeregt durch seinen Vater, begann er in einem Alter Musikstücke zu schreiben, in dem die meisten Kinder kaum in der Lage sind, ganze Sätze zu sprechen. Zunächst waren seine Kompositionen deutlich von seinem Vater Leopold beeinflußt, der sie nicht nur notierte, sondern wahrscheinlich auch beträchtlich bearbeitete. Aber als er sieben oder acht war, komponierte der junge Mozart bereits kontinuierlich selbständige Stücke in einer Reihe von Stilen und Gattungen. Es ist atemberaubend, wie produktiv er schon in frühen Jahren war: So arrangierte er im Alter von zehn Concerti grossi und komponierte ein Oratorium, eine Passion und eine lateinische Komödie für die Universität; mit zwölf schrieb er eine Oper, eine neue Messe, kürzere geistliche Werke, Menuette und drei bedeutende Serenaden für Orchester (vgl. Grove, 1980, S. 682f.). Im Alter von vierzehn erwähnt er beiläufig, er habe vier italienische Symphonien und nebenbei noch fünf oder sechs Arien und eine Motette komponiert (vgl. Blom, 1956, S. 16). Sein Biograph Walter James Turner verzeichnet 26 Kompositionen in einem Zeitraum von sechs Monaten, darunter sieben Symphonien (vgl. 1956, S. 128).

Durch seine Reisen lernte Mozart die Arbeiten vieler Komponisten kennen. Faszinierend ist, daß er am stärksten von Mitgliedern der hervorragendsten Musikerfamilien des Jahrhunderts beeinflußt war: von Joseph Haydns Bruder Michael und Johann Sebastian Bachs Sohn Johann Christian. Mozarts Kompositionen aus jener Zeit erinnern stark an seine Vorbilder; häufig ist es sogar schwer, den Komponisten dieser Stücke zu erkennen. Seine vielen Briefe nach Hause offenbaren, daß er musikalisch immer bewußter wurde, und enthalten scharfsinnige Reflexionen über Aufführungen, Vortragende und das Komponieren.

Mozarts Stücke gewannen nach und nach individuellere Züge. Während die Stücke, die er mit sieben oder acht komponierte, nur gelungene konventionelle Übungen sind, tragen die Kompositionen, die er zwischen zwölf und fünfzehn Jahren schrieb, bereits erkennbar »mozartische« Züge. Turner meint sogar, Mozart sei im Alter von zehn ein voll ausgebildeter, jedem lebenden Komponisten seiner Zeit ebenbürtiger Meister der zeitgenössischen Kompositionskunst gewesen (vgl. S. 61). Im Alter von 15 Jahren schließlich, als Mozart schon seit einem Jahrzehnt komponierte, erreichen seine Stücke eine Qualität, die ihnen einen festen Platz im klassischen Musikrepertoire sicherte.

Bei nur wenigen Menschen in der Geschichte wirkten wie bei Mozart höchst unterschiedliche Faktoren und Ereignisse auf das Glücklichste zusammen – was David Feldman als »Koinzidenz« im Leben eines Wunderkindes bezeichnet. Mozart lebte zu einer Zeit, als klassische Musik hochgeschätzt war und ein talentierter junger Musiker an den europäischen Höfen sein Geld verdienen konnte. Sein Vater war ein geschulter (wenn auch etwas pedantischer) Musiklehrer und bereit, sein Leben und seine Karriere in den Dienst seiner »Gottesgabe« zu stellen. Mozart hatte unglaubliche musikalische Gaben, darunter natürlich die Fähigkeit, nahezu alles im Gedächtnis zu behalten und auf einem Klavier (oder einem anderen Instrument) wiedergeben zu können. Er hatte die Fertigkeiten, die Persönlichkeit, den Willen, ja die Besessenheit, über den bloßen Vortrag hinauszugehen und eigene – und sehr früh auch wirklich selbständig – Musikwerke zu schaffen. Tatsächlich verschrieb er sich seit seiner Kindheit ganz der musikalischen Komposition. Er lebte, um zu komponieren, und wünschte sich wenig mehr als dieser einzigen Freude und Leidenschaft, wie er es nannte, nachzugehen (vgl. Blom, S. 45).

Es sollte betont werden, daß die Trennlinie zwischen Vortrag und Schöpfung in Mozarts Tagen weniger scharf gezogen war als heute. Doch dies erklärt in keiner Weise die außergewöhnliche Produktivität, mit der er als junger Mensch beinahe täglich Stücke schrieb und als Erwachsener ganze Symphonien und Opern in halsbrecherischem Tempo verfaßte, selbst dann noch, wenn er unglücklich war.

Wunderkinder und kreative Menschen

Mozarts Kindheit verlief ausgesprochen glücklich. Geist und Seele entfalteten sich im Zusammenspiel mit der Familie und dem kulturellen Kontext und machten aus dem Kind eine Inkarnation von Musik. Behält man dieses bei Mozart ja ganz unproblematische Zusammenwirken im Auge, so rückt das »Wunderbare« dieser Kindheit etwas näher an die Realität. Gerade das Zusammentreffen von Faktoren, die bei jungen Menschen einen schnellen Aufstieg ermöglichen, kann jedoch paradoxerweise der schöpferischen Leistung eines Erwachsenen in die Quere kommen. Zu diesem späteren Zeitpunkt ist es nämlich für den aufstrebenden kreativen Menschen notwendig, sich gegen den Erwartungsdruck aufzulehnen, statt dem Publikum nur das zu bieten, was es hören will, mühelos aufnehmen kann und zu schätzen weiß.

Mozarts Kampf gegen seinen Vater zeigt, wie hoch der Preis der Genialität sein kann. Leopold Mozart hatte sein frühes Leben beherrscht, und der junge Wolfgang hatte sich dem Vater, wie viele Kinder, gefügt. Er sehnte sich vielleicht nach dem Beifall des Vaters, der seine einzigartige Leistung inspiriert hatte. Aber Leopold war im Grunde ein konventioneller Mann mit konventionellen Ideen: Er wollte, daß sein Sohn Musik komponierte, die bei Hofe akzeptiert wäre (der nach unserer oben eingeführten Begrifflichkeit das »Umfeld« der Zeit bildete), und er wollte für Mozart eine Anstellung als Kapellmeister an einem der großen Höfe – nicht zuletzt, damit er und seine Frau im Alter gut versorgt wären.

Der junge Mozart hatte gegen Ruhm, Vermögen und persönliche und familiäre Sicherheit nichts einzuwenden. Aber nach und nach wurde ihm klar, daß solche Ziele einen hohen Preis hatten: Er mußte vor den Autoritäten einen Bückling machen und Musik fabrizieren, die ihnen gefiel.

Mozarts Kompositionsgenie hatte jedoch Eigendynamik gewonnen. Hatte er im Alter von 15 Jahren (oder sogar früher) bereits die kompositorischen Möglichkeiten der Zeit gemeistert, so sah er sich nun vor eine harte Wahl gestellt: Entweder sich selbst mit der Routine eines Experten zu wiederholen oder neue, noch kaum erkundete Wege zu beschreiten.

Um ins Unbekannte vorzustoßen, mußte Mozart harte und schwierige Brüche vollziehen: Er mußte sich von seinen Lehrern und Vorbildern lösen, von den akzeptierten Praktiken und – am schmerzlichsten von allem – von seinem Vater. Vielleicht sah er eine Möglichkeit zur Linderung dieses schmerzlichen Prozesses, indem er Haydn mit seinen sechs Streichquartetten seine Hommage zollte, denn er beschritt mit ihnen neues Terrain und bekräftigte doch gleichzeitig seine Verbundenheit mit einer Tradition, die er schätzte.

Mit der Herausforderung, der sich Mozart stellen mußte, ist jedes Wunderkind konfrontiert. Wunderkinder erreichen eine flüssige, vielleicht leichthändige Meisterschaft in einem bestehenden Gebiet. Wie wir gesehen haben, erschließt sich jungen Schach-, Musik- oder Mathematikgenies problemlos das Terrain, das von anderen in ihrer Kultur bereits abgesteckt wurde. Darüber hinaus wird das Wunderkind für seine flüssige Beherrschung des Gebietes belohnt, denn Erwachsenen gefällt es sehr, wenn ein Kind bereits Glanzleistungen vollbringt, die ihre eigenen Fähigkeiten übersteigen. Sein Gebiet wählt es nicht selbst – dies übernimmt das Schicksal oder die Familie –, und zumindest während der Kindheit muß es nichts anderes tun, als sich darin auszutoben.

Kleine werden jedoch irgendwann zu großen Menschen, und der Reiz des Neuen schwindet. Das erwachsene Wunderkind ist nun ununterscheidbar von Gleichaltrigen, die nie Wunderkinder waren, aber durch Anstrengung und Übung auf ihren Gebieten das Niveau voll ausgebildeter Erwachsener erreichen konnten. Wunderkinder werden mehr als andere gerade dafür belohnt, daß sie den älteren und bereits etablierten Vorbildern gleichen, doch diese Belohnung fällt in ihrem späteren Leben weg.

Wunderkinder können drei Schicksale erleiden. Manche erholen sich nicht vom Verlust ihrer Besonderheit und leisten später – entweder zeitweise oder dauerhaft – nichts mehr. Eine Psychologin, die einst ein musikalisches Wunderkind war, Jeanne Bamberger, nennt diesen Zustand die *Midlife-crisis* des Musikers. Sie ereignet sich vorzugsweise im jugendlichen Alter zwischen 13 und 20 Jahren. Nach dieser Krise kann sich das Wunderkind mit frischer Energie und größerem Verständnis wieder seinem Gebiet oder, weniger glücklich, statt dessen ganz anderen Dingen zuwenden, darunter auch solchen, für die es wenig Talent besitzt. Solche ehemaligen Wunderkinder wollen ihren eigenen Ehrgeiz befriedigen, statt Talente zu vervollkommnen, die andere gefördert haben.

Viele Wunderkinder fahren einfach fort, auf ihrem Gebiet weiterhin hohe Leistungen zu erbringen – aus ihnen werden redliche erwachsene Experten. Frühere Wunderkinder bevölkern Symphonieorchester, die Mathematik-Fachbereiche von Fachhochschulen und Universitäten und Schachvereine. Zum Teil hat dieses Muster schlicht statistische Gründe: Nicht jedes Wunderkind kann ein Star werden. Es spiegelt aber auch die Persönlichkeit, denn die Motivationen, die Wunderkinder antreiben, unterscheiden sich von den Antriebskräften hochkreativer Erwachsener.

Der seltenste Fall ist, daß sich ein Wunderkind zu einem kreativen Menschen höchster Ordnung entwickelt. Dies erfordert den Willen, den Weg von der Nachahmung zur Eigenständigkeit zu suchen, und dazu gehört Geschick und auch Glück. Picasso gelang dies in seiner Malerei, Auden in seiner Dichtung. Unter den Musikern ist Mozart das herausragende Beispiel für eine Verwandlung dieser Art. Camille Saint-Saëns gelang ebenfalls der Wandel vom Wunderkind zu einem kreativen Erwachsenen. Sein Rivale, der Komponist Hector Berlioz, bemerkte jedoch angesichts der Beschränktheit seiner kreativen Leistung bissig, daß Saint-Saëns zwar alles wisse, es ihm jedoch an Unerfahrenheit mangle (vgl. Schonberg, 1969, S. 17).

Um ein kreativer Meister zu werden, statt ein zweitrangiger Experte, mußte Mozart den Vorbildern seiner Zeit den Rücken kehren und sich allein auf den Weg machen. Etwa im Alter von zwölf stand er bereits vor der Wahl, zunehmend rebellische Werke in vertrauten

Musikgattungen zu schaffen oder sich bewußt zurückzunehmen, um den konventionellen Geschmack seiner Zeit zu befriedigen.

Mozart verachtete nahezu alle zeitgenössischen Komponisten und wollte ihnen in keiner Weise nacheifern. Nicht von seiner Einstellung her, wohl aber charakterlich war seine Faszination für innovatives Komponieren jedoch konfliktträchtig, denn Mozart identifizierte sich teilweise mit der erstaunlichen Kunstfigur, die sein Vater aus ihm gemacht und auf die Bühne gestellt hatte, und wollte einem offenen Bruch nicht ins Auge sehen. So blieb Mozart über ein Jahrzehnt in einen schmerzlichen Kampf mit seinem Vater und all dem, für das er stand, verstrickt. An der Oberfläche ging es um viele Streitfragen – wo Mozart leben, wo er arbeiten, wen er heiraten sollte –, aber im Kern konzentrierte sich der Kampf darauf, wer die musikalische Richtung bestimmte.

Arten kreativer Meisterschaft

Als kreativer Meister war Mozart in zweierlei Weise herausragend. Erstens *schuf er bleibende Werke*. Mozart erweiterte das klassische Repertoire von über einem Dutzend Musikgattungen, von Concerti grossi und Symphonien über Tänze und Serenaden bis zu Opern, Messen, Oratorien und Requiems. (In dieser Vielseitigkeit ähnelte er etwa Picasso, der in verschiedenen Kunstgattungen arbeitete, oder Virginia Woolf, die sich verschiedener Textgattungen bediente.) Es ist interessant, daß Mozart in Umfang und Schnelligkeit seiner Produktion keine Rekorde brach: Haydn komponierte 104 Symphonien (verglichen mit Mozarts 41), und Zeitgenossen wie Antonio Salieri und Carl Ditters von Dittersdorf waren in der Lage, »Gelegenheitskompositionen« im gleichen Tempo zu schaffen wie Mozart. Mozart unterschied sich von seinen Zeitgenossen durch die Qualität seiner Kompositionen, nicht durch die schiere Anzahl der Werke.

Der zweite Punkt, in dem sich Mozart als Meister hervortat, bestand in seinen *bereits im vorhinein durchgestalteten Auftritten*. Wenn er in der Öffentlichkeit spielte oder dirigierte, formte er (gewöhnlich) kein neues Werk, sondern interpretierte ein Werk, das er (oder ein anderer Komponist) bereits gestaltet hatte. Wohl gab es einen begrenzten Spielraum für Experimente und Improvisation, aber der Vortrag lag weitgehend fest, wenn der Künstler die Bühne betrat. (Darin ähnelte Mozart Martha Graham in ihrem Tanz und Sarah Bernhardt in einer Dramenaufführung.)

Drei weitere Kreativitätsarten sollten hinzugefügt werden, die diese Merkmale Mozarts ergänzen. Ein dritter Modus von Kreativität besteht in der *Lösung eines bekannten Problems*. Hier stellt sich jemand auf seinem Gebiet ein Problem, das den Zeitgenossen bereits bekannt ist, und findet dafür eine Lösung. Wissenschaftler wie James Watson und Francis Crick, die die Struktur der DNA entschlüsselten, Mathematiker wie Andrew Wiles, der 1993 den letzten Beweis für Fermats Vermutung lieferte, und Erfinder wie die Gebrüder Wright, denen der Bau einer Flugmaschine gelang, sind kreative Problemlöser in diesem Sinn.

Ein vierter Modus von Kreativität betrifft die Formulierung eines *allgemeinen Rahmenwerks oder einer allgemeinen Theorie*. Obwohl Freud, Darwin, Einstein oder Marx auch als Problemlöser beschrieben werden könnten, ist es angemessener, sie als Menschen zu charakterisieren, die neue Denkweisen schufen und Phänomene begrifflich neu erfaßten. Häufig erlauben es diese neuen Begriffssysteme, alte Probleme zu lösen oder neue zu erkennen, aber der eigentliche kreative Akt liegt darin, Elemente, Faktoren und Prozesse zu erkennen, die ihrerseits den Rahmen für Probleme und Lösungen bilden.

Eine letzte Art von Kreativität führt uns wieder in den Bereich der Auftritte zurück, aber diesmal zu *Auftritten mit hohem Einsatz*. Dies ist eine Situation, in der die Fähigkeit eines Menschen, unter Streß kreativ zu sein, den Unterschied zwischen Leben und Tod bedeuten kann, zwischen gelungener Flucht und erlittenem Schaden. Aufschlußreiche Illustrationen sind die Streiks und das Fasten von Mahatma Gandhi. Weder Gandhi noch sonst jemand konnte die Ergebnisse dieser Protestakte vorhersehen. Andere Beispiele sind Debatten zwischen Kanzler- oder Präsidentschaftskandidaten, Schlachten zwischen gegnerischen Militärtruppen und – auf einem etwas niedrigeren Risikoniveau – Auftritte, bei denen es im Sport oder in den Künsten um karriereentscheidende Preise geht.

Es ist wichtig, diese verschiedenen Modi von Kreativität zu erkennen. Erstens werden wir so daran erinnert, daß es mehrere Arten gibt, kreativ zu sein; man sollte nicht eine Form mit den anderen verwechseln (etwa Problemlösung oder künstlerische Produktion). Zweitens können die Lebensumstände, die Menschen zu einer Form von Kreativität führen, jeweils unterschiedlich sein. Wissenschaftler mit vielen Jahren Forschungserfahrung, die erforderlich sind, um ein Problem zu lösen oder eine Theorie aufzustellen, unterscheiden sich völlig von Kreativen, die sich am meisten in ihrem Element fühlen, wenn sie vor einem Publikum stehen. Und selbst innerhalb dieser Gruppen gibt es Unterschiede: Durchgestaltete Auftritte verlangen ganz andere Gemütsanlagen und Fähigkeiten als Auftritte mit hohem Einsatz.

Soweit ich sehen kann, lassen sich Meister, Neuerer, Selbstbeobachter und Beeinflusser bei jeder dieser Arten von Kreativität finden. Aber es gibt Affinitäten: Neuerer fühlen sich eher zur Schaffung neuer Theorien hingezogen, Beeinflusser eher zu Auftritten mit hohem Einsatz.

Mozart wird kaum eine scharfe Unterscheidung zwischen den verschiedenen Arten von Kreativität getroffen haben, die er einsetzte. Er lebte, atmete und liebte Musik vom ersten bewußten Moment an – und er brauchte wenig mehr zum Leben. Auf die Ruhe, ohne die viele nicht komponieren können, war er nicht angewiesen. Er konnte mitten im Chaos komponieren. Er brauchte auch keine lange Vorbereitungszeit: Er konnte selbst anspruchsvolle Stücke auf Wunsch komponieren (die Streichquartette waren vielleicht die hervorstechendste Ausnahme). Mozart hörte in seinem Kopf stets Musik und gestaltete sie ständig um: Ob er am Komponiertisch saß, seine eigenen Stücke spielte, dirigierte oder den Stücken anderer lauschte, spielte für ihn offenbar keine Rolle. Tatsächlich wissen wir aus Anekdoten, daß Mozart äußerst gereizt der Musik anderer Komponisten lauschte und – bot sich auch nur die geringste Möglichkeit oder Provokation – nicht zögerte zu demonstrieren, wie sie sich verbessern ließe. Er kannte seine Stärken und Schwächen. «Ich kann nicht Poetisch schreiben; ich bin kein dichter. ich kann die redensarten nicht so künstlich eintheilen, daß sie schatten und licht geben; ich bin kein mahler. ... ich bin ein Musikus.» (Mozart, 1962, S. 110f.). Er befaßte sich mit jeder Form musikalischer Schöpfung. Dies war, glücklicherweise, sein Gebiet.

Mozarts späteres Leben

Von Mozarts späterem Leben zu sprechen klingt fast wie ein Widerspruch, da er im Alter von 35 Jahren starb. Bis zum Ende seines Lebens komponierte Mozart mit konstanter Geschwindigkeit, und nach allgemeiner Auffassung sind seine letzten Symphonien, Opern und geistlichen Stücke sowohl in ihrer Tiefe wie in ihrer Heiterkeit herausragend.

Und doch waren Mozarts letzte Jahre nach normalen Maßstäben alles andere als glücklich und seiner Produktivität förderlich. Man könnte sagen, daß er in den ersten fünfzehn Jahren das Leben eines Wunderkindes führte und in den folgenden zehn Jahren zu einem Meister von Weltklasse wurde. Zu der Zeit jedoch, als er das Alter von dreißig erreichte, war der glücklichste Abschnitt seines Lebens vorbei – und er fühlte das. Er hatte geheiratet, aber sehr wahrscheinlich nicht die Frau, nach der er sich am meisten sehnte. Er hatte seine Mutter verloren und sollte bald auch den Vater verlieren. Es gelang ihm nicht, irgendeine dauerhafte Anstellung zu finden. Er fühlte sich von seinem Geburtsort Salzburg völlig entfremdet und war in Wien und anderen Hauptstädten zunehmend unglücklich. Selbst seine brillantesten Werke wie die »Hochzeit des Figaro« fanden keinen genügenden öffentlichen Beifall. Ihm fehlte finanzielle Sicherheit, häufig sah er sich in der mißlichen Lage, von Freunden und Bekannten Geld erbetteln zu müssen, und gegen Ende seines Lebens verschlechterte sich seine Gesundheit (und die seiner Frau) zunehmend.

Es besteht kaum ein Zweifel, daß diese Lage für Mozart demoralisierend war. Er war sich des Ausmaßes seiner Gaben bewußt; der beispiellosen Anerkennung in seinen jungen Jahren; der großen Hoffnungen, die sein Vater Leopold auf ihn setzte, und seines eigenen Strebens, einen einflußreichen Posten zu ergattern und gleichzeitig sein eigener Herr zu bleiben. Seine Briefe spiegeln seine Niedergeschlagenheit, seine wechselnden Stimmungen, seine Beschämung darüber, der Handlanger anderer sein zu müssen. Er bemerkte höhnisch, daß man ihn zu sehr für das belohne, was er tue, und zuwenig für das, was er zu leisten imstande wäre. Er schrieb von den schwarzen Gedanken, die er nur mit großer Mühe vertreiben könne (vgl. Grove, S. 710).

Bemerkenswert – und für diese Untersuchung entscheidend – ist jedoch, daß sein Schaffen von dieser negativen Wendung seines Glücks weitgehend unbeeinflußt blieb: 1787 komponierte er zwei Streichquintette; 1788 seine letzten drei Symphonien (die triumphale »Jupiter«-Symphonie in einer Zeit großer Geldknappheit, die von Schmerz und Pessimismus geprägt war); 1789 folgten zwei Quartette; 1787 hatte seine Oper »Don Giovanni« Prämiere, 1780 »Cosi fan tutte«, im Jahr 1791, seinem letzten Lebensjahr, »Die Zauberflöte« und »La clemenza di Tito«. Daneben komponierte Mozart noch Dutzende von anderen Werken, und noch vor seiner letzten Krankheit arbeitete er fieberhaft an einer Freimaurerkantate und einem Requiem.

Ganz offensichtlich benötigte Mozart keine positiven Welterfahrungen, um komponieren zu können. Man könnte das Gegenteil behaupten – daß er mit Musik schlechte Erfahrungen kompensierte –, aber in diesem Fall hätte man in den Zeiten, wo sich seine persönliche Situation verbesserte, eine Flaute in seiner Produktion erwarten können. In Wahrheit aber gab es kaum eine untätige Periode in seinem gesamten Leben.

Wie bei den meisten außergewöhnlichen Menschen unterstützten Mozarts Erfahrungen seine Kreativität. Außer in Zeiten, wenn kreative Menschen wirklich arbeitsunfähig sind, wirkt der kreative Antrieb unvermindert fort, unbeeinträchtigt vom Auf und Ab der Gefühle. Trotz aller Rückschläge verlor Mozart nie den Glauben an sich selbst oder an sein Talent. Einmal erklärte er, daß er weiter komponiere, weil ihn dies weniger ermüde als auszuruhen. Ob es nun stimmt oder nicht, daß Mozart eifrig komponierte, während seine Frau im Nebenzimmer ihr Kind zur Welt brachte: Wahr ist ohne Zweifel, daß er unter sehr vielen verschiedenen Bedingungen und trotz vielfältiger Stimmungsschwankungen komponieren konnte. Wir könnten sagen, der kreative »Muskel« oder Reflex des Komponierens hat ein Eigenleben, das nur schwerlich aus dem Rhythmus zu bringen ist. Der Mozart-Biograph Walter James Turner beschreibt dies so:

> Es nötigt uns die größte Anstrengung ab, uns vorzustellen, wie unablässig Mozart mit Musik beschäftigt war. Ständig erklang in seinem Kopf Musik,

wahrscheinlich selbst noch im Schlaf, und er empfand deshalb so große Abneigung zu unterrichten, weil es sein natürliches musikalisches Denken in einer Weise störte, wie es tanzen, Billard und Kegeln nicht taten. (S. 263f.)

Die Welt der anderen

Mozart war alles andere als ein Eremit. Anders als Beethoven, der kaum mit anderen Menschen zurechtkam, scheint Mozart recht umgänglich gewesen zu sein. Während seines ganzen Lebens hatte er Freunde – leider am Ende seines Lebens solche, die nichts taugten. Er zögerte nicht, in seinen Briefen harte Urteile über andere zu fällen, aber er war (vielleicht dem Beispiel seines schmeichlerischen Vaters folgend) dennoch in der Lage, mit den meisten Menschen einen gesitteten Umgang zu pflegen.

Als einer der größten Opernkomponisten konnte Mozart vielfältige Charakterrollen schreiben, in denen eine beeindruckende Bandbreite von Perspektiven, Anschauungen und Stimmungen zum Ausdruck kam. Er porträtierte im »Figaro« die verwickelten Beziehungen zwischen verschiedenen sozialen Klassen, in »Don Giovanni« einen grandiosen Schwerenöter und in »Cosi fan tutte« und »La clemenza di Tito« wechselnde Gefühlskonstellationen.

Läßt sich daraus folgern, daß Mozart so herausragend im Umgang mit der Welt der Personen wie in seiner meisterhaften Beherrschung des symbolischen Gebiets der Musik war? Könnten wir ihn auch als Selbstbeobachter oder sogar als Beeinflusser einstufen?

Ich glaube nicht. Mozart bewies großen Scharfsinn, wo er musikalische Kompositionen und Aufführungen in ihren technischen Aspekten analysierte, aber er zeigte wenig Neigung zur Introspektion und war bemerkenswert unfähig, andere in seinem Sinne zu beeinflussen. Tatsächlich schätzte er, wie seinem Vater klar wurde, seine Wirkung auf andere ständig falsch ein und wechselte unberechenbar von übertriebener Schmeichelei zu willkürlicher Konfrontation. Vielleicht war er in Wirklichkeit von anderen Menschen recht weit entrückt und vor allem in seiner eigenen Klangwelt und ihren vielfältigen Möglichkeiten gefangen. Wie bei anderen großen Schöpfern nahm für Mozart schließlich sein Werk den höchsten Stellenwert ein und wurde allesentscheidend.

Nicht Mozarts Verständnis bestimmter Menschen (nicht einmal seiner selbst) war herausragend, wohl aber seine Kunst, die menschlichen Züge einer Figur einzufangen, die ihm ein Librettist präsentierte. Mozart kannte die Musikgattungen, mit denen er arbeitete, und verstand – aus der Literatur und aus persönlicher Erfahrung – die wichtigsten Züge und Motivationen der üblichen Charaktere. Dann machte er sich daran, eine musikalische Sprache zu schaffen, die perfekt zu diesen Charakteren und ihren dramatischen Erfahrungen passen sollte. Man könnte also sagen, daß dem überragend begabten Künstler Mozart Introspektion und Einflußnahme im symbolischen Gebiet der Musik gelang, er aber diese Talente nicht leicht auf die gewöhnlichen Beziehungen des alltäglichen Lebens übertragen konnte.

Mozart als Meister

Unter den schöpferischen Menschen gibt es zwei Haupttypen: jene, die beständig verwerfen, was sie und andere geschaffen haben und die beinahe zwanghaft neue Richtungen einschlagen; und jene, die früh den Boden finden, den sie beackern wollen, und dies mit ständig wachsendem Können und immer größerer Finesse im Laufe ihres Lebens tun. Ohne Frage gehört Mozart in die zweite Gruppe: Obwohl er mit anderen kaum Geduld hatte und sich selbst ständig herausforderte, zeigte er wenig Neigung, neue Musikgattungen zu schaffen und zog es statt dessen vor, die Gattungen seiner Zeit zur Perfektion zu führen.

Zum Teil spiegelt sich in dieser Neigung die Epoche, in der er lebte. Im 17. und 18. Jahrhundert waren Komponisten Handwerker, die in einem angesehenen Gebiet arbeiteten und Werke für ihre Auftraggeber und Gönner schufen. So dachten ohne Zweifel Bach und Haydn über sich – Mozarts größte Vorgänger –, und das war es, was Leopold Mozart sich für seinen Sohn wünschte. In dieser Neigung Mozarts offenbart sich auch sein Temperament. Obwohl er mit den politischen Tendenzen sympathisierte, die in Europa Einfluß gewannen, war Mozart kaum ein Revolutionär. Vielleicht hätte ihn die Französische Revolution ebenso entsetzt, wie sie Beethoven stimulierte.

Paradoxerweise aber bereitete Mozart den Boden für eine musikalische Revolution. Dies in einem Maße, wie es Shakespeare, Goethe und Keats auf ihren Gebieten gelang: indem sie nämlich deren Grenzen so vollständig ausmaßen, daß es den Nachfolgenden nahezu unmöglich wurde, in ihre Fußstapfen zu treten. Mozart schuf die Grundlage für Beethoven und die Romantiker, so wie Brahms und Wagner die musikalischen Revolutionen Strawinskis und Schönbergs anregten.

Selbst unter den Meistern ragt Mozart noch heraus. Erstens waren die Gleichmäßigkeit seiner Produktivität und ihre hohe Qualität verblüffend. Es scheint fast, als ob Mozarts Gehirn unabhängig von den Ereignissen in seinem persönlichen Leben und in seiner weiteren Umgebung so angelegt war, eine bestimmte Anzahl von Melodien und Kompositionen pro Zeiteinheit zu produzieren. Und wie man weiß, gelang ihm dies nahezu ohne Überarbeitungen, indem er die Werke vollständig in seinem Kopf ersann.

Zweitens repräsentierte Mozart mit seiner Mischung aus kindlicher Torheit einerseits und reifer Weisheit andererseits einen Extremfall. Alle Meister (ja, alle kreativen Menschen) kombinieren das Kindliche mit erwachsener Reife, und tatsächlich meinen viele, daß diese Verbindung einen unverzichtbaren Aspekt des Genies darstellt. Aber in Mozarts Fall verhinderte vielleicht seine frühreife musikalische Entwicklung – verbunden mit der unnachgiebigen Förderung, die Mozarts Vater seinem Sohn schon ab dem zarten Kindesalter angedeihen ließ – die normale Entfaltung der wichtigsten Entwicklungsetappen; und so mag er sich in gewissem Sinne zu einem kindlichen Verhalten berechtigt gefühlt haben, das über die Grenzen des Üblichen weit hinausging.

Die Kombination von kindlichen und erwachsenen Eigenschaften könnte jedoch auch ihre Vorzüge gehabt haben. Mozarts Musik bewahrt sich eine Schlichtheit und Eleganz, die wir mit kindlicher Unschuld verbinden. Sir Charles Stanford bemerkte: »Wenn man ein Kind ist, spricht Mozart zu einem als Kind. Keine Musik könnte einfacher, kindlicher sein. Aber wenn man erwachsen ist, erkennt man verwundert, daß die Musik, die kindlich schien, völlig erwachsen und reif ist« (zitiert nach Turner, S. 316).

Drittens verband Mozart, wie erwähnt, tiefe Einsicht in menschliche Charaktere in seiner Musik mit einer gewollten Distanz zu anderen Menschen in seinem persönlichen Leben (die er überraschend schlecht verstand). Musikalische Intelligenz wird durch tiefe »personale Intelligenz« sehr bereichert; Mozart hatte Züge einer solchen personalen Intelligenz, aber er konnte oder wollte davon in seinen Beziehungen zum Rest der Welt keinen Gebrauch machen. Gerade diese Entfernung von konkreten Menschen könnte jedoch zur Universalität seiner Musik beigetragen haben. In noch stärkerem Maße als die Musik anderer Titanen (und vielleicht erinnert dies in gewisser Weise an Bach) ist Mozarts Werk frei von stark persönlichen Zügen.

Schließlich hat Mozart unser Verständnis von einem Wunderkind geprägt. Es mag schon vor Mozart Wunderkinder gegeben haben und natürlich gab es sie nach ihm, aber wahrscheinlich exemplifiziert kein Mensch das Kind in der Rolle des Erwachsenen so gut wie Mozart. Mozart ist der Standard, an dem andere Wunderkinder gemessen werden, und dies gilt auch für andere Gebiete, sogar für die Psychologie: Der Philosoph Stephen Toulmin zum Beispiel nannte den russischen Universalgelehrten Lew Wygotskij den »Mozart der Psychologie«.

Aber Mozart repräsentiert nicht nur das perfekte Wunderkind – er erinnert uns auch daran, daß zumindest einige Wunderkinder den Übergang von kindhaften Glanzleistungen zu Schöpfungen schaffen, die helfen, ganze Gebiete zu definieren. Selbst 200 Jahre nach seinem Tod ist die Popularität von Mozarts Kompositionen nicht nur im Westen, sondern in jeder Gesellschaft, in der sie bekannt geworden sind, ungebrochen. Sie sind so universell wie es eine Kunstform nur sein kann. Sie repräsentieren jedoch die Apotheose der klassischen Musikgattungen – nicht die Schöpfung eines neuen Gebietes. Für ein Beispiel dieser zweiten außerordentlichen Form von Intelligenz wenden wir uns einem weiteren Österreicher zu, der genau ein Jahrhundert nach Mozart geboren wurde: dem Psychologen Sigmund Freud.

5

Kreative Neuerung: Der Fall Sigmund Freud

»Eine Quelle des Nils«

1896 war Sigmund Freud 40 Jahre alt, war von der Neurologie in die Psychologie gewechselt und lebte unbekannt in Wien. Einst ein vielversprechender Forscher, hatte er dem neurophysiologischen Labor den Rücken gekehrt, um Patienten zu verstehen (und zu helfen), die seltsame psychische Symptome aufwiesen. Als Freud diese Störungen eingehender untersuchte, begann er eine Theorie zu entwickeln, die seine Kollegen für bizarr hielten. Gewollt oder ungewollt brach Freud die Brücken zum Rest der Wissenschafts- und Medizingemeinde ab. Tatsächlich schien es eine Zeitlang so, daß der einzige Mensch, der Freuds Ideen ernst nahm, ein ebenso abweichlerischer Arzt namens Wilhelm Fliess war. Mit Fliess, einem überzeugten »Numerologen«, der glaubte, die Hauptquelle von Gesundheitsproblemen sei die Nase, unterhielt Freud eine zehnjährige Korrespondenz.

Freuds Studien gestörter Patienten (vor allem an Hysterie leidende Frauen) und seine Selbstanalyse (einschließlich seiner Träume) hatten ihn zu einer Reihe verblüffender Schlüsse geführt. Er glaubte, daß es eine unsichtbare Schicht der Seele gebe – das Unbewußte –, die ein fester Bestandteil des Seelenlebens sei. Er glaubte, daß »aufgeladene« Erlebnisse in der Kindheit, besonders, wenn sie verdrängt wurden, später zu ernsten seelischen Krankheiten führten. Er erkannte die Wurzel solcher Störungen in der sexuellen Erfahrung –

gewöhnlich einer Art des sexuellen Mißbrauchs des Kindes. Und er glaubte, daß es möglich sei, das Unbewußte offenzulegen, wenn man seine Aufmerksamkeit solchen normalen Lebensäußerungen wie Witzen, Versprechern, freien Assoziationen und vor allem Träumen schenkte. Überzeugt von der Bedeutung und Originalität seiner Entdeckungen, sprach Freud von der »Lösung eines vieltausendjährigen Problems, ein caput Nilie [eine ›Quelle des Nils‹]« (Clark 1981, S. 184). Er scherzte Fliess gegenüber, daß eines Tages auf einer Marmortafel an seinem Haus zu lesen wäre: »Hier enthüllte sich am 24. Juli 1895 dem Dr. Sigm. Freud das Geheimnis des Traumes« (Masson, 1986, S. 458).

Freud suchte nach Möglichkeiten, seine dramatischen Funde bekanntzumachen. 1895 entwarf er eine gedrängte Abhandlung, die heute unter dem Namen »Entwurf einer Psychologie« bekannt ist, aber er gab die Arbeit an dieser nahezu unlesbaren Schrift auf. Im folgenden Jahr präsentierte er seine Thesen auf der Wiener Gesellschaft für Psychiatrie und Neurologie, aber die Zuhörerschaft war skeptisch oder sogar ablehnend. Schließlich begann er mit der Arbeit an einem Werk, das den Durchbruch bringen sollte, *Die Traumdeutung*, veröffentlicht 1899.

Erst mit der Veröffentlichung dieses Hauptwerkes kam Freuds wissenschaftliche Arbeit richtig in Gang. Obwohl von der ersten Auflage des Buches nur wenige tausend Exemplare verkauft wurden, begannen sich Freuds Ideen zu verbreiten, zuerst in Österreich und dann im Ausland. Zahlreiche Veröffentlichungen über kindliche Sexualität, das Unbewußte und die klinische Praxis der Psychoanalyse fanden ein zunehmend empfängliches Publikum. Darüber hinaus schuf sich Freud mit seinem persönlichen und intellektuellen Charisma – als Lehrer, Dozent und Propagandist seiner eigenen Ideen – Hunderte von Anhängern, die zur Verbreitung seiner Ideen beitrugen. Innerhalb eines Jahrzehnts war die Kunde von Freuds atemberaubenden Einsichten bis in die Vereinigten Staaten gelangt. Am Ende des 1. Weltkriegs waren seine Ideen in medizinischen und wis-
˜˜chaftlichen Kreisen weithin bekannt, und der Wiener Denker
˙˙f der ganzen Welt berühmt.

89

Die frühen Jahre

Obwohl er in den typischen Domänen der Frühreife nicht besonders talentiert war (zum Beispiel hatte er sein Leben lang eine Abneigung gegen Musik), kann man Freud als Prototyp des wissenschaftlichen Wunderkindes sehen. Als Kind einer jüdischen Familie, ermutigt von stolzen Eltern und Lehrern, war Freud beständig der Beste in seiner Schulklasse. Er las ausgiebig, häufig in der Originalsprache. Er kannte sich hervorragend in den Künsten, in der Literatur, Philosophie und Wissenschaft aus. Seine Briefe an seine Freunde zeigen, daß er es liebte, persönliche Situationen zu analysieren und dramatische Darstellungen menschlicher Verwicklungen zu geben. Zu verschiedenen Zeiten erwog er den Beruf des Mediziners, Juristen und Wissenschaftlers. Tatsächlich hätte er, wäre es nach ihm gegangen, die Laufbahn eines Militärführers eingeschlagen, aber Juden konnten im österreichisch-ungarischen Reich keine Offiziere werden.

Freud wußte, daß er auf intellektuellem Gebiet ungewöhnlich begabt war. Seine Briefe und Aufzeichnungen verraten, daß es für ihn nicht die Frage war, *ob* er Bedeutendes erreichen könne, sondern vielmehr, auf *welchem* beruflichen oder wissenschaftlichen Gebiet er berühmt werden würde. Obwohl Freuds tiefste Leidenschaft der philosophischen Spekulation galt, wurde ihm klar, daß er am ehesten mit einer medizinischen Karriere ein befriedigendes Auskommen finden würde. Also studierte er in Wien Medizin und begann eine Forscherkarriere auf dem Gebiet der Neurologie. Einen kurzen Moment lang schien es, als ob Freud durch die Entdeckung der Heilwirkung des Kokains den Ruhm erlangen könnte, den er vorausgesehen hatte – und ersehnte. Freuds Euphorie war jedoch nur von kurzer Dauer: Die Wirkung des Kokains erwies sich als weitgehend schädlich. Daß es ein enger Kollege war, Carl Koller, der die einzige eindeutig positive medizinische Einsatzmöglichkeit des Kokains entdeckte, vergrößerte noch seine Enttäuschung.

Das prägendste Ereignis in Freuds früher Karriere war sein Forschungsstipendium in Paris von Oktober 1885 bis Februar 1886, das er an der Klinik von Jean-Martin Charcot absolvierte, einem führenden Psychiater der Zeit. Am Salpêtrière Hospital beobachtete Freud aus erster Hand eine faszinierende Vielfalt von Neurosen, darunter verschiedene Formen von Hysterie. Charcot präsentierte seine Fälle mit dramatischer Eindringlichkeit und erkannte brillant das Muster hinter den Symptomen. Freud vergaß nie Charcots Lehre, daß die Wurzel hysterischer Störungen gewöhnlich sexueller Natur sei.

Freud befand sich in diesem Lebensabschnitt auf der Wanderschaft und absolvierte nach und nach eine Lehrzeit in mehreren Gebieten. Um einen Ausdruck des Psychoanalytikers Erik Erikson zu benutzen, befand sich Freud in seinen 20er Jahren in einem »psychosozialen Moratorium«, einer Periode, in der er mit verschiedenen Rollen experimentierte, um herauszufinden, welche am geeignetsten wäre, um produktiv zu werden und einen sinnvollen Platz in der Gemeinschaft zu finden. Freud hatte die wichtigsten Berufe und die wichtigsten Bereiche in der Medizin in Erwägung gezogen, ohne sich auf einen festzulegen, der ihm langfristig als der richtige erschien.

Durch den Kontakt zu Charcot mit neuer Energie erfüllt, kehrte Freud nach Wien zurück und begann mit Joseph Breuer zusammenzuarbeiten, einem älteren Kollegen und Bekannten. Breuer beschrieb seine Eindrücke von hysterischen Patienten und erörterte ausführlich den Fall von Anna O. Ausgehend von emotional aufgeladenen Kindheitserlebnissen – zum Beispiel eine versuchte Vergewaltigung in der Jugend einer hysterischen Frau – entwickelten die beiden Männer eine Theorie der Krankheitsgeschichte von Hysterie. Statt sie sich bewußt zu machen, verdrängten Patienten wie Anna O. solche erschütternden Erlebnisse, jedoch um den Preis, ein physisches Symptom zu entwickeln – wie Halluzinationen, visuelle Störungen oder sogar Lähmungen. Die bevorzugte Vorgehensweise, um die Symptome zu lindern, war eine direkte Konfrontation mit den auslösenden Ereignissen. Gewöhnlich geschah dies durch ein Verfahren, das Anna O. selbst eine »Gesprächskur« nannte. Wie Breuer und Freud erklärten:

> [Die Behandlung] hebt die Wirksamkeit der ursprünglich nicht abreagierten Vorstellung dadurch auf, daß sie dem eingeklemmten Affekte derselben den Ablauf durch die Rede gestattet, und bringt sie zur assoziativen Korrektur, indem sie dieselbe ins normale Bewußtsein zieht (in leichter Hypnose) oder durch ärztliche Suggestion aufhebt (...). (Clark, 1980, S. 153f.)

Die beiden Mediziner verfaßten darüber 1895 eine wichtige Monographie über Hysterie. Aber zu dieser Zeit war ihre Freundschaft bereits ernstlich getrübt. Obwohl er bereit war, eine dynamische Sichtweise der Hysterie zu akzeptieren, wurde Breuer die Diskussion unbewußter Prozesse, der Übertragung starker Gefühle zwischen Arzt und Patient und der entscheidenden Auswirkungen sexueller Beweggründe und Motive zunehmend unbehaglich. In mancher Hinsicht fuhr er fort, Freud zu bewundern. Fliess gegenüber bemerkte er, daß sich Freuds Intellekt auf dem Höhepunkt befinde und er ihm nachblicke »wie eine Henne einem Habicht« (zitiert nach Jones, 1969, S. 157). Breuer spürte, daß er ihn auf diesen geistigen Höhenflügen nicht begleiten konnte. Und so fand sich Freud zur Zeit seiner bahnbrechenden Einsichten in die menschliche Psyche von seinem engsten Kollegen alleingelassen und vom medizinischen Establishment Wiens verschmäht.

Das Persönlichkeitsmuster des kreativen Neuerers

Es gibt erstaunliche Regelmäßigkeiten in den Lebensgeschichten von Neuerern, das heißt jener hochkreativen Individuen, die ein neues Gebiet geschaffen oder entscheidend verändert haben. Auf der Grundlage solcher wiederkehrender Muster läßt sich die prototypische Biographie eines kreativen Neuerers entwerfen, die im folgenden dargestellt ist. Dabei ziehe ich keine ausdrücklichen Verbindungen zu allen Aspekten von Freuds Leben, aber ich werde einige Themen aus seiner Biographie ansprechen.

Der Neuerer wird in eine Gemeinschaft hineingeboren, die nicht im eigentlichen Zentrum des intellektuellen Lebens steht, aber diesem doch nahe genug ist, um den Kontakt mit herrschenden Ideen und Kräften zu erlauben. Als junger Mensch ist er oder sie mit großer Wahrscheinlichkeit in einer Reihe von Gebieten begabt (wie ein Meister im Stil Mozarts) und auf ein Feld oder eine Disziplin ausgerichtet. Seine Jugend wird von einem bürgerlichen, von Regelmäßigkeit und Disziplin gekennzeichneten Arbeitsethos geprägt. Die Eltern (oder Aufsichtspersonen) machen sich keine allzu großen Gedanken über das Gebiet, auf dem er oder sie schließlich arbeiten wird und sorgen dafür, daß ihr Kind oder Schützling fleißig arbeitet und Fortschritte macht. Die Liebe und Unterstützung der Erwachsenen mag dabei sehr wohl von der Leistung abhängig sein, die das Kind erbringt. Engere gefühlsmäßige Bande entwickeln sich zu Verwandten und Freunden der Familie, die das Interesse an dem Kind teilen.

Freud paßt in dieses Bild. Er wurde in Freiburg, Mähren, geboren, einer Stadt von fünftausend Einwohnern 240 km nordöstlich von Wien. Seine Familie zog nach Wien, als Freud jung war, hatte jedoch keinen Zugang zu den intellektuellen, sozialen und ökonomischen Eliten der Metropole. Sein Vater war ein glückloser Kaufmann, der als Jude von der Gesellschaft ausgeschlossen blieb. Freuds Mutter liebte ihren Sohn abgöttisch, ebenso wie das Kindermädchen der Familie. Aufgrund seiner schulischen Begabung wurde Freud die Wahl seiner Karriere überlassen, aber natürlich erwartete seine Familie, daß er einen akademischen Beruf ergreifen würde. Man sorgte dafür, daß der junge Sigmund bequeme Arbeitsbedingungen hatte: Als er sich etwa über das Klavierspiel seiner Schwester beklagte, wurde das Instrument abgeschafft.

Am Ende seines zweiten Lebensjahrzehnts zieht unser exemplarischer Neuerer in eine Kulturmetropole. Zur Jahrhundertwende waren dies üblicherweise Städte wie Paris, London oder Wien; heute würde die Wahl eher auf New York oder Tokio fallen. Dort entscheidet er oder sie sich versuchsweise für ein Gebiet – keine ganz vorhersehbare Entscheidung, aber immer eine Wahl unter einer kleinen Anzahl von Optionen. (Es war zum Beispiel klar, daß Freud irgendeinen akademischen Beruf oder eine Gelehrtenlaufbahn einschlagen würde.) Er vervollständigt die Ausbildung, die auf dem jeweiligen Gebiet gefordert ist (ohne sich von Rollenvorbildern überwältigen zu lassen). Manchmal arbeitet der Neuerer mit einem beeindruckenden Lehrer oder Meister; manchmal läßt er sich von geschichtlichen Vorbildern leiten. Wichtiger ist, daß er andere junge Menschen mit den gleichen Interessen kennenlernt und sich mit ihnen zusammentut. Gemeinsam sehen sie sich als junge Revolutionäre, die in irgendeiner Weise die Welt verändern werden.

Auch hier erkennen wir wieder Freud. Sein Medizinstudium führte ihn nach Wien, das ein Zentrum dieses Berufes war. Freud war hier von einem Freundeskreis umgeben, in dem er großes Ansehen genoß. Zunächst kamen diese Freunde eher aus Intellektuellenkreisen im allgemeinen, später waren es vor allem Ärzte wie er. Freud fühlte sich zu älteren Menschen hingezogen, die ihn anleiten konnten. Außer seiner Lehrzeit bei Charcot und seiner Zusammenarbeit mit Breuer verbrachte er entscheidende Jahre am Institut von Ernest Brücke, einem bedeutenden Wissenschaftler, der Freud bei seinen neuroanatomischen Studien anleitete. Als er sich der Psychiatrie zuwandte, suchte Freud wieder nach Kollegen; da aber seine Ideen zunehmend exzentrisch wurden, war nur ein wissenschaftlicher Abenteurer wie Fliess bereit, sich ihm anzuschließen. Sobald die psychoanalytischen Ideen formuliert waren, schloß sich Freud mit Gleichgesinnten (wenn auch weniger bedeutenden) Zeitgenossen zusammen, um eine revolutionäre Bewegung auf den Weg zu bringen.

Unser exemplarischer Neuerer muß willens sein, viel Zeit allein zu verbringen, um Ideen und Konzepte zu ergründen, die für andere zunächst wenig Sinn machen. Wie es die Malerin Françoise Gilot einmal ausdrückte, sollte jemand, der nicht bereit ist, sieben Stunden am Tag vor einer leeren Leinwand zu verbringen, nicht in Erwägung ziehen, Künstler zu werden. Zuweilen kann der mangelnde Kontakt zu anderen und ihr fehlendes Verständnis eine derartige Belastung bedeuten, daß die Schöpferpersönlichkeit darunter psychisch zusammenzubrechen droht. Vielleicht aus diesem Grund sehnen sich nahezu alle Neuerer in der Zeit ihrer wichtigsten Durchbrüche nach einem engen Vertrauten. Diese Vertrauten geben intellektuelle Unterstützung (»Ich verstehe, was du machst, und ich glaube, daß es vernünftig ist«), emotionalen Halt (»Ich liebe dich ohne Vorbehalt«) oder im Idealfall beides. Ob Picasso mit Georges Braque, Martha Graham mit Louis Horst oder Igor Strawinski mit Serge Diaghilew: diese Neuerer brauchen ein *alter ego*, um ihren Weg geradlinig weitergehen zu können.

Im Falle Freuds war es Breuer, der ihm als erster psychischen Halt gab. Als dieser die Last nicht länger tragen konnte, schloß Fliess die Lücke. Fliess war bereit, Freuds wildesten Spekulationen zuzuhören, ohne ein Urteil zu fällen (er erwartete von Freud die gleiche Nachsicht), und er diente Freud auch als eine Art allgemeiner Vertrauter und Unterstützer. Freud erhielt auch entscheidenden persönlichen Rückhalt von seiner großen und fürsorglichen Familie. Während viele Neuerer ihre Eltern in frühen Jahren verlieren, lebte Freuds Vater bis zu dessen vierzigstem Lebensjahr und seine liebevolle Mutter, bis er über siebzig war.

Gewöhnlich ist der Neuerer schließlich unzufrieden mit der Arbeit in einem Gebiet. Die herrschenden Lehrmeinungen versperren ihm den Weg zur Klärung eines entscheidenden Phänomens oder verhindern vielversprechende Forschungsansätze. Früher oder später gelangt die Schöpferpersönlichkeit zu einer Neuformulierung, die ihr sinnvoll erscheint, die das Potential in sich trägt, andere zu beeinflussen und schließlich das Gebiet, auf dem sie arbeitet, verändern kann. So sehr er sich auch anstrengt, kann der Neuerer den Gebrauch, den andere von seiner Arbeit machen, nicht kontrollieren; und er mag durchaus enttäuscht oder frustriert über diesen Mißbrauch sein, ebenso, wie er wahrscheinlich über zunehmende Zeichen öffentlicher oder privater Anerkennung erfreut sein wird. Die meisten Schöpferpersönlichkeiten bleiben jedoch süchtig nach ihrer Arbeit, und so ruhen sie sich nicht auf ihren Lorbeeren aus. In etwa zehnjährigen Abständen sind sie dazu in der Lage, weitere Innovationen hervorzubringen, bei denen sich der ursprüngliche Zirkel von Einsamkeit, Durchbruch und Suche nach Unterstützung wiederholt. Diese späteren Innovationen sind in der Regel allgemeinerer und synthetischerer Natur und stützen sich häufig auf das, was in den Frühwerken schon implizit angelegt war. Es kann jedoch auch eine dramatische Hinwendung zu neuen Gebieten geben, entweder weil das alte Gebiet erschöpft ist oder weil neue Herausforderungen größeren Ruhm oder eine intensivere Produktion versprechen.

Auf der Höhe seiner Karriere hat der Neuerer einen faustischen Handel abgeschlossen. Die Arbeit hat den höchsten Stellenwert, alles andere muß ihr geopfert werden. Das Unterfangen ist aufregend, und andere können in dieses Werk hineingezogen werden – doch auf eigene Gefahr. Solange sie dem Neuerer in seiner Arbeit helfen können, sind ihm Kollegen willkommen. Ist jedoch ihre Rolle im Stück vorbei, werden sie wahrscheinlich beiseite geschoben und durch neue Mitarbeiter ersetzt. Kreative Neuerer erreichen im Leben und in ihrem Werk nur selten Vollkommenheit (wie Yeats beklagte); vielmehr müssen sie eine der Optionen wählen, die in einem Wortspiel der alten Römer zum Ausdruck kommen: *libri* (Bücher) oder *liberi* (Kinder). Natürlich können sie versuchen, beides zu haben, aber eine Seite kommt dabei wahrscheinlich zu kurz.

Freuds Lebensmuster in den späteren Jahren

Freud hat auch hier wieder recht deutliche Ähnlichkeit mit dem prototypischen Muster des Neuerers, das ich vorgeschlagen habe. In den frühen Jahren dieses Jahrhunderts wurde ihm – und jenen, die ihm nahestanden – bewußt, daß er nicht einfach nur einen Beitrag auf einem bereits existierenden Gebiet leistete. Nach seinen Studien über Hysterie und seiner eingehenden Untersuchung von Träumen hatte er ganz neues Forschungsterrain betreten. Dazu gehörte auch ein neues theoretisches Feld: eine Rahmentheorie, die unbewußte Prozesse, die frühe sexuelle Entwicklung, die menschliche Persönlichkeit und die menschlichen Triebkräfte umfaßte. Auf diesem theoretischen Feld waren auch klinische Phänomene zu behandeln: eine Reihe von neurotischen Störungen ebenso wie die Absonderlichkeiten gewöhnlicher menschlicher Aktivitäten. In zunehmendem Maße gehörte auch eine Technik dazu, um die Psyche zu ergründen: Traumdeutung, freie Assoziation, die klinischen Methoden des neuen Gebietes der Psychoanalyse.

Auf seine Weise war Freud so erstaunlich wie Mozart. Er leistete den größten Beitrag zu dieser aufsprießenden Literatur und zur Praxis der Psychoanalyse. Er arbeitete unermüdlich: Während eines langen Arbeitstages sah er seine Patienten, und dann, nach abendlicher Entspannung mit der Familie und Freunden, zog er sich spät nachts in sein Arbeitszimmer zurück, um bis in die Morgenstunden zu schreiben. Eine Ahnung von seiner Produktivität bekommt man, wenn man erfährt, daß der sechzigjährige Freud in einer Zeitspanne von nur zwei Monaten mitten im Ersten Weltkrieg eine Reihe von sechs metapsychologischen Aufsätzen abfaßte. Ohne Freud (oder irgendeinen anderen Neuerer) in ein strenges zeitliches Raster von zehnjährigen Produktivitätssprüngen pressen zu wollen, läßt sich doch feststellen, daß er seine ursprünglichen klinischen Daten und den theoretischen Rahmen seiner Arbeit in den ersten Jahren der psychoanalytischen Bewegung präsentierte; diese integrierte er dann in der Mitte seines Schaffens, seiner »metapsychologischen« Phase; und schließlich wandte er sich in den letzten Jahren seiner Karriere breiteren sozialen und politischen Themen zu.

Mehr als andere Wissenschaftler versuchte Freud, Einfluß auf die Verwendung seiner Ideen zu nehmen. Lange angezogen von der Welt des Militärs, sah sich Freud, der Beeinflusser, als Führer eines Bataillons psychoanalytischer Arbeiter – die er nahezu alle selbst ausgesucht hatte. Er schuf Organisationen, die als regelmäßige Diskussionsforen dienten, die Zeitschriften und Manifeste herausgaben. Er ernannte andere zu seinen Leutnants – in vorderster Linie den Schweizer Psychiater C.G. Jung. Er hieß Neulinge in der Truppe willkommen, verlieh Ehren, darunter ein besonderer Goldring für die hervorragendsten Mitglieder, die er abrupt verbannte, wenn ihre intellektuelle oder persönliche Loyalität in Frage stand.

Das Leben im Umkreis eines großen Neuerers kann aufregend sein, es kann jedoch auch böse Wunden schlagen. Wie andere Neuerer zog Freud talentierte Menschen an. Aber da seine Loyalität eindeutig seiner Arbeit und nicht ihnen galt, zögerte er kaum, sich von jenen zu distanzieren, die keinen Beitrag mehr zur Mission seines Lebens leisten konnten. Beinahe alle seine ursprünglichen Mitstreiter brachen entweder mit Freud oder wurden von ihm verstoßen. Schließlich erwies sich seine Tochter Anna, die als erste Kinder psychoanalytisch behandelte, als sein treuester Leutnant.

Freud als kreativer Neuerer

Einem Meister wie Mozart fällt seine Domäne gewissermaßen als Teil seines Geburtsrechts zu. Als Wunderkind ist er zu herausragender Virtuosität auf seinem Gebiet bestimmt. Die Herausforderung eines zum Experten gewandelten Wunderkindes besteht darin, die

Leistungen von anderen Experten zu überbieten und eine spezifische Form von Meisterschaft zu erlangen. Nur selten stellt er sein Gebiet in Frage, denn er oder sie kennt kein anderes.

Jemand, der kein Wunderkind in einem anerkannten Gebiet ist, sieht sich anderen Möglichkeiten und Hindernissen gegenüber. Er kann warten, bis er ein Tätigkeitsfeld findet, das ihn interessiert. So war es bei der Tänzerin Martha Graham, die nicht einmal an eine Tanzkarriere gedacht hatte, bis sie als Teenager Tanzaufführungen besuchte. Der kreative Mensch mag ein bereits existierendes Gebiet wählen und sich dazu entschließen, mit anderen zu wetteifern, die dort bereits wohletabliert sind. So war es bei Igor Strawinski, der erst ernsthaft Komposition studierte, als er sein Jurastudium beendet hatte.

Während Meister ihr Gebiet akzeptieren, sind Neuerer gewöhnlich nicht damit zufrieden, in einem Gebiet in vorderster Front neben anderen zu arbeiten. Vielmehr bewegen sie sich – aus Gründen, die so vielfältig sind wie die einzelnen Individuen – immer wieder in neue Richtungen und greifen Themen und Herausforderungen auf, die für andere nicht erkennbar sind oder sogar geleugnet und abgelehnt werden.

Ein schematisches Bild mag dies verdeutlichen. Nehmen wir an, ein hochtalentierter Mensch möchte auf die eine oder andere Weise Bedeutung erlangen. Entweder kann er dorthin gehen, wo schon andere sind, um sie im Wettstreit zu überbieten: Der Vorteil ist hier, ein bekanntes Ziel vor Augen zu haben; das Risiko besteht darin, daß man den Wettstreit verlieren könnte. Oder man bewegt sich dorthin, wo noch niemand ist, um zu versuchen, ein neues Gebiet zu schaffen: Der Vorteil besteht hier darin, daß es praktisch keinen Wettbewerb gibt; der Nachteil ist, daß andere die Bedeutung dessen, was man tut, nicht anerkennen, so daß die eigenen Entdeckungen und der eigene Beitrag entweder zeitweise oder dauerhaft verkannt werden. Hochorganisierte Gebiete (wie Mathematik) ziehen dabei eher »Zentristen« an; weniger ausgebildete Domänen (wie moderne Malerei oder Evolutionspsychologie) locken jene an, die sich an der Peripherie wohl fühlen.

Freuds Talente und Beschränkungen helfen uns, die Schritte zu verstehen, die er unternahm. Nach eigenem Bekunden war Freud auf den Gebieten logisch-mathematischen und räumlichen Denkens nicht sehr begabt. So klagte er etwa, daß er nur sehr schlecht räumliche Beziehungen visualisieren könne und ihm dadurch das Studium der Geometrie und aller daraus abgeleiteten Gebiete unmöglich sei (vgl. Jones 1961, S. 366). Und doch sind dies genau die Gebiete, die für einen Wissenschaftler wichtig sind.

Andererseits war Freud außerordentlich sprachbegabt. Darüber hinaus hatte er ein beständiges Interesse am Leben anderer Menschen und an den Vorgängen seines eigenen Innenlebens. So ragte er in dem hervor, was ich als »personale Intelligenz« bezeichnet habe. Außerdem weist sein frühes Können auf dem Gebiet der Neuroanatomie und seine spätere Vertiefung in die Symptomatologie verschiedener Gruppen von Patienten auf ein besonderes Talent: seine »naturalistische Intelligenz«, das heißt die Fähigkeit, in der Welt der Lebewesen Muster zu erkennen. Für Freud, der sich weiterhin als Wissenschaftler betrachtete, machte es Sinn, diese Stärken auszuspielen, um eine spezifische Domäne zu schaffen: ein Gebiet, in dem er auf seine verschiedenen Intelligenzen im Hinblick auf Sprache, persönliche Beziehungen und Naturerkenntnis statt auf logisch-mathematische oder räumliche Intelligenz zurückgreifen konnte.

Doch wie funktionierte Freuds Intelligenz als kreativer Neuerer?

Ich meine, Freud bezog seine Energie aus drei Triebkräften: aus der Lust am Klassifizieren, der Lust, Probleme zu lösen und der Leidenschaft für die Konstruktion von Systemen. Wie ein guter Naturforscher liebte es Freud, soviel Datenmaterial zu sammeln wie möglich, um dann zu versuchen, es systematisch zu ordnen. Ursprünglich bezog sich diese Klassifizierung im Gefolge Charcots immer wieder auf Neurosen. In seinem späteren Leben wandte er ein ähnliches Organisationsschema auf die ganze Bandbreite menschlicher Persönlichkeitskonstellationen an.

Zweitens liebte es Freud, Rätsel zu lösen. Ob in seinem persönlichen Leben oder in seinem Beruf: Nichts bereitete ihm mehr Freude, als irgendein Paradox zu entdecken, um darüber nachzusinnen. Als er jung war, wandte er das Denken des Talmud auf Fragen wie die Begründung des Selbstmordes und den Platz von Frauen in der Gesellschaft an; als erster Psychoanalytiker sann er darüber nach, ob sexueller Mißbrauch tatsächlich vollzogen werden müsse oder ob es ausreiche, wenn er nur in der Einbildung stattfände, und er dachte darüber nach, ob sich bei Frauen ein psychosexuelles Dilemma zeigt, das dem Ödipuskomplex des kleinen Jungen entspricht.

Nachdem Freud Phänomene klassifiziert und die Lösungen von Rätseln gefunden hatte, wollte er die Ergebnisse seiner Arbeit zu einer Synthese führen: An dieser Stelle wurde er zum Schöpfer eines Systems – zu einem Menschen, der eine neue Theorie und eine neue Behandlungsmethode schafft. Freuds Vermächtnis besteht zu einem bedeutenden Teil in dem komplexen Erklärungssystem, das er entwickelte.

Mehr als viele andere Forscher sehnte sich Freud danach, seine Funde einer breiteren Öffentlichkeit zu vermitteln. Er war sowohl mündlich wie schriftlich ein brillanter Kommunikator. Der Erfolg der Psychoanalyse verdankt sich ebenso seinem Genie als Vermittler wie der Überzeugungskraft (oder Gültigkeit) seiner Ideen. Es ist lehrreich, daß Freud ursprünglich versuchte, seine neuen Ideen in einer hochgradig technischen und wissenschaftlichen Form auszudrükken: Man erkennt die Ausarbeitung eines besonderen »neuen Symbolsystems« in der geschwollenen und kaum zu entschlüsselnden Prosa der frühen Schrift »Entwurf einer Psychologie« und der *Traumdeutung*. Schließlich wurde Freud klar, daß er seine Ideen genausogut – und weit überzeugender – in einer alltäglichen, nichttechnischen Sprache vermitteln konnte. Sowohl seine (häufig aus dem Stehgreif vorgetragenen) Reden wie seine Schriften und Vorlesungen sind von vorbildlicher Klarheit.

Domäne und Umfeld

Das Wunderkind und der Meister haben klare Tätigkeitsfelder und ein deutlich umrissenes Publikum. Mozart schrieb Stücke in etablierten Musikgattungen für den Adel Europas, dessen Reaktionen auf seine Musik über ihren Erfolg und ihr kurzfristiges Überleben entschieden. Wenn dieses Umfeld ihm nicht geneigt war, blieb Mozart nichts anderes übrig, als zu hoffen, daß ein neugeformtes Umfeld in der Zukunft das Ausmaß seiner Leistung besser zu würdigen wüßte.

Die Situation eines Neuerers wie Freud ist völlig anders. Zu der Zeit, als er seine originellsten Ideen vorschlug, war er bereits in den Gebieten, auf denen er ursprünglich tätig war, vollkommen marginalisiert. Ihm wurde klar, daß er seine eigene Domäne (oder Domänen) und sein eigenes Umfeld (oder Umfelder) schaffen mußte, wollte er nicht für immer im Schatten stehen.

Auch wenn ich den Ablauf hier etwas vereinfache: Sicher scheint, daß Freud nach dem Jahr 1900 seine Mission klar wurde. Er mußte Menschen finden, die seinem Werk Sympathie entgegenbrachten; er mußte sie in ihren eigenen Forschungen unterstützen und sie in die Lage versetzen, die klinischen Methoden zu praktizieren, die er entwickelt hatte; und er mußte Institutionen und Publikationen schaffen, die dieses neue Tätigkeitsfeld ans Licht der Öffentlichkeit brachten und ihm Legitimität verliehen. Die Anziehungskraft der Ideen, die Kraft von Freuds Persönlichkeit und die Wahl des richtigen Zeitpunktes gingen dabei Hand in Hand: Innerhalb eines Vierteljahrhunderts hatten sich die Arbeitsgebiete und das Umfeld der Psychoanalyse in großen Teilen der westlichen Welt etabliert.

Faßt man die Entwicklung in diese Worte, so legt man großes Gewicht auf die Person – vielleicht in zu starkem Maße. Neuerer können keinen Erfolg haben, wenn sie keine Domäne finden, die darauf wartet, verändert zu werden. In diesem Fall wiesen die Gebiete der Psychiatrie und der Psychologie deutliche Lücken auf, die Freud auszufüllen half. (Belegt wird diese Feststellung durch die Tatsache, daß Pierre Janet, ein französischer Psychologe, zur gleichen Zeit ähnliche Ideen entwickelte.) In gleicher Weise mußte es, da Freud keine Macht hatte, die Akzeptanz seiner Theorien zu erzwingen, eine Gruppe von Menschen geben, die sich nach der intellektuellen und persönlichen Führung sehnten, die er bieten konnte. Tatsächlich waren die Mitglieder seines Mittwochskreises anfangs eine buntgescheckte Gruppe von Sonderlingen und zweitrangigen Geistern. Es spricht für Freud, daß es ihm schließlich gelang, weit beeindruckendere Menschen sowohl aus benachbarten wie aus entfernteren Gebieten bis hin zu Politik- und Literaturwissenschaftlern anzuziehen.

Nach meiner Definition ist ein Neuerer ein Mensch, der neue Gebiete ins Leben ruft und/oder ein bestehendes Gebiet radikal umformt. Und doch gibt es heute viele, die Freuds Bedeutung in Frage stellen. Sie weisen darauf hin, daß viele seiner Behauptungen ihrem Wesen nach unbeweisbar sind (da sie nicht zu widerlegen sind, lassen sie sich auch nicht beweisen), und sie argumentieren weiter, daß jene Elemente der Psychoanalyse, die empirischen Tests unterzogen wurden, kaum bestätigt werden konnten.

Ich würde sofort einräumen, daß Freud kein Wissenschaftler in dem Sinne war, daß sich nach seinen Ideen ein systematisches Forschungsprogramm durchführen ließe, ein Programm, mit dem es gelingen könnte, umstandslos die Fakten von der Einbildung zu trennen. Aber Freud nach dieser Lehrbuchauffassung von Wissenschaft zu beurteilen, bedeutet, den Kern seiner Leistung zu verfehlen.

Durch und durch ein Naturforscher, lenkte Freud die Aufmerksamkeit auf ein ganzes Spektrum von menschlichen Phänomenen und Mechanismen, die andere Wissenschaftler, Künstler und Beobachter des menschlichen Lebens höchstens vage erahnten. Er skizzierte eine erste (manchmal eine zweite) Herangehensweise an diese Phänomene. Er entwickelte eine Reihe vielversprechender begrifflicher Werkzeuge und klinischer Techniken, um weiteres Wissen zu gewinnen. Obwohl Freud bestimmte Probleme löste und Freude am Prozeß des Problemlösens selbst hatte, hat er weit größere Bedeutung als jemand, der Probleme *fand*, das heißt neue Fragen aufwarf, und einen ganz neuen theoretischen Rahmen schuf, in diesem Fall für das Nachdenken über Verhalten, Motivation und die menschliche Psyche. So bedeutend ist diese Leistung, daß es schwer fällt, über unser Innenleben und unsere Psyche auf eine Weise zu sprechen, wie es vor Freud üblich war. Selbst Kritiker Freuds benutzen häufig die Werkzeuge psychodynamischen Denkens (ohne sich dessen immer bewußt zu sein).

Selbst ein Buch wie dieses steht in der Schuld der Freudschen Entdeckungen. Wo ich frühkindliche Erfahrungen behandle, übernehme ich Freuds Auffassungen als Ausgangspunkt. Die Betonung der Bedeutung früher biographischer Ereignisse schuldet Freuds Denkweise viel. Es ist selbstverständlich geworden, Mozarts persönliche Schwankungen aus der Beziehung zu seinem Vater zu erklären und Virginia Woolfs Psyche – und sexuelle Ambiguität – als Spiegel ihrer Beziehung zu den Eltern und Geschwistern zu sehen. Auch Freuds lebhafte Darstellung der Anziehungskraft und der Gefahren des kreativen Lebens liegt vielen zeitgenössischen Untersuchungen über Kreativität zugrunde, darunter auch meiner eigenen.

Freuds Beitrag zur Wissenschaft in Abrede zu stellen, ist ebenso verfehlt wie zu behaupten, daß er »erwiesenermaßen« Recht hatte. Viele empirische Beweise bestätigen in groben Zügen jene Phänomene, auf die Freud als erster die Aufmerksamkeit lenkte: Dazu gehören etwa die wichtigen, häufig entscheidenden Auswirkungen früher Erfahrungen, die von geschwisterlicher Rivalität bis zu verschiedenen Formen der Identifikation mit Vorbildern reichen; die Rolle, die unbewußte (unterbewußte) Prozesse in unserem Verhalten spielen; und die kürzlich bestätigte Behauptung, daß Triebunterdrückung ein genuines psychologisches und neurologisches Phänomen darstellt. Obwohl seine klinischen Methoden im Detail nicht mehr als Evangelium behandelt werden, ist es andererseits Freuds Mut und Einsicht zu verdanken, daß psychologische Störungen heute als reale Probleme anerkannt sind, die behandelt werden müssen, statt Scham zu verursachen und abgeleugnet zu werden. Es wäre dumm, Marx abzulehnen, nur weil sein Traum vom Kommunismus nicht überlebt hat – seine ökonomischen Analysen haben sich als weit dauerhafter erwiesen. Ebenso dumm wäre es, Freud abzulehnen, nur weil neue Formen der Behandlung entwickelt wurden – seine Sicht der menschlichen Psyche bleibt lehrreich.

Drei Lehren: Eine Einführung

Eher als Mozart (dessen Genie eine Klasse für sich bleibt) kann Freud als hervorragendes Beispiel für drei Lehren dienen, die gewöhnliche Menschen aus den Lebenserfahrungen außergewöhnlicher Individuen ziehen können. Zunächst widmete Freud von Kind auf ausgesprochen viel Zeit dem Nachdenken über seine eigenen Erfahrungen und Lebensoptionen. Tatsächlich hob er als Begründer der psychoanalytischen Technik die Praxis der Introspektion, der Analyse der eigenen Erfahrungen und Träume, auf ein höheres Niveau.

Zweitens hatte Freud einen ausgeprägten Sinn für seine Stärken und Schwächen. Obwohl er seine Schwächen beklagte, hielt er sich doch nicht bei ihnen auf. Statt dessen verwandte er seine Energien auf Tätigkeiten, in denen er anderen deutlich überlegen war: das Studium gestörter seelischer Zustände, die klinische Erforschung der Psychopathologie, die Abfassung überzeugender Abhandlungen und die Begründung einer intellektuellen Bewegung.

Wir alle sehen unsere Erfahrungen in einem bestimmten Licht. Wir sehen sie als Modelle, als Geschichten, die uns warnen, als Präzedenzfälle, die um jeden Preis vermieden werden müssen, oder als Rückschläge, aus denen wir lernen und auf die wir aufbauen können. Freud bietet das Lehrbuchbeispiel eines Menschen, der sich von Rückschlägen nicht entmutigen ließ. Die frühen Jahre seiner Karriere waren angefüllt mit Niederlagen, die einen weniger selbstbewußten Menschen lahmgelegt hätten. Obwohl er persönlich enttäuscht darüber war, keine bahnbrechenden Entdeckungen in der Wissenschaft gemacht zu haben, und alles andere als naiv optimistisch war, verlor Freud nie den Glauben an seine Fähigkeiten und sein Potential, Bedeutendes leisten zu können. Ablehnung war für ihn kein Grund aufzugeben, sondern er nahm sie vielmehr als Ansporn, seine Energien aufs Neue einzusetzen – um die verschiedenen Fäden seines wachsenden Verständnisses zu einer kraftvoll geschlossenen Erklärung des menschlichen Innenlebens zusammenzuflechten. In Briefen an Fliess aus der Zeit seiner größten Entdeckungen gestand er:

> Wenn uns beiden noch einige Jahre ruhiger Arbeit vergönnt sind, werden wir sicherlich etwas hinterlassen, was unsere Existenz rechtfertigen kann (...). Niemand ahnt auch nur, daß der Traum kein Unsinn, sondern Wunscherfüllung ist (...). Ich bin hier ziemlich allein mit der Aufklärung der Neurosen. Sie betrachten mich so ziemlich als einen Monomanen, und ich habe die deutliche Empfindung, an eines der großen Geheimnisse der Natur gerührt zu haben. (Masson, 1986, S. 190 u. S. 67).

Kreativen Menschen gelingt es meisterhaft, Erfahrung zu bewältigen. Strawinski war in der Lage, die völlige Ablehnung seiner Werke, etwa die wütenden Reaktionen auf sein revolutionäres Werk »Le sacre du printemps«, zu ignorieren; Picasso war so bestürzt von frühen Reaktionen auf sein avantgardistisches Bild »Les desmoiselles d'Avignon«, daß er es jahrelang versteckt hielt – und trotzdem setzte er seine Entwicklung zum Kubismus fort. Ebenso war auch Freud in der Lage, Ablehnung zu ertragen – auch wenn er darüber vielleicht nicht glücklich war und ihn Zurückweisung schmerzte. Doch er konnte in ihr den Schlüssel zu künftigem Erfolg erkennen. Stellten sich die Dinge im Gegenteil allzu rosig dar, so daß eine skeptischere Haltung angebracht war, so hatte Freud dafür ebenfalls die angemessene Reaktion parat. Es gibt eine amüsante Geschichte aus der Zeit, als C.G. Jung die amerikanische Ostküste bereiste und das Hohelied der Psychoanalyse sang. Freudig telegraphierte er seinem Meister: »Psychoanalyse enormer Erfolg in Amerika.« Freud telegraphierte sofort zurück: »Was hast Du ausgelassen?«

Was versetzt eine Handvoll Menschen in die Lage, kreativ zu sein, während andere dies nicht schaffen, obwohl sie ebenso viele Fähigkeiten und ein vergleichbares Engagement mitbringen? Hier erweist sich die Idee der *fruchtbaren Asynchronität* als aufschlußreich.

Bei der Untersuchung von Wunderkindern erkannten Wissenschaftler, daß es ein Prozeß der »Koinzidenz« ist, ein glückliches Zusammentreffen und Zusammenwirken von vielen Faktoren, der dazu führt, daß ein Kind in wenigstens einem Gebiet herausragend ist. Bei der Untersuchung von Neuerern überraschte mich die Bedeutung eines konträren Faktors. Der Begriff »fruchtbare Asynchronität« bezeichnet die Fähigkeit kreativer Individuen, ihre Abweichung von anderen Zeitgenossen und innerhalb ihres Gebietes zu ihrem Vorteil zu nutzen.

Freud war in vieler Hinsicht ein Außenseiter: Er war ein Jude inmitten einer nichtjüdischen und weitgehend antisemitischen Gesellschaft; er war der jüngste Sohn eines Vaters, der doppelt so alt war wie seine Mutter; ein Wissenschaftler auf der Reservebank, dessen wichtigste Fähigkeiten und Talente für die Laufbahn, die er eingeschlagen hatte, nicht besonders relevant waren. Und als er begann, seine eigenen frühen Ideen über die Psyche vorzubringen, marginalisierte er sich noch mehr und verlor selbst die Unterstützung seines engsten Kollegen Josef Breuer.

So war Freud im Hinblick auf seine Umgebung unzweideutig in vieler Hinsicht »asynchron«. Die Chancen standen gut, daß ihn diese Marginalität zeitweise oder dauerhaft vom Rest der Gesellschaft trennen würde. (Möglicherweise erlitt Freud Mitte der 90er Jahre des 19. Jahrhunderts tatsächlich einen Zusammenbruch.) Freud erlaubte es jedoch nicht, daß diese Asynchronitäten ihn niederrangen – er nutzte sie vielmehr aus. Er lernte viel aus seinem Studium des Judentums und seiner Zugehörigkeit zu einer bedrängten Volksgruppe; er sann über die Besonderheiten der Beziehungen in seiner eigenen Familie nach und erkannte in ihnen die Anlage universellerer persönlicher Beziehungen; er kehrte jenen Regionen der Wissenschaft den Rücken, in denen er keine herausragenden Leistungen erbringen konnte und schuf ein Gebiet, auf dem seine eigenen Stärken in vielleicht einzigartiger Weise in den Vordergrund treten konnten. Und als er schließlich Einfluß gewann, nutzte er seine Vorteile, so gut er konnte, selbst um den Preis, jene zu verletzen, die ihm einst am engsten verbunden waren.

Den Grad der Marginalisierung kann man nicht wählen – er wird weitgehend von den Umständen bestimmt. Aber man kann die Haltung wählen, die man gegenüber der eigenen Asynchronität einnimmt. Menschen, die ihre Erfahrungen bewältigen, verwandeln ihre Asynchronität in einen Verbündeten und kommen voran, wo andere straucheln.

Unter den verschiedenen Rollen, die wir beschrieben haben, paßt Freud am besten in die Kategorie des kreativen Neuerers. Aber es wäre ihm gegenüber unfair und für unsere Untersuchung irreführend zu meinen, daß Freud nur diese einzige kreative Rolle ausfüllte. Seine Schriften zeigen ihn als Meister der deutschen Sprache – tatsächlich wurde ihm 1930 der prestigeträchtige Goethe-Preis verliehen. Die Psychoanalyse hätte zu seiner Zeit nicht einen so gewaltigen Einfluß gewinnen können – den sie bis heute hat –, wenn er nicht so ein hervorragender Beeinflusser gewesen wäre. Freud beeinflußte andere direkt durch das gesprochene Wort und indirekt durch seine Werke und die Institutionen, die er ins Leben rief.

Schließlich blickte Freud tief in seine eigene Psyche und in die Psyche aller Menschen – er war einer der außergewöhnlichsten Selbstbeobachter seiner Zeit. Es paßt gut, daß Freuds Werke in England von einer Frau herausgegeben wurden, die sich ebenfalls in außerordentlicher Weise der Selbstbeobachtung widmete: Virginia Woolf. Sie gehörte zu jenen Intellektuellen, die Freud in England willkommen hießen, nachdem er den Nazis entkommen war.

6

Kreative Selbstbeobachtung: Der Fall Virginia Woolf

Vier Orte der Introspektion

Als die britische Schriftstellerin Virginia Woolf Mitte der 20er Jahre in ihren frühen Vierzigern war, betrat sie literarisches Neuland, und auch in ihrem persönlichen Leben eröffneten sich ungewöhnliche Perspektiven. Sie hatte eine *tour de force* veröffentlicht, *Mrs. Dalloway*, ein Roman, der einen Tag im Leben einer Londoner Gastgeberin porträtierte, und zwei bewußt experimentelle Romane begonnen, *Zum Leuchtturm* und *Die Wellen*. Während sie mit ihrer beißenden Gesellschaftskritik fortfuhr, bereitete sie gleichzeitig *Ein Zimmer für sich allein* vor, eine Reihe von kühnen Vorträgen über die Bedingungen von Frauen als Schriftstellerinnen. Zum ersten (und wohl einzigen) Mal ließ sie sich auf eine Romanze mit einer anderen Frau ein, der ungestümen und offen lesbischen Vita Sackville-West. Und trotz manischer Zustände und wiederkehrender Anfälle von Depression führte sie ein äußerst aktives gesellschaftliches Leben, reiste mit ihrem Ehemann Leonard durch England und traf sich nahezu täglich mit den bekannten Mitgliedern des Bloomsbury-Kreises und anderen Londoner Intellektuellen.

Woolf schrieb über die gesellschaftliche Sphäre, aber ihr tieferes Interesse galt dem Wesen der Erfahrung – ihrer eigenen Erfahrung als Virginia Stephen Woolf, der Erfahrung der Menschen, denen sie nahestand, den Erfahrungen von Frauen ihres Umkreises (und zuweilen auch von Männern). Sie war am Gehalt solcher Erfahrungen interessiert: Was bedeutete es, Virginia Woolf zu sein oder sich als eine Schriftstellerin namens Mary Carmichael durchzuschlagen? Aber ebenso interessierte sie sich für die Form und das Gefühl der Erfahrung: Was bedeutet es, Bewußtsein zu haben, froh oder verrückt zu sein? Und immer stärker suchte sie den Rhythmus und den Fluß der Erfahrung in ihren literarischen Werken einzufangen und errang neben James Joyce und Marcel Proust einen bedeutenden Platz als eine Schriftstellerin, die zu den literarischen Erneuerern der Ära gehörte.

Unter den kreativen Menschen ragt Virginia Woolf als Selbstbeobachterin hervor – als eine Person, die in sich hineinschaut, um sich selbst als Individuum, als Frau und als Mensch zu verstehen. Natürlich widmen sich viele Menschen der Selbstbeobachtung, aber nur wenige können anderen überzeugend die wesentlichen Abläufe und Einsichten ihrer Innenschau vermitteln. Wir haben gesehen, daß Sigmund Freud ebenfalls ein Meister der Selbstbeobachtung war, ja sogar eine Methode entwickelte, die anderen die Introspektion ermöglichte. Aber Freud präsentierte die Früchte seiner Selbstbeobachtung in Schriften, die einen wissenschaftlichen Ton haben; und Introspektion dient ihm als *Mittel*, um die menschliche Psyche auf wissenschaftliche Weise zu verstehen. Soweit Mozart in sich selbst hineinblickte, finden sich davon kaum Spuren in seinen Briefen oder in jenen Aussprüchen, die als verbürgt gelten: Abgesehen von seinem epischen Kampf mit seinem Vater sind wir in erster Linie auf seine musikalischen Schöpfungen angewiesen, um seinem Innenleben näherzukommen.

Als ich begann, mich mit Virginia Woolf zu befassen, ahnte ich, daß der Schlüssel zu ihrer Introspektion in den fünf großen Bänden ihres Tagebuchs liegen würde, das sie mit häufig täglichen Eintragungen von 1915 bis zu ihrem Tod 1941 führte. Und wirklich erweisen sich diese Tagebücher als unschätzbarer Führer durch Woolfs Gedanken und Tätigkeiten über ein Vierteljahrhundert. Betrachten wir etwa diese persönliche Darstellung eines Anfalls von Wahnsinn:

> Nichts mehr davon. Ich denke. Teile Menschen in glückliche und unglückliche ein. Strenge mich an zu schubsen, zu stoßen und niederzumachen. Ich fange an, blind vorwärts zu marschieren. Ich spüre, wie Hindernisse fallen.

Ich sage, daß es nicht wichtig ist. Nichts ist wichtig. Ich werde steif und ker-
zengerade & schlafe wieder & bin halb wach & fühle, wie sich die Welle
hebt, & beobachte, wie das Licht weißer wird, & frage mich, wie Frühstück
& Tageslicht diesmal damit fertig werden. (Bell, 1980, Bd. III, S. 110)

Aber es gibt noch andere Quellen, die ebenso aufschlußreich sind.
Woolf war eine eingefleischte Briefschreiberin, und ihre Briefe gehören zu den intimsten Dokumenten über ihr Leben. Hier schreibt sie
einem Freund, dem Autor Gerald Brenan, über Reaktionen auf ihre
Arbeit als Schriftstellerin:

Vielleicht ist es dieser Mangel an Kritik, oder vielmehr die Tatsache, daß ich
auf verschiedene Menschen unterschiedlich wirke, die es mir so schwer
macht, ein gutes Buch zu schreiben. Immerzu spüre ich, daß niemand, außer
vielleicht [der berühmte Romancier E.] Morgan Forster, meine Arbeit erfaßt; sie fechten einen Luftkampf aus. Und so muß ich für mich selbst jedes-
mal das Ganze neu schaffen. Wahrscheinlich sitzen alle Schriftsteller heute
im selben Boot. Das ist die Strafe, die wir für den Bruch mit der Tradition
bezahlen, und die Einsamkeit macht das Schreiben aufregender, das Gelesen-
werden allerdings weniger. Man sollte vielleicht auf den Grund des Meeres
sinken und nur mit den eigenen Worten weiterleben. Aber das ist nicht ganz
aufrichtig, denn es ist eine große Anregung, diskutiert, gepriesen oder geta-
delt zu werden. (zitiert nach Banks, 1989, S. 195)

Woolf war vielleicht die erste Frau, die in der englischen Sprache als
Essayistin eine bedeutende Leserschaft erreichte, und dies unter-
streicht die Schwierigkeiten, denen sich Frauen gegenübersahen, die
öffentlich über ihre eigene Perspektive sprechen oder schreiben wollten. Es folgt eine Passage aus *Ein Zimmer für sich allein*, in der sie
die Hindernisse beschreibt, die sich jeder schreibenden Frau in der
Vergangenheit in den Weg stellten:

Aber für Frauen, so dachte ich bei mir, während ich auf das leere Regal
schaute, waren die Schwierigkeiten unendlich viel schrecklicher. Zunächst
einmal war nicht daran zu denken, ein Zimmer für sich allein zu haben (...)
Die Indifferenz der Welt, die Keats und Flaubert und andere geniale Männer als so unerträglich empfanden, war in ihrem Fall nicht Indifferenz, sondern Feindseligkeit. Zu ihr sagte die Welt nicht wie zu jenen, Schreib,
wenn es dir gefällt; mir ist es gleich. Die Welt sagte mit brüllendem Ge-
lächter, Schreiben? Wozu soll deine Schreiberei gut sein? (Woolf, 1978,
S. 48)

Und in ihren Romanen wie *Zum Leuchtturm* sann Virginia Woolf über das Wesen und den Fluß menschlicher Erfahrung nach:

> Was war der Sinn des Lebens? Das war alles – eine schlichte Frage; eine, die sich mit den Jahren immer stärker aufdrängte. Die große Offenbarung war nie gekommen. Statt dessen gab es kleine tägliche Wunder, Erleuchtungen, Zündhölzer, die unerwartet im Dunkeln angerissen wurden; hier war so eins. Dies, jenes und das andere; sie und Charles Tansley und die sich brechende Welle; Mrs Ramsay, die sie zusammenbrachte; Mrs Ramsay, die sagte, »Leben, steh still hier«. (...) Inmitten des Chaos gab es Gestalt; dies ewige Fließen und Verfließen (sie blickte auf die ziehenden Wolken und die zitternden Blätter) wurde mit einem Schlag fest. (Woolf, 1991, S. 171)

Es gibt kein einzelnes, privilegiertes Fenster, durch das man in Virginia Woolfs introspektive Intelligenz blicken könnte. Woolf reflektierte ihre Erfahrung auf verschiedene Weise und für unterschiedliche Zwecke, und sie fing ihre innersten Gedanken in ihren vielfältigen Schriften ein. Nur indem man Einsichten und Eindrücke aus Tagebüchern, Briefen, Essays und literarischen Werken zusammenführt, kann man in das Wesen – genauer gesagt, die Wesen – von Virginia Woolf eindringen.

Ein bemerkenswerter Hintergrund

Virginia Stephen kam aus einer ungewöhnlichen Familie. Ihre frühen Jahre waren von einschneidenden Erfahrungen geprägt. Ihre Mutter, Julia Jackson, eine schöne und großzügige Frau, brachte sieben Kinder zur Welt und starb, als Virginia erst dreizehn Jahre alt war. Ihr Vater, Leslie Stephen, war ein bekannter Schriftsteller und Kritiker, Begründer eines ehrgeizigen Nachschlagewerks britischer Biographien, des *Dictionary of National Biography*. In der Öffentlichkeit ein beeindruckender Mann, war er zu Hause streng und lieblos.

Virginia wuchs in einem ausgesprochen intellektuellen Zuhause auf, eng verbunden mit ihrer älteren Schwester Vanessa und ihren beiden leiblichen Brüdern Thoby und Adrian. Gemäß der viktorianischen Vorstellung, daß Frauen »behütet« aufzuwachsen hatten, erhielten Virginia und Vanessa keine weiterführende Bildung, während ihre Brüder zur Erziehung nach Cambridge geschickt wurden. Aber Virginias Eltern ermutigten ihre intelligente und energiegeladene Tochter zum Lesen und Schreiben. Ihre Jugend war angefüllt mit Erfahrungen von Krankheit, Tod und Wahnsinn – Erfahrungen, die wir oben mit dem Begriff »Asynchronität« bezeichnet haben. Im Alter von 22 Jahren hatte sie beide Elternteile und ihre Halbschwester Stella verloren; und zweimal geriet Virginia in ihrer Adoleszenz seelisch aus dem Gleichgewicht.

Virginia Stephens eigentliche Karriere begann in den ersten Jahren des Jahrhunderts, als sie anfing, Buchkritiken für verschiedene namhafte britische Zeitungen wie *The Times Literary Supplement*, *The Guardian*, *The Nation* und andere zu schreiben. Sie las und schrieb schnell, und es fiel ihr leicht, das Wesen von Schriftstellern und ihren Werken zu durchdringen und mit bemerkenswert wenigen Worten zu erfassen. Diese lehrreiche Erfahrung, Buchkritiken gegen Bezahlung termingerecht abzuliefern, stärkte ihr Selbstvertrauen, und nach einem Jahrzehnt begann sie, Romane zu schreiben. Ihre literarischen Arbeiten aus dieser Zeit – darunter *Die Fahrt hinaus* (1915) und *Nacht und Tag* (1919) – wurden gut aufgenommen und bestätigten, daß die Autorin ebenso meisterhaft das literarische Genre beherrschte.

Virginia Woolfs literarische Entwicklung begann zu einer Zeit, als sie Mitglied einer bemerkenswerten Gruppe junger britischer Intellektueller wurde, die bald als Bloomsbury-Kreis bekannt wurde (benannt nach dem gleichnamigen Londoner Stadtteil). In den frühen Jahren gehörten später so herausragende Persönlichkeiten wie der Maler Duncan Grand, die Kunstkritiker Clive Bell und Roger Fry, der Autor Edward Morgan Forster, der Volkswirtschaftler John Maynard Keynes und die Literaturkritiker Desmond McCarthy und Lytton Strachey zu dieser Gruppe. Niemand war jedoch für die Gruppe wichtiger als Virginia Stephen, ihre Schwester Vanessa (die Clive Bell heiratete), ihr Bruder Thoby (bis er vorzeitig an Typhus starb) sowie Virginias späterer Mann, der Journalist Leonard Woolf.

Zunächst entsprach Virginia Woolf der gesellschaftlichen Erwartung, der zufolge eine Frau bewundernd den eloquenten Ausführungen junger, in Cambridge erzogener Männer zu lauschen hatte. Aber nach den revolutionären Vorstellungen des Bloomsbury-Kreises hatten auch Frauen ihren eigenen Kopf, und es wurde von ihnen erwartet, daß sie sich ohne Zurückhaltung am intellektuellen Austausch des Salons beteiligten. Trotz einer gewissen Schüchternheit erwies sich Virginia in intellektueller Hinsicht als den Männern ebenbürtig – und mit großer Wahrscheinlichkeit war sie ihnen in ihrer Fähigkeit, in die Welt anderer Menschen einzutauchen, überlegen.

Zweifellos verdankt sich Virginia Woolfs spätere Bildung in erster Linie dem Austausch unter den Mitgliedern des Bloomsbury-Kreises. Was die Männer durch ihr Studium erreicht hatten, was Mozart durch seine Reisen durch Europa und sein Studium anderer Komponisten erreicht hatte, dies gewannen Virginia und Vanessa Stephen im Laufe dreier Jahrzehnte durch ihre aktive Beteiligung an einer der beeindruckendsten Gruppen von Künstlern und Intellektuellen, die sich jemals zusammengefunden hatte. Aus unserer heutigen Sicht war Virginia Woolf die Schlüsselfigur und wohl das brillanteste Mitglied des Bloomsbury-Kreises.

Die Konzentration auf die eigene Erfahrung

Virginia Woolf vervollkommnete in der Zeit zwischen ihrem 20. und 30. Lebensjahr ihre essayistische Kunst und wurde in ihren 30er Jahren zu einer meisterhaften Romanschriftstellerin. Diese Leistung war für eine Frau ohne Universitätsbildung für sich genommen schon bemerkenswert, und es wäre für sie daher leicht gewesen, sich auf diesen Lorbeeren auszuruhen.

Aber wie andere epochemachenden kreativen Menschen trieb es Virginia Woolf weiter. Der Ehrgeiz, den sie bei ihrem Vater und im Bloomsbury-Kreis gesehen hatte, erfaßte auch sie, und sie war entschlossen, eine bedeutende Künstlerin zu werden. Diese Bedeutung lag, wie sie vermutete, in ihrer Fähigkeit, einzigartige persönliche Erfahrungen einzufangen und zu vermitteln.

Für Virginia Woolf konnte kein Zweifel an ihrer Marginalität bestehen. Sie kam aus einer gutbürgerlichen Familie, doch sie lebte in einem Kreis, der dem Adel näher stand. Sie war eine Frau in einer

Welt, die von starken und ehrgeizigen Männern dominiert wurde. Im Vergleich zu jenen, die in der Welt der Kunst und Literatur Beifall fanden, war sie ungebildet. Nicht ohne beträchtliche Zweifel hatte sie einen Mann geheiratet, der einen religiösen jüdischen Hintergrund hatte.

Abgesehen von dieser gesellschaftlichen Randstellung wich Virginia Woolf darüber hinaus von den meisten anderen Menschen in zwei weiteren grundlegenden Aspekten ab. Ihre sexuelle Orientierung war eindeutig ungewöhnlich – so finden sich unter den Bezeichnungen, mit denen sie beschrieben wurde, Wörter wie »androgyn«, »bisexuell« und »geschlechtslos«. Vielleicht aufgrund sexuellen Mißbrauchs in ihrer Jugend durch ihre beiden Halbbrüder fühlte sich Virginia Woolf körperlich von Männern nicht angezogen und empfand Abscheu vor körperlicher Liebe. Wie bereits erwähnt, fühlte sie sich zumindest einmal in ihrem Leben stark zu einer Frau hingezogen – der Schriftstellerin Vita Sackville-West –, aber zu einer körperlichen Beziehung kam es selten, wenn überhaupt. Sie betrachtete sich selbst nie als lesbisch (als »*sapphist*«, wie der hochsprachliche Terminus im Englischen lautete). Vielmehr sah sie sich als eine Künstlerin, die sich ebenso stark mit Männern wie mit Frauen identifizierte.

Virginia Woolf war auch, in ihren eigenen Worten, »verrückt«. Mehrere Male in ihrer Pubertät und in ihrem Erwachsenenleben erlitt sie Phasen klinischer Depression, in denen sie isoliert werden mußte, unter Aufsicht stand und zur Ruhe gezwungen wurde. Häufiger noch schwankte sie zwischen manischen Zuständen und Anfällen von Schwermut. Diese Krankheitsphasen fielen häufig mit traumatischen Erfahrungen und Zuständen in ihrem Leben zusammen – dem Tod eines Elternteils, der Fertigstellung eines Romans –, aber es besteht kaum ein Zweifel, daß darin ein manisch-depressiver Zug in ihrer Familie zum Ausdruck kam. Schließlich sah sie sich nicht mehr länger imstande, mit imaginären Stimmen zu leben, mit ihren schweren seelischen Qualen fertig zu werden und das Gefühl des Scheiterns zu verwinden, und so beging sie im März 1941 Selbstmord, indem sie sich in einem Fluß auf ihrem Grundstück ertränkte.

Es fiel Virginia Woolf nicht leicht, offen über ihre sexuellen und psychotischen Erfahrungen zu sprechen. Dies kann kaum überraschen, waren diese Erfahrungen doch zutiefst persönlicher Natur, konnten leicht als beschämend empfunden und mißverstanden werden. Außerdem neigten die Mitglieder des Bloomsbury-Kreises trotz ihrer im Vergleich zu anderen Zeitgenossen schockierenden Offenheit dazu, sensible Themen schlagfertig zu überspielen, statt ihnen mit brutaler Aufrichtigkeit auf den Grund zu gehen.

Beunruhigt über ihr Innenleben, war Virginia Woolf jedoch entschlossen, ihre Erfahrung mit anderen zu teilen. Sie versuchte, ihre Stärken zu nutzen: ihr Wissen über sich selbst und ihre Fähigkeit zu schreiben. Ihr standen verschiedene literarische und nicht-literarische Ausdrucksmittel zu Verfügung, von denen sie überlegten Gebrauch machte. Ihr Roman *Orlando*, in dem sich ein Mann in eine Frau verwandelt, bot ihr ausgiebig die Möglichkeit, das Wesen ihrer eigenen Sexualität zu erkunden. Aber sie tat dies auch in ihren Tagebüchern, in Briefen und in ihren immer eloquenteren und bissigeren Essays über Frauen, das Schreiben und die Erfahrung »ein Zimmer für sich allein« zu haben. In mehreren ihrer Romane, darunter *Mrs. Dalloway* und *Die Wellen*, behandelte sie das Thema des Wahnsinns, und häufig beschrieb sie ihre Stimmungen und Zustände auch in ihren Tagebüchern und Briefen.

Virginia Woolf sah Männer als selbstbewußte Egos, die bei zentralen Themen starke Thesen vertraten und entschlossen verteidigten. In einer schönen Wendung hob sie deren »formale Satzgeleise« hervor, eine Phraseologie, die nicht ihrer eigenen Erfahrung gerecht wurde. Woolf betrachtete das Individuum nicht als ein einzelnes dominantes Ich, sondern eher als eine Ansammlung von Facetten, eine Anzahl von Personen, die zu verschiedenen Zeiten in den Vordergrund traten und miteinander kämpften. Sie versuchte, das Bewußtsein verschiedener Individuen voneinander abzuheben, ebenso wie die verschiedenen Ausprägungen von Bewußtsein in ein und demselben Menschen.

Besonders in ihren literarischen Schöpfungen vermied Woolf großspurige politische, religiöse oder kulturelle Themen. Für sie offenbarte sich Sinn in jenen flüchtigen Momenten, in denen ein Funke aufglühte, eine Einsicht aufblitzte, ein flackerndes Aufleuchten oder eine Erfahrung eine wichtige Wahrheit vermittelten – Momente, in denen die Materie aufbrach und sich für Augenblicke in eine fließende Wirklichkeit zu verwandeln schien (vgl. Woolf, 1985, S. 142). Die Themen ihrer kühnsten Bücher – ein Tag im Leben einer Gastgeberin, ein Ausflug zu einem Leuchtturm, sechs verschiedene Blickrichtungen auf einen verstorbenen Freund – sind bewußt gewöhnlich, denn Virginia Woolf fühlte, daß in den trivialen Ereignissen des Tages tiefe Einsichten verborgen lagen. »Was für eine Phantasmagorie von Trugbildern der Geist ist und was für ein Versammlungsort von Ungleichem!« erklärt einer ihrer Charaktere in *Orlando*. »Im einen Augenblick beklagen wir unsere Geburt und unseren Stand und streben nach asketischer Ekstase; im nächsten sind wir überwältigt vom Geruch eines alten Gartenpfads und weinen, weil wir die Drosseln singen hören.« (Woolf, 1990, S. 131)

Schließlich verfolgte Virginia Woolf das äußerst ehrgeizige Ziel, die Textur alltäglicher Erfahrung zu vermitteln. Da ihr nur wenige Vorbilder für dieses Unterfangen zur Verfügung standen, war sie gezwungen, mit Sätzen, Absätzen und literarischen Formen zu experimentieren. Sie schrieb über diesen Schaffensprozeß: »Ein Anblick, ein Gefühl schafft diese Welle, lange bevor daraus passende Wörter entstehen; und beim Schreiben muß man dies wieder einfangen und ins Werk setzen (was anscheinend nichts mit Worten zu tun hat), und dann, wenn es aufbricht und durch den Kopf wirbelt, schafft es Worte, die dazu passen« (zitiert nach Banks, S. 204). Und sie versuchte zu beschreiben, was sie beim Betreten dieses literarischen Neulandes empfand:

> Wenn man einen Roman beginnt, so ist das Wichtigste, wie ich glaube, zu fühlen – nicht daß man ihn schreiben kann, sondern daß er am entfernten Rand eines Abgrundes existiert, den Worte nicht überwinden können; daß man nur in atemloser Qual damit durchkommen kann. Wenn ich mich heute hinsetze, um einen Artikel zu schreiben, steht mir ein Netz von Worten zur Verfügung, das sich gewiß in etwa einer Stunde über die Idee legt. Aber ich meine, um gut zu werden, sollte ein Roman, bevor man ihn schreibt, als etwas erscheinen, was sich nicht schreiben, sondern nur sehen läßt (…) alle meine Romane waren erstklassig, bevor sie geschrieben wurden. (zitiert nach Banks, 1989 S. 238)

Virginia Woolf wußte, daß sie in diesem Bemühen nie ganz erfolgreich sein konnte – Erfahrungen sind keine Wörter –, und sie bezweifelte, daß es einen privilegierten Weg gäbe, sich an die Erfahrung gewissermaßen heranzuschleichen und sie zu schnappen. Aber im Urteil anderer (und auch in ihrem eigenen Urteil) über ihre Werke kommt immer wieder zum Ausdruck, wie erfolgreich es ihr gelang, das Wesen bewußter Erfahrung zu begreifen.

Unter Selbstbeobachtern

In vergangenen Zeiten ergründeten Philosophen wie Platon, Dichter wie Dante, Künstler wie Samuel Pepys und Essayisten wie Montaigne die Tiefen ihres eigenen Geistes und der menschlichen Erfahrung in einem allgemeineren Sinn. Auf dem Weg zum 20. Jahrhundert gibt es kaum Literaten oder Philosophen von Bedeutung, die nicht versuchten, etwas von ihrer eigenen Erfahrung mitzuteilen. Im weitesten Sinne gehört Virginia Woolf in eine Gruppe mit Philosophen wie Kierkegaard, Nietzsche, Sartre, Frantz Fanon und Simone Weil; in literarischer Hinsicht gehört sie zu Autoren wie Marcel Proust, James Joyce und William Faulkner. Woolf gehört auch in eine Gruppe mit gelegentlich introspektiven Erforschern des menschlichen Verhaltens wie Sigmund Freud oder Claude Lévi-Strauss und Essayisten und Tagebuchschreibern wie Anaïs Nin, Witold Gombrowicz und James Baldwin.

Im großen und ganzen benutzen Künstler und Wissenschaftler im Westen die Introspektion als Mittel, um Material für ihre Arbeit zu gewinnen. Freud wollte seine Psyche als Beispiel für die Psyche aller Menschen verstehen; Virginia Woolf versuchte beim Schreiben, ihr Bewußtsein und das Bewußtsein im allgemeinen wieder zu erschaffen. Eine gänzlich andere Tradition von Introspektion besteht in asiatischen Gesellschaften, etwa in Ländern, die vom Buddhismus beeinflußt sind. Menschen, die meditieren und andere Arten geistiger Innenschau praktizieren, können zu einer außerordentlich tiefen Introspektion gelangen und anderen helfen, vergleichbare geistige Zustände zu erreichen. Aber Introspektion wird hier in einer Weise eingesetzt, die weit entfernt ist von jedem Wunsch, neue Objekte zu schaffen; vielmehr findet diese Innenschau ihre Bedeutung und Erfüllung in sich selbst – sie wird um ihrer selbst willen betrieben.

Wollen sie von ihrem Umfeld akzeptiert werden, müssen Menschen in westlichen Gesellschaften, die sich der Selbstbeobachtung widmen, im Gegensatz dazu ein Gebiet der Kommunikation beherrschen – ein öffentlich zugängliches Symbolsystem. Gewöhnlich ist dieses Symbolsystem die geschriebene Sprache, auch wenn es zweifellos introspektive Tänzer wie Martha Graham und Maler wie Francis Bacon und Mark Rothko gibt. Wie der Beeinflusser muß der Selbstbeobachter ein Verständnis anderer Individuen haben. Gelegentlich, wie im Falle Virginia Woolfs, können introspektive Menschen auch zur Schaffung eines neuen Gebietes beitragen. In diesem Fall ist dieses Gebiet der experimentelle Roman. Aber die vorrangige Herausforderung besteht darin, tief in die eigene Psyche hineinzublicken, sich selbst in einer Weise zu verstehen, in der sich andere selbst gewöhnlich nicht verstehen können: als Individuen, als Mitglieder einer Gruppe oder als Menschen.

Aber welchen Wert hat die Selbstbeobachtung? Schließlich kann im Hinblick auf das Wissen von der physischen oder biologischen Welt jeder entsprechend ausgebildete Mensch den gleichen Informationsbestand erlangen. Auch für das Wissen im Hinblick auf andere Menschen gilt, daß es offen zugänglich ist. Aber im Hinblick auf das Wissen von sich selbst hat der Erkennende natürlich einen privilegierten Zugang, verfügt über Daten, die anderen eben nicht verfügbar sind. Es ist denkbar, daß ein introspektiver Mensch eine packende Geschichte erzählt, die nicht stimmt; oder daß umgekehrt ein Bericht über das eigene Innenleben genau den Tatsachen entspricht, aber andere nicht überzeugt.

Diese Fragen stehen im Hintergrund, wenn wir uns mit Virginia Woolf befassen. Häufig räumte sie ein, daß ihr Tagebuch kein besonders persönliches Dokument sei und wünschte, daß sie es in ein »richtiges« Tagebuch verwandeln könne:

»Wie interessant fände ich es, wenn dieses Tagebuch jemals ein richtiges Tagebuch würde: etwas, worin ich Veränderungen sehen, aufkommende Stimmungen verfolgen könnte; aber dazu müßte ich von der Seele sprechen, & habe ich die Seele nicht von Anfang an verbannt? Es ist immer so, daß ich über die Seele schreiben will, & dann kommt das Leben dazwischen.« (Woolf, 1994, S. 342) Ihr Ehemann, Leonard, überblätterte einmal mehrere Seiten des Tagebuchs und murmelte, daß darin »nicht ein wahres Wort« zu finden sei (zitiert nach Simons, 1990, S. 174).

Virginia Woolf war als klatschfreudig bekannt, und viele Zeitgenossen spürten, daß sie ein gut erzähltes Phantasma einer wahrheitsgetreuen Wiedergabe vorzog. Nachdem sie außerdem eine gewisse Berühmtheit erlangt hatte, war es offensichtlich, daß ihre Briefe und Tagebücher schließlich veröffentlicht werden würden, und in manchen Passagen gewinnt man den Eindruck, daß sie mit Blick auf eine künftige Leserschaft schreibt oder eine Übung für ein späteres literarisches Werk unternimmt.

Wären wir bei Woolf nur auf eine einzige Quelle introspektiver Information beschränkt, würde ich zögern, sie als verläßlich zu betrachten. Da Virginia Woolf jedoch so viele Jahre lang in verschiedenen Genres schrieb, läßt sich beurteilen, ob die Züge, die in einer Quelle (etwa den Tagebüchern) auftauchen, mit jenen Merkmalen übereinstimmen, die in anderen literarischen Dokumenten durchscheinen und auch in zeitgenössischen literarischen Belegen und Charakterisierungen anderer erkennbar werden. Um es ein wenig technisch auszudrücken: Die verschiedenen Quellen können als wechselseitige Kontrolle dienen, und sie lassen sich »triangulieren«, um zu einem vollständigeren und, wie zu erwarten steht, wahrhaftigeren Bild der introspektiven Persönlichkeit zu gelangen.

Die Neigung zur Introspektion ist nicht schwer auszumachen (und es ist auch nicht schwierig zu erkennen, wo sie fehlt – etwa bei Mozart oder, nach dessen eigenem Bekunden, bei Keats). Aber die Genauigkeit der Selbstbeobachtung läßt sich nur einschätzen, indem alle verfügbaren Quellen gegeneinander abgewogen werden: im Hinblick auf ihre Stimmigkeit untereinander und ihre Übereinstimmung mit unserem allgemeinen Wissen über die menschliche Natur, unter anderem mit unserem Wissen von uns selbst. Schließlich haben wir in mancher Hinsicht alle Anteil am gleichen Erfahrungsfluß.

Hier stellt sich ein faszinierendes Problem. Nach Auffassung von Virginia Woolf suchen viele Menschen, besonders Männer, nach einem allgemeinen, synthetischen Selbstbild. Andere, besonders Frauen, mißtrauen eleganten und eindimensionalen Selbstbildern. Ihre Erfahrung legt nahe, daß ihre Persönlichkeit aus Fragmenten und in gewissem Maß widersprüchlichen Komponenten besteht. Virginia Woolf schrieb in ihrem Tagebuch, wie seltsam und verwirrend es ihr erscheine, so viele Ichs zu haben (vgl. Bell, 1983, Bd. IV, S. 39). Ein *alter ego* von Virginia Woolf, eine Figur namens Rhoda beklagt sich wiederholt, daß sie kein Gesicht habe, und Virginia Woolf klagte einmal nach einem Besuch bei Lady Ottolin Morrell, daß sie selbst kein Innenleben habe. Ihre Romanfigur Orlando erklärt (etwas empört): »Denn wenn es (bei grober Schätzung) sechsundsiebzig verschiedene Zeiten gibt, die alle gleichzeitig im Gemüt ticken, wie viele verschiedene Personen gibt es dann erst – Himmel hilf –, die alle zur einen oder anderen Zeit im Menschengeist hausen? Manche sagen, zweitausendundzweiundfünfzig.« (Woolf, 1990, S. 225f.). Virginia Woolfs aufgewühltes Innenleben und ihre breitgestreuten Schriften bieten für diese Vielgestaltigkeit reichlich Belege. Entsprechend werden Biographen, die nach einem einzigen Zugang zu ihr suchen, frustrierter sein als solche, die an den partikulären und fragmentierten Aspekten ihrer Persönlichkeit Gefallen finden.

Obwohl Virginia Woolf über »Frauen« und zentrale »weibliche« Aspekte ihres Werks reflektierte, ist sie im wesentlichen ein Beispiel für eine Sicht von Kreativität, die wir als »männlich« bezeichnen könnten: die Kreativität des einsamen Schöpfers in seinem Zimmer, der Werke schafft, die ein bestimmtes Gebiet erweitern oder sogar umgestalten. Es ist aufschlußreich, daß die meisten der weiblichen Protagonisten bei Virginia Woolf keine kreativen Künstler oder Wissenschaftler sind. Vielmehr schrieb sie über Frauen, die ein vornehmlich häusliches Leben führen, Frauen, die sich als Ehefrauen, Mütter, Hausfrauen oder Gastgeberinnen hervortun. Woolf erkannte diese Leistungen an, durch die sich auch ihre geliebte Mutter auszeichnete. Die faszinierende Möglichkeit, daß Frauen traditionell ihre Kreativität eben in diesen örtlich begrenzten Gebieten verwirklicht haben könnten, daß sie vor allem Einfluß auf die Menschen ihres unmittelbaren Umkreises hatten, daß diese Kreativität nur deshalb fruchtbar bleiben konnte, weil sie sich nicht dafür entschieden, ein »Zimmer für sich allein« zu haben, und weil sie für ihre Schutzbefohlenen immer »abrufbereit« blieben, diese Möglichkeit behandelte Virginia Woolf nicht ausdrücklich. Die gesamte Geschichte solcher Formen »weiblichen Schöpfertums« ist noch zu schreiben.

Kreativität und Wahnsinn

Es ist relativ leicht, in geschlechtsspezifischer oder allgemein menschlicher Hinsicht einen Bezug zu anderen Menschen zu finden. Weit schwieriger ist es, sich Menschen zu nähern und zu beurteilen, die in gewisser Hinsicht gestört sind.

Obwohl es gelegentlich bestritten wurde, besteht kaum ein Zweifel, daß Virginia Woolf während ihres ganzen Lebens unter einer ernsten Form von Geisteskrankheit litt. Zunächst einmal sind Fälle von Geisteskrankheit in ihrer Familie sowohl väterlicher- wie mütterlicherseits bekannt, und ihr Vater litt unter Depressionen. Schon in ihrer Adoleszenz erlitt sie Nervenzusammenbrüche, Anfälle, die sich während ihres ganzen späteren Lebens wiederholten – und Fachärzte stimmten in der Diagnose überein. Virginia Woolf sprach und schrieb bereitwillig über ihren Wunsch, geistig gesund zu sein, über das Schreiben als Mittel, ihre Gesundheit zu erhalten (und auf die Probe zu stellen), und über die Erfahrung, den Verstand zu verlieren. Sie trug sich schon in jungen Jahren mit Selbstmordgedanken und versuchte als Jugendliche, sich das Leben zu nehmen. Im Rückblick wirkt es so, als sei sie dazu bestimmt gewesen, Selbstmord zu begehen.

Natürlich verbürgt ein Anflug von Geisteskrankheit noch keine Kreativität, aber die Beweise häufen sich, daß es unter den Verwandten von Schriftstellern einen höheren Prozentsatz von Formen manischer Depression gibt als in der übrigen Bevölkerung. Dieser Befund widerspricht der intuitiven Erwartung, denn man würde annehmen, daß diese Krankheit in den Familien von anderen Arten von Künstlern und kreativen Menschen ebenso vorherrschend sei.

Wir sind noch weit davon entfernt, die Gründe für diese scheinbare Wechselwirkung zu verstehen. In phänomenologischer Hinsicht ist dieser Befund jedoch weniger rätselhaft. Während manischer Zustände machen Schriftsteller eine Unzahl von Erfahrungen durch und stürzen in freier, alle Kategorien überspringender Assoziation in einen Strudel von Produktivität, der ihnen keine Atempause läßt. In Virginia Woolfs Vorstellungskraft gab es nach einem Wort von Quentin Bell einen »Beschleuniger«, aber keine »Bremsen« (vgl. Bell, 1972, Bd. I, S. 148). Leonard Woolf beschrieb dies so: »In der manischen Phase war sie außerordentlich erregt; ihr Geist arbeitete fieberhaft; sie redete viel und – auf dem Höhepunkt des Anfalls – unzusammenhängend; sie hatte Halluzinationen und hörte Stimmen; zum Beispiel erzählte sie mir, daß sie beim zweiten Anfall die Vögel im Garten vor dem Fenster miteinander griechisch sprechen hörte; und sie wurde aggressiv gegenüber den Krankenschwestern.« (L. Woolf, 1988, S. 56f.)

Solche fruchtbaren Phasen sind für einen Schriftsteller wichtig – ja sogar kostbar. Wir bekommen einen Eindruck von einem zwar noch wachen, aber erregten Geisteszustand in Passagen wie dieser:

> (…) und jetzt all diese Leute (denn sie kehrte zum Broad Walk zurück), die steinernen Becken, die Zierblumen, die alten Männer und Frauen, die meisten Invaliden in Rollstühlen – alles schien, nach Edinburgh, so komisch. Und Maisie Johnson, als sie sich dieser ruhig dahintrottenden, leer stierenden, brisegeküßten Gesellschaft anschloß – hockenden und sich putzenden Eichhörnchen, nach Krumen flatternden Sperlingsfontänen, an den Geländern beschäftigten, miteinander beschäftigten Hunden, während die linde warme Luft sie überspülte und dem starren, unerstaunten Blick, mit dem sie das Leben hinnahmen, etwas Schrulliges und Sanftmütiges verlieh – Maisie Johnson hatte buchstäblich das Gefühl, Oh! schreien zu müssen (…). (Woolf, 1997, S. 29)

In Zeiten relativer Ruhe können Schriftsteller, die einen manischen Anfall erlebt haben, über ihre Erfahrungen reflektieren und ihre skizzenhaften Aufzeichnungen kritisch unter die Lupe nehmen. Der Preis von Zuständen gesteigerter Erregung sind entsprechende Phasen von Depression, in denen solche Schriftsteller nicht mehr arbeiten können. Dann neigen sie dazu, ihre Arbeit zu verachten und fühlen sich vielleicht in den Selbstmord getrieben. Glücklicherweise kann diese Krankheit heute weitgehend durch Medikamente kontrolliert werden, allerdings möglicherweise um den Preis verminderter Schreiblust.

Selbst in Fällen, in denen eine starke genetische Neigung besteht, eine Krankheit zu entwickeln, können es äußere Ereignisse sein, die sie auslösen. Virginia Woolf bietet Belege für umweltbedingte wie für biologische Ursprünge von Geisteskrankheit. Schmerzliche Ereignisse in jungen Jahren – der Tod geliebter Menschen, sexueller Mißbrauch durch Halbbrüder – konnten eine sensible junge Frau sicherlich traumatisieren. Das unterschwellige Gefühl der Verletzlichkeit trauernder Eltern und die Belastung, eine auseinanderstrebende Familie zusammenhalten zu müssen, können ebenfalls Anfälle von Krankheit auslösen. Für Virginia Woolf war es eine schwierige Erfahrung, ein Buch zu beenden. Der Gedanke an negative Kritiken entsetzte sie. In solchen Zeiten war sie besonders gefährdet, Depressionen zu bekommen. Und die objektiven Umstände ihrer letzten Lebensjahre – der Tod vieler Freunde, der Aufstieg des Nationalsozialismus (und des Antisemitismus), die Bombardierung Großbritanniens, die Verschlechterung ihres eigenen Gesundheitszustands – kündigten weitere Anfälle an, wenn nicht schon den letzten Ausweg des Selbstmords.

Jeder Aspekt ihrer marginalisierten Position in der Gesellschaft hatte seinen Anteil an der Besonderheit von Virginia Woolfs Stimme und Vision. In der von uns verwendeten Begrifflichkeit war sie in der Lage, ihre Asynchronitäten auf fruchtbare Weise auszunutzen. Ich bin jedoch der Auffassung, daß ihr auch das Eintauchen in die Welten des Wahnsinns half, das Wesen bewußter Erfahrung zu erfassen. Nicht nur war sie in der Lage, in ihren Schriften die fragmentartige Erfahrung manischer Zustände und die Verzweiflung der Depression zu vermitteln; ihre prekäre Gesundheit sensibilisierte sie auch in besonderer Weise für die Wunder der bewußten Erfahrung, ihre kostbaren Momente von Klarheit, Offenbarung und Epiphanie.

Virginia Woolf als Künstlerin

Als Künstlerin war Virginia Woolf im Hinblick auf sich selbst und ihr Werk ausgesprochen ehrgeizig. Schon zu einem relativ frühen Zeitpunkt ihrer Karriere sah sie sich als Teil einer talentierten Elite. Sie habe nie einen Schriftsteller getroffen, der nicht eine gewaltige Eitelkeit nährte, schrieb sie 1913 (vgl. Banks, S. 79). Sie hatte Vertrauen in ihr Talent und meinte, daß sie leicht drei Romane schreiben könne, wenn ihr nur ein oder zwei Jahre ohne Krankheit vergönnt wären (vgl. ebd., S. 201). Sie verglich sich mit den bedeutendsten

Autoren ihrer Zeit: Sie äußerte sich ein wenig abschätzig über Arnold Bennett und John Galsworthy, war sich über Thomas Hardys Rang nicht ganz sicher, fühlte sich mit E.M. Forster und T.S. Eliot kollegial verbunden (wenn sie auch mit ihnen konkurrierte), fand James Joyce ärgerlich und Marcel Proust überwältigend. Ihr Verhältnis zu anderen Schriftstellerinnen war unfehlbar von Konkurrenz geprägt – so sehr, daß sie abgesehen von gelegentlichen Ausnahmen wie der Kurzgeschichtenautorin Katherine Mansfield (die jung starb) und der Romanschriftstellerin Vita Sackville-West (die ihre Liebhaberin wurde) ihre Stärken nicht zu würdigen wußte.

Nach ihren Lehrjahren spürte Virginia Woolf zunehmend, daß ein Schriftsteller ewig experimentieren mußte. Sie hatte wenig Respekt für Autoren, die nach einem Modell suchten und dann dabei blieben, oder für jene Autoren, die nur Gelegenheitsarbeiten schrieben. Ein Schriftsteller mußte ihrer Meinung nach die ganze Zeit am Schreibtisch sitzen, ständig neues Material schaffen und besonders im Hinblick auf die Form stets über sich hinausgehen. Sie dachte ständig über Literatur nach und war stolz darauf, bezweifelte sie doch, daß irgend etwas anderes im Leben großen Wert hätte (vgl. Banks, S. 146). Das Bemühen, jede Form zu brechen und eine frische Form des Seins zu finden, das heißt des Ausdrucks all dessen, was sie fühlte und dachte, gab ihr ein Gefühl von Lebenskraft, wenn es glückte (vgl. Simons, 1990, S. 188).

Auf dem Gebiet der Literatur in vorderster Front zu leben, ist der Alptraum eines Neuerers: Sobald ein Durchbruch erreicht ist, muß man nach dem nächsten streben. Einigen Menschen, auch manchmal für Virginia Woolf, kann dieser Drahtseilakt – nicht gar so weit entfernt von den »Auftritten mit hohem Einsatz«, von denen oben bereits die Rede war – ein hohes Maß an Tatkraft verleihen. Woolf verglich sich einmal selbstgewiß mit einem Hasen und ihre Kritiker mit einer Meute von Hunden, der sie weit enteilt sei (vgl. Bell, 1983, Bd. IV, S. 45). Sie konnte der Tatsache ins Auge sehen, daß schreiben ein hohes Risiko bedeutete, sich lächerlich zu machen, und sah eben in diesem Risiko den Sinn ihrer Anstrengung (vgl. Banks, S. 280). Sie wußte, wie sie Erfahrungen bewältigen konnte. Sie war sich bewußt, eine Außenseiterin zu sein und sah sich gerade dann, wenn sie mit dem Rücken zur Wand stand, im Vorteil (vgl. Bell, 1984, Bd. IV,

S. 189). Und doch ist diese Form der Existenz unweigerlich sehr belastend, besonders, wenn die Ergebnisse des eigenen Experimentierens direkt daran meßbar sind, wie sie durch das Umfeld aufgenommen werden: die Anzahl der Kritiken, ihr lobender oder kritischer Ton und die Verkaufszahlen der Bücher. Weit mehr als dickhäutigere Künstler reagierte Virginia Woolf sehr empfindlich auf jede Lobeshymne und jeden Verriß.

Aber Virginia Woolfs Bücher waren weit mehr als ein Vehikel für ihren Ehrgeiz und ihr Konkurrenzbewußtsein. Wie bei jedem ernsthaften Künstler stellten Bücher für sie das Gebiet dar, auf dem sie bedeutende Themen und Gefühle herausarbeitete. Und mit jeder weiteren literarischen Leistung tauchte sie tiefer in ihre eigene Psyche ein, bis in ihre verletzlichsten Winkel. In *Zum Leuchtturm* griff sie ihre Gefühle zu ihrer toten Mutter und ihrem Vater auf; in *Orlando* bewältigte sie ihr zunehmendes Gefühl von Androgynität; ihre Erfahrungen mit Anfällen geistiger Verwirrung ergründete sie ausführlich in *Mrs. Dalloway*, und der Verlust der Besten aus der jüngeren Generation und die Nähe des Todes, den die Älteren spürten, rückte in *Die Wellen* in den Mittelpunkt.

Ihre Werke legen Zeugnis ab von Virginia Woolfs stetem Bemühen, die Abläufe des Bewußtseins, momenthafte Erfahrungen und die rätselhaften Wege der Psyche einzufangen. Virginia Woolf gelangte zu der Überzeugung, daß es mehr als alles andere ihre Mission auf Erden war, als Schriftstellerin zu dokumentieren, was es hieß, ein denkender, fühlender und sinnlich wahrnehmender Mensch zu sein. Andere Intellektuelle nähern sich diesem Thema durch Philosophie, Psychologie oder die Darstellung von Personen aus anderen Zeiten; und Virginia Woolf selbst unternahm dieses anspruchsvolle Unterfangen auch in ihren Briefen, Tagebüchern und Essays. Aber am tiefgründigsten gelang ihr dies, indem sie literarische Charaktere und Szenen aus ihrer eigenen Zeit und Gesellschaftsschicht schuf und darin persönliche Einsichten in die Launen des menschlichen Bewußtseins zum Ausdruck brachte. Sie wollte vor allem nach dem Erfolg dieses Unterfangens beurteilt werden. Obwohl sie unter Anfällen von Depressionen litt, gelang es ihr immer wieder, neue Gründe zum Leben zu finden, und sie verknüpfte mit ihren Tiefpunkten die Hoffnung, zu einer wahrhaftigeren Vision zu gelangen (vgl. Bell,

1977, Bd. I, S. 298). Erst als die Last zu schwer wurde, mit dem Wahnsinn zu leben, beging sie Selbstmord.

Für Virginia Woolf war die Suche nach Einsicht in die menschliche Psyche ein Selbstzweck. Als Künstlerin waren es nur wenige weitere Beweggründe, die sie antrieben, und sie machte sich wenig Illusionen, daß die Kunst die Gesellschaft verändern könne. (Auch hier machte sie sich über die großartigen männlichen Ansichten zu solchen Fragen lustig.) In dieser Hinsicht unterscheidet sich die introspektive Persönlichkeit zutiefst von Menschen, deren Elixier die Einflußnahme auf andere ist. Der Beeinflusser beginnt mit dem Wissen über Menschen – sich selbst und andere –, aber dies ist ein Mittel zum Zweck: ein Mittel, um den Wunsch nach Veränderung der Gesellschaft (auf lokaler oder globaler Ebene) zu erfüllen, in der man lebt. Vielleicht war Mohandas Gandhi zu Beginn seines Erwachsenenlebens (als er zufällig in jenem London lebte, in dem Virginia Woolf aufwuchs) mit seinem eigenen Innenleben beschäftigt. Aber als er sich zur »großen Seele«, zu »Mahatma« Gandhi entwickelt hatte, war es sein Schicksal geworden, Einfluß auf den Lauf der Welt zu nehmen.

7

Kreative Einflußnahme:
Der Fall Mahatma Gandhi

Produktive und destruktive Proteste

1918, kurz vor seinem 50. Geburtstag, trat Mahatma Gandhi als Vermittler bei einem Arbeitskonflikt in der Industriestadt Ahmedabad im Westen Indiens auf. Auf einer Seite des Disputs stand Ambalal Sarabhai, Oberhaupt einer namhaften indischen Familie, die erfolgreich Textilfabriken betrieb und Mahatma Gandhi während seines Aufenthalts im örtlichen Ashram beherbergt hatte. Auf der anderen Seite standen die Textilarbeiter aus den Fabriken der Familie Sarabhai. In einer Zeit hoher Unternehmensgewinne, hoher Steuern und deutlicher Inflation fühlten sich die Textilarbeiter nur ungenügend entlohnt und strebten eine Lohnerhöhung von 35 Prozent an.

Mahatma Gandhi analysierte die Situation sorgfältig. Nachdem frühe Schlichtungsversuche gescheitert waren, rief er die Arbeiter dazu auf, sich in einem Streik vorbildlich zu benehmen: keine Gewalt, kein Betteln, keine Belästigung von Streikbrechern. Sie sollten standhaft bleiben und andere Mittel finden, um in der Zeit des Streiks zu überleben. Mahatma Gandhi seinerseits würde dafür auf eine gerechte Lohnerhöhung drängen. Als die Streikenden unruhig zu werden begannen, schritt Gandhi erneut ein. Dieses Mal entschloß er sich zu fasten – seine eigene Gesundheit in die Waagschale zu werfen –, bis die beiden Parteien sich auf eine Lösung geeinigt hätten. Gandhi beschrieb sein Vorgehen so:

Nach meiner Überzeugung wäre es Treulosigkeit gewesen gegenüber meinem Schöpfer und gegenüber der Sache, für die ich eintrete, wenn ich anders gehandelt hätte. (…) Ich fühlte, daß es ein geheiligter Augenblick für mich war, mein Glaube war einer Bewährungsprobe ausgesetzt, und ich erhob mich ohne Zögern und erklärte den Männern, daß ich einen Bruch ihres so feierlich geschworenen Eides nicht ertragen würde und daß ich keine Nahrung zu mir nehmen wolle, bis sie nicht ihre 35 % Erhöhung erhalten hätten oder bis sie sich moralisch selbst aufgeben würden. (zitiert nach Erikson, 1971, S. 55)

Zuerst waren die Fabrikbesitzer wütend über den Streik. Sie standen fest hinter ihrem Maximalangebot von 20 Prozent Lohnerhöhung. Mahatma Gandhi suchte eine Lösung, die den Belangen jeder Partei Rechnung trüge. Schließlich arbeitete er eine Vereinbarung aus, die vorsah, daß die Textilarbeiter an einem Tag ihre gewünschten 35 Prozent bekämen (so daß ihre Ziele erfüllt wären) und am nächsten Tag 20 Prozent (um die Fabrikbesitzer zu besänftigen), und danach wurde eine dauerhafte Erhöhung von 27,5 Prozent festgesetzt, der arithmetische Kompromiß. Nachdem man sich auf diese Kompromißlösung geeinigt hatte, wurde der Streik beendet. Vielleicht wichtiger noch war, daß eine dauerhafte Schlichtungsmethode gefunden worden war. Die Gandhi-Biographin Judith Brown faßt zusammen:

[Gandhis] Ahmedabad-Kampagne bewies nicht nur, daß sich *satjagraha* [wörtlich »Festhalten an der Wahrheit«, gewaltloser Widerstand] auf eine weitere Konfliktform anwenden ließ, sondern sie zeigt auch schon viele wirkungsvolle Merkmale späterer Kampagnen, die wiederkehrten, wo immer er wirkliche Kontrolle ausübte: die Suche nach einer friedlichen Lösung am Beginn, das heilige Versprechen auf der Höhe der Auseinandersetzung, strenge Disziplin und Läuterung der Beteiligten, wirkungsvolle Öffentlichkeitsarbeit, Schaffung einer Atmosphäre moralischer Autorität und Ausübung moralischen Drucks, und schließlich eine Kompromißlösung, um das Gesicht und die Ehre aller Beteiligten zu wahren. (1989, S. 121)

1922, einige Jahre nach dem Streik, erkannte Mahatma Gandhi eine andere Konfliktregion, die offenbar reif für eine Intervention war: eine Gruppe von rückständigen Bauerndörfern in dem kleinen Regierungsbezirk Bardoli in der Nähe von Bombay. Gandhi wollte der britischen Regierung zeigen, daß sie nicht durch Einschüchterung regieren konnte und Indien ein größeres Maß an Unabhängigkeit gewähren sollte. Er rief zum gewaltlosen Widerstand in diesem Regierungsbezirk auf.

Aber während Gandhi sich an die Spitze des Protestes in Bardoli stellte, kam es in der kleinen Stadt Chauri Chaura etwa 1300 Kilometer entfernt zu Gewalttätigkeiten. Während eines Gerichtsprozesses war es zu einer hitzigen Auseinandersetzung zwischen einer aufsässigen Menge und Polizisten gekommen. Als den Polizisten die Munition ausging, zogen sie sich schutzsuchend in das Rathaus zurück. Die Menge steckte das Rathaus in Brand, und als die Polizisten flüchten wollten, wurden 21 von ihnen und ein Kommissar vom tobenden Mob in Stücke gehackt oder verbrannt. Als Mahatma Gandhi davon hörte, war er völlig bestürzt: Keine denkbare Provokation könne, so sagte er, den brutalen Mord an wehrlosen Menschen rechtfertigen (vgl. Fischer, 1983, S. 170). Widerwillig kam er zu dem Schluß, daß in Indien noch nicht jene Atmosphäre der Wahrhaftigkeit und Gewaltlosigkeit entstanden sei, die allein kollektiven Ungehorsam rechtfertigen könne (vgl. ebd., S. 170).

Mahatma Gandhi war so entsetzt über das Ereignis, daß er die Kampagne in Bardoli aussetzte und alle anderen Protestaktivitäten in ganz Indien abbrach. Dennoch hoffte er, daß noch nicht alles verloren sei. Seiner Meinung nach war die Bewegung vom rechten Weg abgekommen. Sie konnte aber eine Zukunft haben, wenn sie zu ihrem Ausgangspunkt zurückkehrte und vorbehaltlos die Lehren aus dieser Tragödie zog, um den Fluch in einen Segen zu machen (vgl. Brown, 1989, S. 167). Dennoch wurde Gandhi kurz darauf unter dem Vorwurf der Aufwiegelung verhaftet. In einem denkwürdigen Prozeß kamen sowohl er als auch der vorsitzende Richter zu der Überzeugung, nur Schauspieler in einem Drama zu sein, das von mächtigeren Kräften geschrieben wurde. Am Ende verurteilte Richter Robert Broomfield Gandhi zu sechs Jahren Gefängnis.

Neuerer und Beeinflusser

In meiner früheren Untersuchung über sieben kreative Neuerer paßte eines meiner gewählten Beispiele nicht so glatt in das Muster, das sich bei den anderen erkennen ließ: Mahatma Gandhi. Die Arbeit von Neuerern zielt im allgemeinen auf Menschen, die bereits in einer bestimmten Domäne Erfahrung haben: Freud wandte sich an andere Ärzte und Psychologen, Strawinski schuf symphonische Werke und Ballettmusik für ein interessiertes Musikpublikum. Aber als politischer und religiöser Neuerer predigte Gandhi nicht den Bekehrten. Vielmehr war es seine Aufgabe, gewöhnliche Menschen aus verschiedenen Schichten davon zu überzeugen, daß seine Ideen über die menschliche Natur und seine Empfehlungen, wie sich Konflikte am besten lösen ließen, den Handlungsmodellen überlegen waren, denen man zuvor gefolgt war. Um ein Wort aus einem meiner früheren Bücher zu benutzen: Dieser politische Führer mußte einen Weg finden, um den ungeschulten Kopf anzusprechen.

Die Begriffe *Neuerer* und *Beeinflusser* mögen verschiedenen Diskursbereichen entstammen, aber beide Gruppen beispielhaft kreativer Menschen haben klar umrissene Ähnlichkeiten.[1]

Beide üben nämlich auf lange Sicht einen beträchtlichen Einfluß auf das Denken, die Gefühle und das Verhalten anderer Menschen aus.

Neuerer und Beeinflusser lassen sich im Hinblick auf ihre Intention und den Grad ihres Einflusses nicht leicht auseinanderhalten. Vielversprechender ist es, sie voneinander abzuheben, indem man untersucht, wie *unmittelbar* sich ihre jeweilige Einflußnahme auswirkt. Beeinflusser haben durch ihre Botschaft und die Politik, die sie betreiben, einen *unmittelbaren* Einfluß auf ihre Anhänger oder die Öffentlichkeit. Neuerer beeinflussen Menschen, die auf einem bestimmten Gebiet tätig sind, sowie die Öffentlichkeit *indirekt*. Sie tun dies durch die besonderen »symbolischen Produkte«, die sie schaffen, das heißt durch ihre Schriften und Theorien, sowie durch wissenschaftliche Organisationen und Kunstwerke. In den Begriffen menschlicher Entwicklung, die wir oben erörtert haben, operiert der Beeinflusser von Mensch zu Mensch, der Neuerer oder Meister durch die Schaffung symbolischer Objekte oder Produkte, die ihrerseits Einfluß auf andere gewinnen. Sowohl Winston Churchill wie Albert Einstein beeinflußten den Verlauf des 2. Weltkriegs: Churchill *direkt*, indem er seine Landsleute inspirierte und führte, Einstein *in-*

---

1 »Beeinflusser« nenne ich hier Persönlichkeiten, die ich in meinen früheren Studien als politische Führer bezeichnet habe, so wie ich hier das Wort »Neuerer« für hochkreative Menschen eingeführt habe.

direkt durch seine Theorie, mit der er den Bau der Atombombe in den Bereich des Möglichen rückte und erleichterte.

Die meisten Forscher, die sich mit dem Einfluß beschäftigen, den bestimmte Menschen ausüben, haben sich auf die Macht von politischen Führern, die Politik, die sie vertraten, und die Beziehung solcher Persönlichkeiten zur Öffentlichkeit konzentriert. Psychologen richteten dabei ihr Augenmerk auf die Persönlichkeit des politischen Führers. Im Gefolge von Sigmund Freud analysierten sie die Antriebskräfte und Ängste von Führungspersönlichkeiten und konzentrierten sich auf die Kämpfe, die sie in ihrem Leben zu bestehen hatten. Ich bin der Meinung, daß unser Verständnis des Einflusses, den manche Menschen auf andere ausüben, in bedeutender Weise verbessert werden kann, wenn wir den *kognitiven* Aspekt einbeziehen: Einfluß wird danach maßgeblich durch den geistigen Austausch zwischen Führerpersönlichkeit und Anhängerschaft bestimmt. Das wichtigste Vehikel der Beeinflussung ist dabei eine »Geschichte«. Ein Beeinflusser erreicht Wirkung, indem er in seinem Leben die Geschichte verkörpert, die er erzählt.

In der heutigen akademischen Welt sind Geschichten und Erzählungen sehr in Mode gekommen, und ich möchte kurz begründen, warum ich mich dieser Begriffe bediene. Meiner Auffassung nach versuchen Beeinflusser, Veränderungen im Denken und Verhalten ihrer Anhängerschaft zu erreichen. Um dies wirkungsvoll tun zu können, müssen sie bei ihren Anhängern Denkprozesse in Gang setzten. Ein machtvolles Mittel, um dies zu erreichen, ist eine Erzählung, in der sie eine Verbindung mit ihren Anhängern herstellen, indem sie darin die Ziele beschreiben, die sie gemeinsam verfolgen, die Hindernisse, die auf dem Weg liegen, die Maßnahmen, um diese Hindernisse zu überwinden, die wichtigen Etappen auf dem Weg und indem sie versprechen, daß der ersehnte utopische Zustand schließlich erreicht werden kann. Ihre dramatische »Geschichte« ist dann am erfolgversprechendsten, wenn sie sich nicht nur auf die eindrucksvolle Erzählung selbst beschränken, sondern in gewisser Weise in ihrem eigenen Leben den Kern der Geschichte zum Ausdruck bringen und dies anderen überzeugend vermitteln.

Zu beachten ist, daß eine Geschichte nicht einfach nur eine »Botschaft« oder eine »Vision« ist. Es handelt sich um ein voll ausgebildetes Drama, das sich in natürlicher Weise aus den Lebenserfahrungen der nach Einfluß strebenden Persönlichkeit ergibt und das Publikum in dasselbe Bestreben nach Veränderung einbindet. Man könnte sagen, daß eine Erzählung »existentielle Intelligenz« zum Ausdruck bringt – die Fähigkeit, Existenz- und Sinnfragen anzusprechen, die andere Menschen zutiefst berühren. Menschen werden angespornt, sich zu verändern, wenn sie sich mit einer Person oder einer Botschaft identifizieren können, die sie inspiriert. Und sie lassen sich am ehesten durch fesselnde Erzählungen zu einer solchen Identifikation bewegen.

Mahatma Gandhi illustriert die eben beschriebenen Prozesse in Reinkultur. Er wurde in einer Zeit erwachsen, in der der indische Subkontinent vollständig vom britischen Empire beherrscht wurde. Es schien nur allzu offenkundig, daß das britische Kolonialreich stark und einflußreich war, während das Kolonialgebiet Indien schwach und richtungslos blieb. Als sich die Inder der Ungerechtigkeit ihrer Situation bewußt wurden, machte sich Unzufriedenheit mit der britischen Vorherrschaft breit – ganz ähnlich wie bei den aufstrebenden amerikanischen Kolonisten vor zwei Jahrhunderten. Die meisten waren der Überzeugung, daß die wachsende Spannung zwischen beiden Parteien unweigerlich zu einem bewaffneten Konflikt führen mußte, mit beträchtlichem Blutvergießen auf beiden Seiten.

In einem langen Prozeß der Selbsterforschung, des Studiums der Geschichte und von Experimenten, die er in Südafrika unternahm, gelangte Mahatma Gandhi zu der Überzeugung, daß es einen anderen Weg gab, um das Dilemma zu lösen. Man mußte den Konflikt nicht notwendig als Kampf des mächtigen Großbritannien gegen das machtlose Indien sehen (oder des guten Indien gegen das böse England), genausowenig wie man den Kampf zwischen Textilarbeitern und Fabrikbesitzern als Kampf zwischen Recht und Unrecht sehen mußte. Mahatma Gandhi rief die Menschen auf, sich ein anderes, hoffnungsvolleres Szenario vorzustellen, in dem sich beide Parteien auf die Suche nach Verhältnissen begaben, in denen jede einen legitimen Status erreichen konnte. Konflikte müssen nicht gewalttätig sein: Sie können sich nach einer Logik entwickeln, die beiden Parteien das Gefühl von Legitimität gibt, ja sie mit Stolz erfüllt. Dies war eine neue, umfassendere Geschichte, in der die Rivalen von gestern ihre Zwistigkeiten zugunsten eines gemeinsamen Ziels vergaßen.

Gandhi erzählte nicht einfach diese visionäre Geschichte. Er verkörperte ihre Dramatik in seinem eigenen Leben, in seiner Haltung und in seinen Taten. Weder dämonisierte er Großbritannien noch glorifizierte er Indien. Vielmehr kämpfte er tapfer, um die Stärken, Ängste und legitimen Wünsche beider Parteien zu entdecken. Und wenn es tatsächlich zu einem Konflikt kam, weigerte sich Mahatma Gandhi resolut, sich oder seine Anhänger zu bewaffnen. Nach dem Prinzip von *satjagraha* (»Festhalten an der Wahrheit«, gewaltloser Widerstand) mußte der Konflikt mit absolut friedlichen, gewaltlosen Mitteln bewältigt werden. Es war besser, bei einer friedlichen Widerstandsaktion zu sterben, als durch überlegene Waffen zu siegen.

Natürlich wußte Gandhi, daß Konfliktsituationen nicht immer friedlich gelöst wurden. Angesichts der leichten Beeinflußbarkeit des ungeschulten Verstandes war es einfach, Feinde zu dämonisieren. Und angesichts der weiten Verbreitung von Waffen und der aufgepeitschten Leidenschaften konnte der friedliche Widerstand nur allzu leicht einem bewaffneten Konflikt weichen. Mahatma Gandhi zeigte, daß er bereit war, sich an die Spitze des gewaltfreien Widerstands zu setzen, selbst wenn er dafür mit seinem Leben bezahlen sollte.

Lebensmuster von Beeinflussern

Wie in meinen Studien über kreative Neuerer und Meister untersuchte ich die Persönlichkeit des Beinflussers in einer Reihe von Fallstudien. Emma Laskin und ich führten detaillierte Untersuchungen über elf Führerpersönlichkeiten durch und ergänzten sie durch eine Analyse von zehn Führungspersönlichkeiten des 2. Weltkriegs. Diese Studien führten zur Beschreibung eines idealtypischen Beeinflussers.

Menschen, die in exemplarischer Weise Einfluß gewinnen, stammen aus einem breiten Spektrum von Lebensumständen. Franklin D. Roosevelt und Chiang Kai-shek verbrachten ihre Kindheit in materiellem Wohlstand, während George Marshall und Benito Mussolini aus verarmten Familien stammten. Außer jenen, die (wie die Anthropologin Margaret Mead und der Physiker J. Robert Oppenheimer) zunächst eine akademische Laufbahn einschlagen, sind die meisten Beeinflusser in wissenschaftlichen Bereichen nicht sonderlich begabt und haben eine Abneigung gegen schulische Ausbildung. In den Augen anderer sind sie junge Menschen mit Talent und Energie, denen eine klare Vorstellung davon fehlt, welches Ziel sie anstreben sollen.

Beeinflusser neigen zu bestimmten Formen von Intelligenz. Sie müssen sprachbegabt sein, besonders im Hinblick auf die gesprochene Sprache, weil das Erzählen für sie eine große Rolle spielt. Wo sich dieses Talent nicht in natürlicher Weise entfaltet wie etwa beim späteren Universitätspräsidenten Robert Maynard Hutchins, muß es durch Anstrengung entwickelt werden, wie etwa bei Winston Churchill. Auch ein Talent in der geschriebenen Sprache ist willkommen, wenn auch nicht so essentiell, außer bei jenen Menschen, die danach streben, indirekt Einfluß auf andere zu nehmen. Die Fähigkeit, sich grundlegenden Lebensfragen zu stellen – was wir vorhin als »existentielle Intelligenz« bezeichnet haben – hat ebenfalls großen Wert.

Das andere starke Gebiet solcher Persönlichkeiten ist die »personale Intelligenz«, das heißt eine besondere Intelligenz im Umgang mit anderen Menschen. Es ist von entscheidender Bedeutung, daß Beeinflusser andere Menschen verstehen: was sie antreibt, wie man mit ihnen zusammenarbeiten und wie man sie beeinflussen kann, wo dies erforderlich ist. Ein hoher Intelligenzquotient ist in dieser Hinsicht keine Hilfe. (Wie zum Beweis dieser Feststellung zeigen zum Beispiel Studien, daß jene politischen Führerpersönlichkeiten, die über das größte Charisma verfügen, wenig von ökonomischen Fragen verstehen.) Schließlich ist ein kluges Verständnis der eigenen Person für einen erfolgreichen Beeinflusser von großer Bedeutung – die Kenntnis der eigenen, manchmal wechselnden Ziele, der eigenen Stärken, Schwächen und Bedürfnisse.

Vielleicht der auffallendste Zug in den Biographien von Beeinflussern ist ihre Bereitschaft, schon in jungen Jahren Autoritäten herauszufordern und Risiken einzugehen, um ihre Ziele zu erreichen. Beispielhaft in dieser Hinsicht war Heeresgeneral George C. Marshall. Von seiner Neigung her ein zurückhaltender Mensch, war er dennoch furchtlos, wenn es darum ging, sich durchzusetzen. Mit kaum 20 Jahren stürmte er in das Büro des damaligen Präsidenten William McKinley und drängte darauf, eine Prüfung ablegen zu dürfen, um zum Leutnant befördert werden zu können. Als er General Pershing zum erstenmal traf, den Oberbefehlshaber der alliierten Expeditionstruppen im 1. Weltkrieg, kritisierte er ihn öffentlich. Kurz darauf wurde Marshall zu Pershings erstem Adjutanten ernannt. Und als er das erste Mal mit Präsident Franklin D. Roosevelt in kleinem Kreis zusammentraf, wagte er es, dem Präsidenten offen zu widersprechen. Der damalige Finanzminister Morgenthau bemerkte am Ende des Treffens scherzhaft zu Marshall: »Nun ja, schön sie gekannt zu haben.« Aber Marshall wurde wie gewöhnlich befördert, diesmal zum Stabschef des Heeres.

So weit ich feststellen kann, dienen solche Konfrontationen in den meisten Fällen nicht einfach nur dazu, das eigene scharfsinnige Urteil zur Schau zu stellen. Und der künftige Beeinflusser ist dabei auch nicht notwendig verletzend. Vielmehr scheint es, daß er wirklich davon überzeugt ist, eine gegebene Sachlage vollständig zu durchschauen und einen Beitrag zu ihrer Lösung leisten zu können. Etwas in ihm gibt ihm einen Ruck, und er oder sie spricht offen die Meinung aus, selbst auf das Risiko hin, die eigene Position in der Gruppe einzubüßen. Natürlich können wir nichts über Menschen wissen, deren herausfordernde Auftritte in der Öffentlichkeit dazu führten, daß sie verbannt oder getötet wurden. Aber erkennbar handelt es sich um ein Bewußtsein davon, daß man in irgendeiner Weise dazu autorisiert ist, seine tiefsten Überzeugungen zu äußern. Dieses Bewußtsein ist ein wichtiges frühes Erkennungszeichen für einen Menschen, der schließlich in eine Autoritätsposition gelangt.

Machtpositionen zu erreichen ist das eine, eine dauerhafte Veränderung zu bewirken etwas ganz anderes. Nur solche Beeinflusser, die machtvolle Geschichten schaffen können und Verstand und Seele ihrer Anhänger ansprechen, sind wirklich in der Lage, Macht in Einfluß zu verwandeln.

Wir finden keine analogen Fälle öffentlicher Konfrontation im frühen Leben von Neuerern und Meistern. Aber wir können ein funktionales Äquivalent dazu finden – die Herausforderung der Orthodoxie durch das eigene Werk. Ob es sich um Freud handelt, der traditionelle Lehrmeinungen über Hysterie, die kindliche Psyche und Träume außer acht ließ, oder um Virginia Woolf, die Handlung und Charakterentwicklung in ihren literarischen Werken zugunsten einer Erkundung bewußter Erfahrung zerstört: Neuerer stehen am Ende im Widerspruch zu den Ideen und Praktiken ihrer jeweiligen Domäne. Und wenn ihre eigenen Innovationen als Traditionsweisheiten anerkannt sind, setzen sie sich der Gefahr aus, von der nächsten Generation ikonoklastischer Neuerer beiseite geschoben zu werden.

Ich möchte noch einige andere frühe Erkennungsmerkmale erwähnen. Beeinflusser schärfen ihre Fähigkeiten in ihrem unmittelbaren Umkreis: in ihrer Familie, unter Freunden und Klassenkameraden. Dieses Umfeld erweitert sich rasch, so daß die nach Einfluß strebende Persönlichkeit bald mit Hunderten, wenn nicht Tausenden von Menschen zu tun hat. Es ist wichtig, daß Beeinflusser lernen, wie diese Menschen denken, denn ihre Reaktionen werden darüber entscheiden, ob ihre Botschaft auf fruchtbaren Boden fällt. Beeinflusser sehnen sich häufig nach neuen Erfahrungen, durchwandern die Welt, um Neues zu sehen und entfernte Kulturen kennenzulernen. (Merkwürdigerweise scheuen Diktatoren vor dem Reisen zurück, vielleicht, um sich vor komplexen Ansichten über die Welt zu schützen oder um einen Umsturz in ihrer Abwesenheit zu vermeiden.) Ist der künftige Beeinflusser kein Künstler oder Wissenschaftler, besteht keine Notwendigkeit, daß er oder sie ein traditionelles Gebiet beherrscht. Dennoch muß der idealtypische Beeinflusser ganz ähnlich wie andere Schöpferpersönlichkeiten etwa ein Jahrzehnt damit verbringen, die politische Sphäre kennenzulernen oder ein angrenzendes Einflußgebiet in Medien, Militär oder Geschäftswelt.

Viele Beeinflusser, besonders in Politik und Religion, verlieren ein Elternteil (gewöhnlich den Vater), wenn sie jung sind. Viele andere, darunter die amerikanischen Präsidenten Clinton, Reagan und Nixon, haben schwache Väter. Das Fehlen einer starken männlichen Elternfigur stimuliert bei diesen Beeinflussern die Schaffung einer Reihe von Normen, einer eigenen globalen Weltanschauung. Doch handelt es sich dabei durchaus nicht notwendig um eine wohltätige Philosophie; tatsächlich gab es ebenso viele Tyrannen wie Heilige, die im zarten Alter ein Elternteil verloren. Der frühe Verlust eines oder beider Elternteile bedeutet jedoch, daß die Geschichte, die der

Beeinflusser schließlich formuliert, sehr wahrscheinlich seine *eigene* Geschichte ist, die seine eigenen Lebensumstände und seine eigene Identität spiegelt, statt eine Erzählung, die er oder sie von anderen erbt oder übernimmt.

In beinahe jeder Einzelheit weist Mahatma (geboren Mohandas Karamchand) Gandhi das Muster des idealtypischen Beeinflussers, der direkten Führungspersönlichkeit auf. Er wurde 1869 in Porbandar am Arabischen Meer geboren. Seine Familie war nicht reich, aber sie stand bereits seit Generationen in Staatsdiensten. Gandhi war kein besonders guter Schüler und mochte die Schule nicht. Einmal erklärte er, daß er ein durchschnittlicher Mensch mit unterdurchschnittlichen Fähigkeiten sei, ihm dies aber nichts ausmache: Schließlich, so Gandhi, gebe es eine Grenze für die Entwicklung der Intelligenz, nicht aber für die Entwicklung des Herzens (vgl. Nanda, 1985, S. 133). In seiner Familie spielte Moral eine große Rolle, und Mahatma Gandhi verbrachte viel Zeit damit, Recht und Unrecht gegeneinander abzuwägen. Viele Jahre bereiteten ihm selbst nichtige Übertretungen Gewissensbisse. Gandhi fühlte sich besonders dafür schuldig, daß er als junger Mann das Bett seines kranken Vaters verließ, um mit seiner ebenso jungen Braut zu schlafen. Als er in das Zimmer seines Vaters zurückkehrte, war dieser in seiner Abwesenheit gestorben. Von diesem Moment an war Gandhi, wie andere spätere Führungspersönlichkeiten, in moralischer Hinsicht auf sich gestellt und mußte seinen eigenen Verhaltenskodex aufstellen.

Mahatma Gandhi stellte sich offen gegen die Normen, indem er nach England ging, um Jura zu studieren. Diese Entscheidung führte dazu, daß er praktisch aus der Gemeinschaft, in der er aufgewachsen war, verstoßen wurde. In London war Gandhi eine relativ einsame und unbeholfene Person und paßte nicht in die kultivierteren Kreise der Hauptstadt. Wie Sigmund Freud durchlebte er ein ausgedehntes »psychosoziales Moratorium« und trug sich in den drei Jahren, die er in England verbrachte, in kultureller und weltanschaulicher Hinsicht mit verschiedenen Überzeugungen. Anzeichen dafür, daß er keine Angst hatte, sich gegen die Autoritäten zu stellen, traten in dieser Zeit ebenfalls zum Vorschein. Als ein Kollege, Dr. Allison, Verfahrensweisen vorschlug, die Gandhi selbst entsetzlich fand, ergriff er dennoch dessen Partei, um zu verhindern, daß der unglückliche Allison aus der gemeinsamen Gruppe ausgeschlossen würde. Später bemerkte Gandhi dazu, daß er es für eine gerechte Sache hielt, auf der Seite der unterlegenen Partei zu stehen. (vgl. Gandhi, 1948, S. 54).

1891 kehrte Gandhi in sein heimatliches Indien zurück und erfuhr, daß seine Mutter kurz zuvor gestorben war. Zu dieser Zeit beabsichtigte er, eine traditionelle juristische Karriere einzuschlagen. Ein entscheidender Wendepunkt war die unverhoffte Möglichkeit, nach Südafrika zu gehen. Obwohl er eine junge und wachsende Familie zu unterhalten hatte, ergriff er die Chance, in einen anderen entlegenen Teil der Welt zu reisen, um schließlich eine Bühne zu betreten, die weit größer war als seine indische Heimatprovinz.

In Südafrika mußte Mahatma Gandhi entdecken, daß seine indischen Landsleute wie Bürger zweiter Klasse behandelt wurden. Selbst wohlhabenden Indern war es nicht erlaubt, im Zug im Erste-Klasse-Abteil zu reisen oder in guten Hotels zu übernachten. Mit seinem ausgeprägten Gerechtigkeitssinn litt Gandhi immer stärker unter dieser Situation. Er erinnert sich, daß er sich sehr eingehend mit den harten Lebensbedingungen der indischen Siedler beschäftigte und nicht nur darüber las und den Berichten anderer zuhörte, sondern sie durch persönliche Erfahrungen kennenlernte. Gandhi erkannte, daß Südafrika kein Land für einen Inder mit Selbstachtung war, und immer mehr beschäftigte ihn die Frage, wie sich diese Lage verbessern ließe (vgl. Brown, 1989, S. 32).

In Südafrika bildeten sich in Gandhi langsam die Elemente jener Widerstandsstrategie heran, die er viele Jahre später in Indien perfektionieren sollte. Dazu mußte er seine sprachliche und seine »personale Intelligenz«, wie wir es oben genannt haben, vervollkommnen – manchmal durch das Vorbild anderer, manchmal durch eigenes Studium und eigene Versuche. Ein Jahrzehnt lang und länger lernte er, sich schriftlich und mündlich perfekt in der englischen Sprache auszudrücken. Er entwickelte die Fähigkeit einzuschätzen, auf wessen Unterstützung er rechnen konnte – ob Inder, Briten oder Buren – und wem nicht zu trauen war.

Mahatma Gandhi ging häufig Risiken ein. 1897 wurde er von einem weißen Mob auf den Straßen von Durban beinahe ohnmächtig geschlagen. Bezeichnenderweise bedauerte er die unwissenden Menschen, die ihn angegriffen hatten, und brachte sie nicht vor Gericht.

1908 kam er zum ersten Mal ins Gefängnis. Er hatte begonnen, mit *satjagraha* zu experimentieren – nach einer gemeinsamen Basis der Konfliktparteien zu suchen, ohne auf Gewalt zu setzen – und ließ sich widerstandslos verhaften. In seinen letzten Jahren in Südafrika suchte Gandhi, angewidert von den rassistischen Gesetzen des Landes, immer stärker die Konfrontation: Er verbrannte öffentlich seine Aufenthaltsgenehmigung, führte Protestmärsche an, in denen sich Tausende von Menschen als Friedensarmee auf den Weg machten; er versuchte, die Gefängnisse mit seinen Landsleuten zu überfüllen.

Diese Erfahrungen stärkten Mahatma Gandhi, ja sie formten ihn. Die Konfrontation mit der bitteren Realität stählte seine Entschluß-kraft. Der Kreis der Menschen, die Gandhi als ehrenhaften Mann respektierten, der viel erreichen konnte, ohne Feindseligkeit zu erwecken, wuchs unaufhörlich.

Mahatma Gandhis persönliche Einstellungen wandelten sich grundlegend. Er fand, daß es nicht ausreichte, zu Wohlstand und Besitz zu gelangen, Einfluß und eine große Familie zu haben. Er fühlte, daß er sich spirituell erneuern mußte. Er gab sein geschäftiges Leben und seinen Beruf in Johannesburg auf und zog mit seiner Frau und den vier Söhnen auf die Farm Phoenix House am Rande von Durban. Gandhi suchte bewußt ein einfacheres Leben. Er vertiefte sich in Fragen der Gesundheit und Gesundheitsfürsorge. Er machte täglich Übungen und bereitete sein eigenes Essen zu. Und dann, 1910, gründetet er die Tolstoy Farm – zusammen mit Menschen verschiedener Religionen aus unterschiedlichen Teilen Indiens. Die Bewohner lebten wie Mitglieder einer großen Familie zusammen und führten ein asketisches, kooperartives und moralisch exemplarisches Leben. Gandhi spürte, daß es nicht möglich war, Moral zu vertreten und ein besseres Leben für seine Leute anzustreben, solange er nicht selbst moralische Autorität erlangte und verkörperte. Erst mußte er sich selbst reinigen, bevor er Forderungen an andere stellen konnte.

Gandhi kehrte Anfang 1915 nach Indien zurück. Nachdem er 26 Jahre im Ausland gelebt hatte, war er zu dieser Zeit in seiner Heimat praktisch ein Fremder. In Absprache mit seinem Mentor, Gopal Krishna Gokhale, enthielt er sich im ersten Jahr nach seiner Rückkehr öffentlicher Äußerungen. Statt dessen reiste er mit einer Eisenbahnfahrkarte dritter Klasse durch Indien, machte sich mit den Lebensbedingungen vertraut und überlegte sich mögliche Strategien, die er (und seine Anhänger) in den folgenden Jahren einschlagen könnten. Seine Versuche in Südafrika und die Eindrücke seiner Reise durch Indien führten zu Plänen für soziale Protestaktionen, die er in seinen letzten dreißig Lebensjahren in Ahmedabad, Bardoli und an vielen anderen Orten in ganz Indien umsetzte.

Geschichten für den ungeschulten Kopf

Ein idealtypischer Beeinflusser schafft eine Geschichte und muß in der Lage sein, den Kontakt zu einem Publikum herzustellen, das ihm oder ihr hilft, diese Geschichte Wirklichkeit werden zu lassen. In diesem dialektischen Aspekt unterscheiden sich Beeinflusser stark von Neuerern. Bis zur Zeit ihres Durchbruchs müssen Neuerer vor allem mit Gegenständen ihres Feldes ringen, mit Symbolsystemen, die von Vorgängern geschaffen wurden, um das Wesentliche zu erfassen und zu etwas Neuem zu formen. Im Gegensatz dazu müssen Beeinflusser – Architekten dominanter Erzählungen – immer in Kontakt mit anderen Menschen sein, ihre Geschichte erproben, Anpassungen vornehmen, die Reaktionen überprüfen, und sie müssen diesen Zirkel von Erprobung, Anpassung und Überprüfung unendlich oft wiederholen. Die Geschichte muß hinreichend neu sein, um auf Interesse zu stoßen, aber sie darf wiederum nicht so originell sein, daß ihre Glaubwürdigkeit in Frage steht. Und wenn Beeinflusser wollen, daß ihre Geschichte einen bleibenden Einfluß ausübt, müssen sie eine Organisation schaffen oder sich an die Spitze einer schon vorhandenen Organisation stellen, die ihnen hilft, die Geschichte bei ihren Anhängern am Leben zu erhalten.

In beiderlei Hinsicht sah sich Mahatma Gandhi mit Schwierigkeiten konfrontiert. Am Anfang stand für ihn die Erkenntnis, daß Inder und Briten keineswegs vorurteilsfrei waren. Ganz im Gegenteil. Er wußte, daß jede der beiden Gruppen fast ausschließlich negative, empörende Stereotype verinnerlicht hatte: Die Inder sahen die Briten als aufgeblasene Tyrannen, die jedes aufkeimende Anzeichen von Nationalismus erstickten; die Briten ihrerseits sahen die Inder als schwach und unfähig, als Menschen, die nicht in der Lage waren, sich selbst zu regieren. Außerdem konnte sich Gandhi weder in Südafrika noch in Indien auf Massenorganisationen stützen. Statt dessen mußte er in beiden Ländern selbst eine Organisation, ja *viele* Organisationen »zusammenschustern« und zusammenhalten. Wie wir gesehen haben, funktionierte dies nicht immer – zum Beispiel hielt die Organisation in Ahmedabad, aber nicht in Chauri Chaura.

Damit sich neue Geschichten durchsetzen können, müssen sie die bestehenden Geschichten – die ich als »Gegenerzählungen« bezeichne – besiegen. Erfolgreiche Beeinflusser schaffen Geschichten, denen es gelingt, die Gegenerzählungen, die sich in den Köpfen des Publikums festgesetzt haben, zu verdrängen. Wenn das Publikum kultiviert ist und viele gemeinsame Erfahrungen teilt, kann es sich der Beeinflusser erlauben, eine Geschichte zu erzählen, die neu und kompliziert ist. Dieses Privileg genießen kreative Neuerer, die in einer relativ fest umrissenen Domäne arbeiten. Wenn aber, wie es bei bedeutenden Beeinflussern gewöhnlich der Fall ist, die Zielgruppe ausgesprochen heterogen ist, dann muß ihre Geschichte so beschaffen sein, daß sie vom ungeschulten Verstand begriffen werden kann.

Klassische und machtvolle Geschichten, die den ungeschulten Verstand ansprechen, sind »manichäische« Erzählungen, in denen die Welt als Kampf zwischen Gut und Böse gedeutet wird. Vielen nach Einfluß strebenden Persönlichkeiten ist es gelungen, die Menschen in zwei Gruppen zu unterteilen (wir und sie): Sie nährten erfolgreich den Konflikt zwischen beiden Gruppen und scharten die Mitglieder der Wir-Gruppe um sich, um über »die anderen« zu siegen. Verkürzend kann man sagen, daß etwa die britische Premierministerin Margaret Thatcher sich mit großem Erfolg einer solchen Geschichte bediente, indem sie ihre »*Tory story*«, die konservative Geschichte individuellen Unternehmertums, gegen die sozialistische Vision ihrer Rivalen von der Labour Party ins Feld führte. Andere sehr einfache Geschichten dieser Art setzten Diktatoren wie Hitler ein (»Recht hat, wer die Macht hat«) oder andere nationalistische Regimes (»die Nation steht über allem«).

Es ist möglich, komplexere Geschichten zu erzählen, aber dies erfordert sehr viel Zeit. Die nach Einfluß strebende Persönlichkeit wird in diesem Fall zum Erzieher und lehrt ihre Zuhörerschaft mit der

Zeit, differenzierter zu denken. Meiner Auffassung nach kommt Mahatma Gandhi ein heldenhafter Status zu, gerade weil es ihm in vielen Jahren gelang, Tausende, vielleicht Millionen von Menschen zu überzeugen, in zentralen menschlichen Belangen anders zu denken.

Im Falle Gandhis waren die Gegenerzählungen, die den ungeschulten Kopf ansprachen, nur allzu vertraut: Je nach Standpunkt standen auf der einen Seite die starken (oder tyrannischen) Briten, auf der anderen die schwachen (oder edlen) Inder. Auf der Grundlage solcher simplifizierenden Einschätzungen war man allgemein der Auffassung, daß der Kampf letzten Endes mit Gewalt ausgetragen werden mußte: mit britischen Waffen und dem Prestige der Kolonialmacht auf der einen und der Überzahl und dem nationalistischen Eifer der Inder auf der anderen Seite. Gandhi gelang es, Menschen auf der ganzen Welt davon zu überzeugen, die Dinge in einem anderen Licht zu sehen: Man sollte, so Gandhi, Menschen nicht nach ihrer Hautfarbe oder der Geschichte ihrer Vorfahren beurteilen, sondern sie als Mitmenschen sehen; Meinungsverschiedenheiten lassen sich auf gewaltlose Weise austragen; und – die aufregendste Botschaft – beide Parteien in einem Konflikt gewinnen Stärke, wenn sie sich in einer gewaltlosen Konfrontation mit Respekt behandeln. In unserer Zeit hat Nelson Mandela einen ähnlichen Weg eingeschlagen.

Auf den ersten Blick mag es so scheinen, daß eine Geschichte, die möglichst viele einschließt, erfolgreicher ist als eine, die andere ausschließt. Das heißt, je breiter das Wir-Gefühl, desto wahrscheinlicher wird die nach Einfluß strebende Persönlichkeit Unterstützung finden und ihre Mission erfüllen. Dies mag bis zu einem bestimmten Punkt richtig sein. Wenn sich niemand mit dem Beeinflusser identifiziert, wird er schließlich kaum Erfolg haben können. Es gibt jedoch unerwartete Nachteile, wenn das »wir« allzu viele Menschen einschließt. Wird das gemeinsame Dach zu groß, werden nämlich jene Menschen, die sich zuvor als etwas Besonderes fühlen durften, unzufrieden und bilden eine ideale Zielgruppe für eine neue (oppositionelle) Führungspersönlichkeit. Es ist in dieser Hinsicht bezeichnend, daß Mahatma Gandhi nicht von einem rivalisierenden Moslem, sondern von einem Mitglied der Glaubensgemeinschaft ermordet wurde, der er selbst angehörte: von einem Hindu. Ein ähnliches Schicksal erlitt 1995 der israelische Premierminister Yitzhak Rabin.

Ich habe von der »Schaffung einer Geschichte« im Sinne eines bewußten Prozesses gesprochen. Tatsächlich gibt es im Entstehungsprozeß einer Erzählung eine starke intentionale Komponente, besonders in einer Zeit der »Image-Macher« und »PR-Strategen«. Dennoch ist es nur dann wahrscheinlich, daß ein Beeinflusser Erfolg hat, wenn seine Geschichte authentisch ist, auf seinen eigenen Erfahrungen aufbaut und etwas mit der gelebten Erfahrung des Publikums zu tun hat. Wenigstens ein Teil dieser Kommunikation vollzieht sich unbewußt, und die Geschichte läßt sich nicht von ihrem lebendigen Erzähler trennen, ob es sich nun um den einfach gekleideten Gandhi oder den bulldoggenartigen Winston Churchill handelt.

Die letzte Kampagne

Die Ereignisse in Ahmedabad und Chauri Chaura waren lediglich frühe Gefechte einer Kampagne von weit größeren Ausmaßen. Gandhi wollte die ganze Welt überzeugen, daß Indien nicht daran gehindert werden durfte, langsam, aber unausweichlich die volle Unabhängigkeit zu erlangen. Es ist wohl nicht möglich, einen genauen Zeitpunkt anzugeben, wann Mahatma Gandhi der Welt diese Botschaft vermittelte; der Salzmarsch im Jahre 1930 zum Beispiel ist dafür ein ebenso guter Kandidat wie jede andere seiner Kampagnen. Ausgelöst wurde der Marsch durch die Einführung einer Salzsteuer in Indien durch die Briten, eine Maßnahme, die in einem Land, in dem Salz im wahrsten Sinne des Wortes eine Frage von Leben und Tod ist, allgemein als empörend ungerecht und rückschrittlich empfunden wurde.

Am 12. März 1930 machten sich Mahatma Gandhi und seine Anhänger auf einen über 300 Kilometer langen Marsch von Ahmedabad in Richtung Küste. Die Menge wuchs jeden Tag und der Zug erreichte schließlich eine Länge von drei Kilometern. In jedem Ort auf dem Weg wurden Menschen davon überzeugt, sich dem symbolischen Protestakt anzuschließen, der darin bestand, Salz aus dem Meer zu gewinnen. Diese Aktion war technisch gesehen eine Verletzung des Gesetzes, denn jeder Teilnehmer umging auf diese Weise die Steuer auf legal hergestelltes Salz. In einer Aktion, mit der Gandhi bewußt an die berühmte Boston Tea Party anknüpfte – die Vernichtung einer Teeladung im Hafen von Boston, mit der die amerikanische Revolution eingeleitet wurde –, übermittelte er den britischen Kolonialherren praktisch die Botschaft: Bestraft uns für eine vernünftige Aktion und zeigt der Welt, wer ihr wirklich seid; oder nehmt das Gesetz zurück und zeigt der Welt, wer ihr sein könntet – und wir werden es euch gleichtun.

Zunächst machte sich unter den Marschierern leichte Enttäuschung breit, da die Kolonialregierung auf diesen Akt zivilen Ungehorsams nicht reagierte. Aber bald kam es in ganz Indien zu Protesten. Jawaharlal Nehru zufolge, Mahatma Gandhis langjährigem Weggefährten, war plötzlich eine Lawine ins Rolle gekommen (vgl. Bondurant, 1958, S. 94). Gandhi wurde zusammen mit anderen, die an der Kampagne beteiligt waren, festgenommen. In einer dramatischen Konfrontation griffen dann Polizisten in der Nähe der Dharasana Salzwerke offen einen Zug disziplinierter Demonstranten (*satjagrahis*) an. Die Demonstranten erwiderten den Angriff nicht mit gleicher Münze, sondern ertrugen die Schläge auf ihre Köpfe und Körper, bis sie zu Boden fielen. In einer berühmten Mitteilung informierte Webb Miller, Reporter bei United Press, die Welt: »Es gab keinen Kampf, keine Auseinandersetzung; die Marschierer gingen einfach weiter, bis sie niedergeschlagen wurden. Die Polizei begann, die sitzenden Männer brutal in den Bauch und in die Hoden zu treten und sie in die Gräben zu werfen« (zitiert nach Shirer, 1979, S. 98). Schließlich schlugen die Briten den Aufstand nieder, aber zu einem hohen Preis: Die moralische Macht, die Großbritannien über Indien auszuüben meinte, war dauerhaft erschüttert.

Nach solchem Blutvergießen war es nur eine Frage der Zeit, bis die britische Herrschaft über Indien zusammenbrechen würde und Indien eine freie Nation wurde. Ohne Zweifel wurde dieser Prozeß durch den 2. Weltkrieg beschleunigt: Um sein eigenes Überleben kämpfend, hatte Großbritannien wenig Energie, um sich auf dem indischen Subkontinent zu behaupten. Tatsächlich ereigneten sich die wichtigsten Konflikte dann nicht zwischen England und einem vereinigten Indien, sondern zwischen Hindus und Moslems, wobei die Hindus nach einer einzigen Nation strebten, während die Moslems die Teilung des Landes forderten. Diese mörderische Auseinandersetzung führte zu eben jenem Blutvergießen, dessen Beendigung Gandhi zu seiner Lebensaufgabe gemacht hatte. Die grausamste Ironie war, daß Gandhi nur Monate nach der Unabhängigkeit auf dem Weg zu einer Gebetsstätte von einem extremistischen Hindu ermordet wurde.

Mit dem Scheitern umgehen

Menschen scheitern ständig, und mit ihren großen Zielen (und vergleichbar großen Egos) laufen Menschen, die nach Einfluß streben, in besonderer Weise Gefahr zu scheitern. Tatsächlich erlebten alle Führungspersönlichkeiten, die ich untersucht habe, kleinere und auch sehr entmutigende Mißerfolge und Niederlagen. Im Alter von dreißig Jahren waren Stalin und Hitler völlig bedeutungslose Menschen, und jeder Gedanke daran, daß sie in Kürze die Weltgeschicke bestimmen würden, wäre lächerlich erschienen. Mao Zedong verlor nahezu seine gesamte Anhängerschaft, als er in seinen Dreißigern war. Wenn nicht der 2. Weltkrieg ausgebrochen wäre, hätten sich ihre Landsleute niemals Winston Churchill oder Charles de Gaulle zugewandt, und ihre kurzen Biographien hätten traurig die große Diskrepanz zwischen ihren wunderbaren Talenten und der geringen Bedeutung vermerkt, zu der sie es auf der Weltbühne gebracht hatten. Für jede erfolgreiche Kampagne konnte Gandhi eine Aktion auflisten, die in der einen oder anderen Weise gescheitert war und häufig Opfer gefordert hatte.

Führungspersönlichkeiten scheitern aus vielerlei Gründen: Sie sind nicht so überzeugend, wie sie gerne wären; die Umstände sind nicht die richtigen; ein Rivale (oder Gefährte) nutzt einen günstigen Moment zu seinem Vorteil. Häufig übernehmen sie sich und werden von reaktionären Kräften zurückgeworfen. Einige, wie Magaret Thatcher, fordern beständig das Schicksal heraus, treiben die Dinge unablässig voran, bis das Gebäude, das sie errichtet haben, über ihnen zusammenbricht. Anhänger sind nicht immer dankbar, besonders Leuten gegenüber, die ihnen zuviel abverlangt haben: sowohl

Winston Churchill wie Charles de Gaulle wurden nach dem 2. Weltkrieg abgewählt. Tatsächlich segeln im Windschatten von übermenschlichen Gestalten häufig mittelmäßige Menschen, die sich entweder damit zufriedengeben, sich auf den Lorbeeren ihrer Vorgänger auszuruhen, oder langsam ihr ehrfurchtgebietendes Lebenswerk zerstören. Gandhi hatte das Glück, daß der äußerst fähige Nehru das befreite Indien führte. Später jedoch wurde das Land von einer Reihe schwungloser Persönlichkeiten regiert, die viel vom Erbe Gandhis und Nehrus verspielten. Mahatma Gandhi hat vielleicht einen größeren Einfluß auf andere Gesellschaften wie Südafrika, die Vereinigten Staaten und Bürgerrechtsbewegungen ausgeübt, als auf sein eigenes Land.

Ich war überrascht, wie Beeinflusser mit ihren Niederlagen umgehen. Solche Persönlichkeiten nehmen einen Rückschlag nicht als Anlaß, um aufzugeben. Tatsächlich ist es unwahrscheinlich, daß sie in einer Niederlage überhaupt ein Scheitern sehen. Vielmehr scheinen sie dagegen gewappnet zu sein, schöpfen aus Niederlagen neue Kraft und werfen sich mit um so größerem Tatendrang wieder in die Schlacht. Richard Nixon, dem Niederlagen nicht unbekannt waren, sah sein Leben als eine Reihe von Krisen, auf die er antworten mußte. Er betonte wiederholt, daß man niemals besiegt ist, wenn man verliert, sondern nur dann, wenn man aufhört zu kämpfen.

Niemand hat dies besser auf den Punkt gebracht als Jean Monnet, der in den sechzig und mehr Jahren, die er für ein vereinigtes Europa kämpfte, mehr als sein Soll an Niederlagen einstecken mußte. Monnet sagte: »Ich betrachte jede Niederlage als Chance.« Henry Ford fand, daß eine Niederlage eine Gelegenheit sei, noch einmal auf intelligentere Weise zu beginnen. Ich habe ähnliche Aussprüche in den Reden und Schriften beinahe jedes Beeinflussers entdeckt, mit dem ich mich befaßt habe.

In dieser Hinsicht ist Gandhi exemplarisch. Er erkannte seine Mißerfolge – einen »Schnitzer von der Größe des Himalaja«, nannte er in einem berühmten Ausspruch einen davon (Gandhi, 1948, S. 424). Nie aber ließ er es zu, daß ihn ein Mißerfolg von seinem Weg abbrachte, an den er mit ganzem Herzen glaubte. Statt dessen sah er sein Leben nur als eine Reihe von »Experimenten mit der Wahrheit«. Solche Experimente waren für ihn ein fester Bestandteil seines Lebens. Sie gehörten wesentlich zu seinem geistigen Frieden und zu seiner Selbstverwirklichung (vgl. Gandhi, 1948, S. VII). Er dachte über jede Erfahrung nach, lernte aus ihr, teilte seine Erkenntnisse mit allen, die sie hören wollten, und warf sich dann oft mit noch größerer Energie erneut in den Kampf. »Die Erfahrung hat mich gelehrt«, so erzählt er seinen Lesern, »daß die Pläne des Menschen häufig von Gott durchkreuzt werden, aber wenn das letzte Ziel die Suche nach Wahrheit ist, ist das Ergebnis niemals schädlich, ja es ist häufig besser als erwartet, ganz gleich, wie sehr die Pläne des Menschen zunichte werden« (1984, S. 270). Gandhi akzeptierte entschlossen das Leiden des gewaltlosen Widerstandskämpfers, des *satjagrahi*. Ein *satjagrahi* unterschied sich seiner Meinung nach von den meisten Menschen dadurch, daß er sich Beschränkungen nicht aus Angst vor Bestrafung auferlegte, sondern freiwillig, eben weil er glaubte, daß dies im allgemeinen Interesse sei (vgl. Fischer, 1983, S. 85). Als er zu sechs Jahren Haft verurteilt worden war, bewies Gandhi, wie er Rückschläge in konstruktiver Weise bewältigen konnte. Ohne Ironie erklärte er Lord Broomfield, dem vorsitzenden Richter: »Was das Urteil betrifft, so bin ich durchaus der Meinung, daß es so mild ist, wie ich es von irgendeinem anderen Richter erwartet hätte, und im Hinblick auf das Verfahren muß ich sagen, daß ich mir keine größere Höflichkeit hätte wünschen können« (zitiert in Payne, 1990, S. 367).

Beeinflusser unterscheiden sich von uns anderen vielleicht nicht in der Größe ihrer Niederlagen, sondern in der Art, wie sie ihre Mißerfolge deuten. Wenn Ereignisse außer Kontrolle geraten, folgern sie daraus nicht, daß sie für ihre Position unfähig sind oder ihre Sache ungerecht ist. Vielmehr gelingt es ihnen, die Situation in ein solches Licht zu rücken, daß sie sich als Möglichkeit darstellt, aus der sie (und ihre Anhänger) eine Lehre ziehen können. Helfen mag ihnen dabei die sogenannte »kognitive Dissonanz«: Nach einem Rückschlag fühlen sich ihre treuen Anhänger häufig der Sache nicht weniger, sondern stärker verpflichtet. Und sie werden ermutigt nachzudenken, neue Pläne zu schmieden und, solchermaßen gestärkt, vorwärts zu gehen. Tatsächlich schien es Gandhi besondere Freude zu bereiten, von Bemühungen zu berichten, die gescheitert waren, und über die Lehren zu reflektieren, die sich daraus ziehen ließen. Sein Kummer sei es, der ihm Flügel verleihe, sagte er gerne (vgl. Brown, 1989, S. 381). In Gesellschaften, die schwierige Zeiten durchgemacht haben, werden oft jene zu Helden, die trotz ihres scheinbaren Mangels an Erfolg ausharren – möglicherweise, weil sie glauben, daß diese Bemühungen im späteren Leben mit Ruhm bedacht werden.

Mißerfolge schrecken Persönlichkeiten, die nach Einfluß streben, nicht ab – ja sie spornen sie noch zusätzlich an. Gleichzeitig sind sie jedoch selten mit ihrem Erfolg zufrieden. Ihre Ziele sind hochgesteckt, und häufig ziehen sie ihre Energie eher aus dem Kampf als aus dem Ergebnis. Vielleicht gefällt es ihnen besser, sich in einer bedrängten Lage zu befinden oder sogar isoliert zu sein, als unkritisch verehrt zu werden. Sowohl Thomas Jefferson als auch Mao Zedong riefen zu einer Revolution in jeder neuen Generation auf – vermutlich, weil sie befürchteten, daß Zufriedenheit mit dem Status quo den Verlust von Begeisterung bemänteln oder einen Rückfall in die Mittelmäßigkeit bedeuten könnte. Gandhi erklärte zu seinen Methoden des gewaltlosen Widerstandes, daß er für sie keine Endgültigkeit beanspruche, sondern im Hinblick auf sie offen bleibe (vgl. 1948, S. VIII). Es ist kaum eine Übertreibung, wenn man feststellt, daß alle Beeinflusser mit ihrer Mission letztlich scheitern. Was ihnen Kraft verleiht, ist das hohe Ziel ihrer Anstrengung, und die Hoffnung – mehr noch die Überzeugung –, daß sie in irgendeiner Weise eine dauerhafte Wirkung auf die späteren Generationen ausüben.

8

Spielformen des Außergewöhnlichen

Bestandsaufnahme

Wenn es sich bei diesem Buch um einen geisteswissenschaftlichen Essay handeln würde, dann wären wir jetzt ans Ende gelangt, denn dafür würde uns ein volles Verständnis der einzelnen Persönlichkeiten ausreichen, mit denen wir uns hier befaßt haben. Aber selbst eine grobe Typologie von vier Arten außergewöhnlich kreativer Menschen übersteigt bereits eine solche Herangehensweise.

Auch aus unserer Perspektive interessieren uns Mozart, Freud, Woolf und Gandhi in ihrer jeweiligen Besonderheit. Aber als Psychologe (und Sozialwissenschaftler) versuche ich, diese Individuen nicht nur aus sich selbst heraus zu verstehen, sondern sie als Repräsentanten für die unterschiedlichen Möglichkeiten zu begreifen, in denen Menschen in außergewöhnlicher Weise kreativ sein können. Und soweit dies möglich ist, möchte ich damit zugleich in Umrissen andere Formen von kreativer Intelligenz und die Muster bestimmen, die ihnen zugrunde liegen. Schließlich möchte ich versuchen, die Entscheidungen zu verstehen, die Menschen treffen, die eine außergewöhnliche Kreativität entwickeln.

In den ersten Kapiteln dieses Buches habe ich die Kategorien eingeführt, auf denen mein Ansatz zum Verständnis von kreativer Intelligenz basiert. Bei den einzelnen Fallstudien habe ich sie weitgehend außer acht gelassen – und dies hat vielleicht auch dazu beigetragen, die Lektüre angenehmer zu machen. Aber nun ist es an der Zeit, auf diese Kategorien zurückzukommen und zu versuchen, kreative Intelligenz in eine breitere Perspektive zu rücken.

Von den Unterscheidungen, die ich erwähnt habe, erweisen sich drei als ausschlaggebend. Erstens gibt es einen Unterschied zwischen dem Interesse für die Bildungsdomänen, die in der eigenen Gesellschaft bestehen, und dem Interesse für die Menschen, die in dieser Gesellschaft leben. Die frühe Hinwendung zu einer Wissensdomäne ist grundverschieden von der Hinwendung zur Sphäre des Menschen. Solche unterschiedlichen Neigungen geben sich schon früh zu erkennen und dauern das ganze Leben an. Unsere ersten beiden idealtypischen Vertreter kreativer Intelligenz – Mozart und Freud – haben wir im Hinblick auf ihre Beziehung zu ihren jeweiligen Gebieten beschrieben: Mozart als Student der Kunst der Musik, Freud als Student der Wissenschaft der Psychologie. Unsere letzten beiden Beispiele haben wir im Hinblick auf ihre Beziehung zu Menschen beschrieben: Virginia Woolf wandte sich nach innen, sich selbst zu, Gandhi wandte sich den anderen Menschen zu.

Eine zweite Unterscheidung betrifft die Frage, ob im jeweiligen Gebiet eine Revolution angestrebt wird oder nicht. Diese Unterscheidung ergibt sich deutlich aus dem Vergleich von Mozart und Freud. Als ein Meister (und, am Anfang, als Wunderkind) strebte Mozart danach, in den Grenzen der etablierten Musikgattungen die kraftvollsten Werke zu schaffen. Wie die Dichter und Schriftsteller Keats, Tolstoi und George Eliot gilt Mozart als Künstler, der sein Gebiet zum Kulminationspunkt führte. Als kreativer Neuerer erprobte Freud verschiedene Gebiete in seiner Gesellschaft, fand sie aber ungenügend. Befriedigung erlangte er erst, als er ein im wesentlichen neues Gebiet geschaffen hatte, innerhalb dessen er und seine Mitarbeiter arbeiten und nach dessen Maßstäben sie beurteilt werden konnten. Diese Unterscheidung zwischen »Akzeptanz« und »Ablehnung« eines Gebietes erweist sich in der Sphäre der Menschen als weniger scharf. Aber sowohl Virginia Woolf als auch Mahatma Gandhi versteht man hier am besten als Neuerer. Was immer ihr ursprünglicher Ausgangspunkt war: Virginia Woolf stellte (anders als George Eliot) die gängige Romanform in Frage, während Gandhi (anders als Margaret Thatcher) neue politische Aktionsformen einführte.

Wir könnten also sagen, daß außergewöhnlich kreative Individuen, mehr oder weniger bewußt, in zweierlei Hinsicht eine Wahl treffen, nämlich ob sie sich auf Menschen oder Objekte konzentrieren, und ob sie ihre Kraft zur Perfektionierung der Praktiken in einer Domäne einsetzen oder diese ablehnen und neue Praktiken einführen.

Eine dritte Unterscheidung betrifft die Art, wie Kreativität und andere Formen außergewöhnlicher Intelligenz in dieser Untersuchung verstanden werden. Sowohl in der Psychologie wie im alltäglichen Verständnis war es gang und gäbe, Kreativität allein beim kreativen Individuum zu suchen – dieser oder jener Mensch ist kreativ, ein anderer nicht. Dank des neuen Ansatzes von Mihaly Csikszentmihalyi können wir Kreativität heute jedoch aus der Dynamik dreier unterschiedlicher Elemente deuten: dem *Individuum* mit seinen oder ihren Talenten; der jeweiligen *Arbeitsdomäne* und dem Urteil, das über das Individuum und seine Arbeit vom jeweiligen *Umfeld* gefällt wird.

Noch aufschlußreicher wird die Analyse, wenn wir diese Triade wie folgt erweitern: Das Individuum wird dabei als Ausgangspunkt eines Geflechts gesehen, zu dem die Familie und die örtliche Gemeinschaft gehören; das jeweilige Tätigkeitsgebiet wird als Ausgangspunkt für ein Spektrum kultureller Ausprägungen verstanden, und das jeweilige Umfeld dient als Ausgangsbasis für die weitere Gesellschaft. Alle drei Sphären überlappen sich, wo sich das Augenmerk auf das Individuum in seiner ursprünglichen Beziehung zu seiner Tätigkeit richtet. So gelangt man zu einem nuancierteren Diagramm:

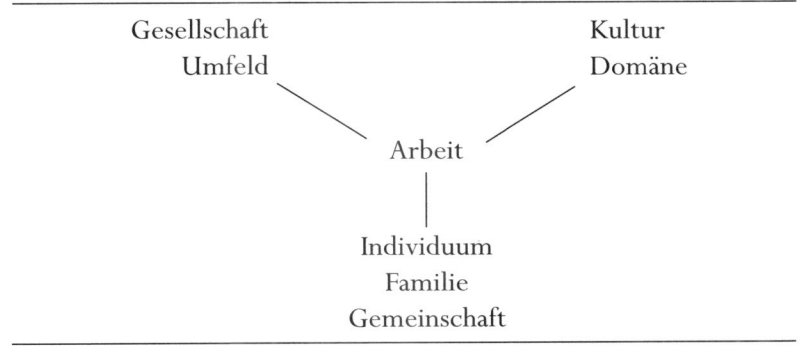

Diese Unterscheidungen erlauben Sozialwissenschaftlern, ausgedehnte Theorie- und Forschungsbereiche einzubeziehen – zum Beispiel das Wissen über eine familiäre Situation mit dem weiteren kulturellen Kontext zu verknüpfen. Sie sind auch für eine allgemeine Untersuchung relevant, helfen sie uns doch, Formen kreativer Intelligenz zu identifizieren, die auf andere Weise nicht zu erkennen gewesen wären, und die Beziehungen zwischen den verschiedenen idealtypischen Formen von Intelligenz zu erfassen, die ich hier vorgestellt habe.

Dazu einige Beispiele. Ein Wunderkind wie Mozart erscheint als ein Individuum, das zufällig über ein Talent verfügt, das sehr gut in ein vorhandenes Gebiet paßt; tatsächlich könnte diese Übereinstimmung zwischen Mozarts Intelligenz und der klassischen Musik seiner Zeit bereits im vorhinein bestanden haben. Die Talente eines Neuerers wie Sigmund Freud passen besser zu einer Domäne, die es noch zu entdecken gilt, und zu einem Umfeld, das erst noch geschaffen werden muß. Virginia Woolf erscheint als ein Individuum mit einem besonderen Interesse für die Welt der Personen, zunächst ihrer Familie, schließlich für die Mitglieder des Bloomsbury-Kreises. Gleichzeitig ist sie zunächst eine Meisterin des Schreibens und dann in zunehmendem Maße die Schöpferin neuer Genres. Sie trug dazu bei, ein neues Umfeld zu schaffen, in dem Schriftstellerinnen anerkannt und geschätzt werden. Gandhis Interesse konzentriert sich ebenfalls auf die Welt der Personen, aber es geht über die Familie und die unmittelbare Gemeinschaft hinaus und erstreckt sich auf die ganze Gesellschaft. Wie Virginia Woolf erreicht er seine Wirkung zum Teil indirekt durch die Schaffung beeindruckender Schriften, also von Symbolen. Aber in seiner direkten Beziehung zu anderen und dadurch, daß er eine Reihe von Prinzipien verkörpert und bereit ist, öffentliche Auftritte mit hohem Einsatz zu bestehen, überschreitet er die indirekte symbolische Kommunikation.

Ich muß erneut betonen, daß diese Unterscheidungen nicht absolut sind. Nahezu alle außergewöhnlichen Menschen sind in mehr als einer Hinsicht herausragend. Sigmund Freud vereint wohl in gewissem Maße alle vier Typen kreativer Intelligenz (eine Einschätzung, die ihn – und seine Eltern – sicherlich gefreut hätte). Die meisten außergewöhnlichen Menschen zeigen auch Schwächen: Mozart war nicht sonderlich introspektiv, und Freud hatte Schwachpunkte in den Naturwissenschaften und der Mathematik. Bei einigen Individuen überlappen sich auch unsere Unterscheidungen. So benötigte Freud für sein gewähltes Gebiet Wissen über andere Menschen. Die Unterscheidung von Intelligenztypen versteht man daher am besten als hilfreiche Richtschnur, nicht als ein System von Kategorien, die sich wechselseitig ausschließen.

Anhand der oben genannten Unterscheidungen läßt sich eine Vielzahl von Formen außergewöhnlicher Intelligenz erfassen. Ohne den Anspruch auf Vollständigkeit erwähne ich im folgenden mehrere weitere Formen, die unser Bild des Ungewöhnlichen und Bemerkenswerten ergänzen können. Anschließend erörtere ich einige der Themen, die unser Ansatz aufwirft und ziehe im Schlußkapitel dieses Buches einige Lehren, die außergewöhnliche Menschen für uns alle bereithalten.

Ruhm und Erfolg

Geht man die Liste jener Persönlichkeiten durch, die in einer Gesellschaft am bekanntesten sind, so erkennt man — besonders in einer Gesellschaft, die stark von den Medien bestimmt wird — von Jahrzehnt zu Jahrzehnt große Unterschiede. Zur Zeit der Abfassung dieses Buches, der zweiten Hälfte der 90er Jahre, führen Künstlerinnen wie Madonna, Tennisspielerinnen wie Steffi Graf oder Persönlichkeiten aus den Medien wie Harald Schmidt die Bekanntheitsliste an. Es ist unwahrscheinlich, daß sie prominent bleiben werden.

Ich rede hier von *Berühmtheiten*, die berühmt dafür sind, berühmt zu sein, wie es ein Spaßvogel einmal formuliert hat. Der visuelle Künstler Andy Warhol meinte, in unserer Zeit könne jeder für fünfzehn Minuten berühmt werden. Das mag eine Übertreibung sein, aber dennoch brachte Warhol damit eine provokative Einsicht zum Ausdruck. Die Medien suchen immer nach dem Ungewöhnlichen, und unsere je individuellen — beabsichtigten oder unbemerkten — Formen von Ungewöhnlichkeit können einen jeden von uns eine Zeitlang berühmt machen. Außerdem sind Menschen, die entweder nach dauerhaftem Ruhm streben oder ihre momentane Berühmtheit auszunutzen verstehen, zuweilen in der Lage, im Rampenlicht zu bleiben – heute gewöhnlich, indem sie in einer regelmäßigen Fernsehsendung auftreten, für ein Produkt werben oder sich auf andere Weise vermarkten.

Ruhm und Erfolg sind eng miteinander verbunden, aber sie sind nicht identisch. *Ruhm* bedeutet gewöhnlich, daß ein Individuum in einem besonderen Umfeld oder in der Gesellschaft insgesamt Beachtung gefunden hat. Dazu bedarf es nicht individuellen Talents, und man muß dafür auch keinen Beitrag auf einem bestimmten Gebiet geleistet haben. *Erfolg* wird allgemein mit dem Erwerb materieller Güter gleichgesetzt (oder, seltener, mit einer Form von Prestige), durch bewußte, legitime Anstrengungen (statt etwa durch Glück oder eine illegale Tätigkeit). Ein Mensch ist erfolgreich, wenn er oder sie dafür belohnt wird, einen Beitrag zu einem Gebiet geleistet zu haben.

Es gibt verschiedene Beziehungen zwischen Ruhm und Erfolg. Viele Geschäftsleute sind äußerst erfolgreich, aber sie schätzen ihre Anonymität oder akzeptieren sie zumindest. Und es gibt zweifellos Menschen, die momentanen Ruhm erlangen – zum Beispiel, weil sie jemanden vor dem Ertrinken retteten –, und Jahre später stellt sich heraus, daß sie in Armut leben. Unsere Medienkultur neigt dazu, Ruhm und Erfolg zu vermischen: Wenn man berühmt wird, gibt es Möglichkeiten, um materielle Vorteile zu erlangen. Schafft man es umgekehrt, zu den reichsten Menschen der Welt zu gehören, rückt man sehr wahrscheinlich allein aufgrund dieses Reichtums ins Scheinwerferlicht.

Berühmtheit oder Ruhm schließen wirkliche Kreativität oder Führungsqualitäten nicht aus, aber sie dürfen nicht mit ihnen verwechselt werden. Ein kreativer Mensch muß eine Domäne verändern. Nur wenn sie das Gebiet der Popmusik verändert, qualifiziert sich Madonna als Kandidatin für Kreativität. Es ist heilsam, die zeitlichen Dimensionen menschlicher Leistungen in Rechnung zu stellen. Während eines Großteils seines Lebens mühte sich der Maler Harold Shapinsky im Verborgenen ab. Als jedoch die Nachfrage nach abstrakten expressionistischen Gemälden aus einer bestimmten Periode stieg, wurden Shapinskys Arbeiten plötzlich wertvoll. Nicht die Werke hatten sich verändert, sondern die Anforderungen der Gesellschaft.

Spirituelle Außergewöhnlichkeit

Bisher habe ich mich vor allem auf Menschen konzentriert, die andere durch die Qualität und Originalität ihrer Arbeit beeinflussen konnten. Aber es gibt noch eine andere machtvolle Form des Einflusses, bei der allein die Gegenwart einer Person die Menschen, mit denen sie in Kontakt kommt, beeinflußt. Ich nenne diese Form »spirituelle Außergewöhnlichkeit«.

Aufmerksam wurde ich darauf durch meine Studien über Mahatma Gandhi und Papst Johannes XXIII. Etwas an der physischen Erscheinung dieser Menschen wirkte auf andere Menschen. Für viele war die Nähe Gandhis selbst schon eine fesselnde und äußerst wichtige Erfahrung, die einen nachhaltigen Einfluß auf ihr Leben hatte. Ähnliches läßt sich über andere Beeinflusser wie Johannes XXIII., Martin Luther King, jr. und Mutter Theresa sagen, über die Ausstrahlung von Künstlern wie Yo-Yo Ma, Pablo Casals, Janis Joplin und Jimi Hendrix. Solche charismatischen Menschen üben einen bewußtseinsverändernden Einfluß auf andere aus und regen sie vielleicht dazu an, ihr Leben zu ändern.

Leider sind solche Gaben nicht auf Menschen beschränkt, die einen wohltätigen Einfluß ausüben: Sektenführer wie David Koresh oder Reverend Jimmy Jones in den Vereinigten Staaten und nationalistische Führere wie Hitler, Mao Zedong und Muammar Al-Gaddafi übten und üben ebenfalls eine magische Anziehungskraft auf ihre Gefolgschaft aus.

Welche wesentlichen Merkmale kennzeichnen eine solche Macht über andere? Häufig ist es eine beeindruckende physische Erscheinung in Verbindung mit einer hypnotischen Wirkung, die Menschen davon überzeugt, daß jemand zu ihnen direkt, machtvoll und in einzigartiger Weise spricht. Charismatische Führungspersönlichkeiten strahlen Charme und Energie aus. Ihre Anhänger glauben, daß etwas davon auf sie abstrahlt, wenn sie nur in die Nähe solcher Menschen kommen. Offenbar handelt es sich um einen dynamischen Prozeß: Die Anhänger lieben die spirituelle Führerfigur nicht nur, sie glauben auch, daß ihre Liebe erwidert wird. Wahrscheinlich sind wir alle zu bestimmten Zeiten für die Wirkung solcher »Lichtgestalten« empfänglich, und mit Sicherheit haben manche Menschen eine besondere Neigung dazu, eine tiefe Verbundenheit zu ihnen zu entwickeln.

Natürlich handelt es sich bei einem Sektenführer wie David Koresh oder einem exotischen Guru wie dem Bhagwan Rajneesh um Beeinflusser, die äußerst gut verstehen, wie sie andere manipulieren können. Statt jedoch ein äußeres Ziel vor Augen zu haben – etwa, soziale Veränderungen zu bewirken –, ist die wesentliche Mission solcher Gurus ein »Personenkult«: ein Versuch, die Individualität des Anhängers zu unterdrücken, indem sie ihn dazu veranlassen, sich mit dem allwissenden spirituellen Führer vollständig zu identifizieren. Ein bekannter Psychiater, Anthony Storr, weist darauf hin, daß es zwischen dem Bewußtsein des Sektenführers und seinen Anhängern keinen wirklichen Austausch gibt: Der spirituelle Führer versenkt sich völlig in seine eigene Psyche. Auf diese Weise steht die Einflußnahme im Dienst der Introspektion: Sie stellt den Versuch dar, die Interessen und die Weltsicht anderer durch die eigenen Belange und Anschauungen zu ersetzen.

Zu beachten ist, daß die Fähigkeit, andere in bedeutsamer Weise zu beeinflussen, nicht von anderen Formen kreativer Intelligenz losgelöst sein muß. Es gibt Menschen – darunter Margaret Mead und Robert Oppenheimer –, die so herausragende Ideen haben, daß sie einen nachhaltigen Einfluß auf Menschen gewinnen, die intellektuelle Autorität schätzen. Tatsächlich wäre es wohl auch schwierig, spirituelle Hegemonie über andere zu erreichen, wo Botschaften oder Ideen fehlen. Und manchmal, wie im Falle Mahatma Gandhis, entsteht spirituelle Macht aus einer überzeugenden Erzählung. Aber Ideen stehen bei Gurus nicht im Vordergrund. Sie dienen ihnen als bloßes Mittel, um andere zu verführen.

Moralische Außergewöhnlichkeit

Als jemand, der sich mit außergewöhnlichen Menschen befaßt, werde ich häufig gefragt, wie es denn um die Moral der Individuen bestellt sei, die ich untersuche. Solche Fragen enthalten oft einen Vorwurf: Manchmal wirft man mir vor, nur Menschen zu untersuchen, die ich bewundere; dann wieder werde ich kritisiert, daß ich mich mit Personen befasse, die alles andere als bewundernswert seien.

Beide Kritiken verfehlen den Sinn meines Unternehmens. Die idealtypischen Modelle, die ich entwickle, sollten auf *alle* Meister, Neuerer, Beeinflusser und Selbstbeobachter anwendbar sein, unabhängig von ihren moralischen Verdiensten. Gleichzeitig sollten uns diese Modelle helfen, jene Individuen zu verstehen, die es nicht zu außergewöhnlichen Leistungen bringen – zum Beispiel Menschen, die berühmt oder erfolgreich sind, aber letzten Endes keinen Einfluß auf andere ausüben.

Als moralisch, amoralisch oder unmoralisch läßt sich ein Verhaltensmuster – Gedanken und Handlungen – nur beurteilen, wenn man den Kontext kennt, in dem es entstanden ist. Natürlich sind bestimmte Werte – wie die Liebe zu den eigenen Kindern, Ehrlichkeit im persönlichen Umgang oder Respekt vor der Unantastbarkeit menschlichen Lebens – nahezu universell anerkannt. Dennoch lassen sich Umstände denken, unter denen solche Werte in Konflikt mit anderen Werten geraten, die ebenso wichtig sind – die Liebe zum eigenen Land, die Notwendigkeit, jemanden vor einer Wahrheit zu schützen, die ihn oder sie verletzen würde, die Dringlichkeit, sich eines Diktators zu entledigen.

Innerhalb eines gegebenen kulturellen Kontextes ist es jedoch möglich, ein moralisches Gebiet abzugrenzen und Menschen zu beschreiben, die in diesem Gebiet außergewöhnlich sind. Entwicklungspsychologen wie Anne Colby und William Damon zum Beispiel haben Menschen untersucht, die sich in herausragender Weise um andere kümmerten – zum Beispiel, indem sie viele Waisenkinder adoptierten, oder ihr Leben dem Kampf gegen Hunger oder für die Erhaltung der Umwelt widmen.

Diese moralischen Vorbilder waren in vielerlei Hinsicht bemerkenswert. Sie glaubten leidenschaftlich an das, was sie taten, und hatten keinerlei Zweifel daran, daß sie den richtigen Weg eingeschlagen hatten. Ihre Haltung war uneingeschränkt positiv: Rückschläge sahen sie nur als zeitlich begrenzt oder als Teil eines größeren Plans. Ihr Glauben hatte häufig ein religiöses Fundament. Es mag überraschen, daß sie ihr Tun nicht für etwas Besonderes hielten. Sie gingen – naiverweise, so könnte man sagen – davon aus, daß jeder in ihrer Lage ebenso edel handeln würde. Bei Standardtests, die Aufschluß über die moralische Urteilsfähigkeit der Probanden geben, schnitten sie nicht überdurchschnittlich ab. Offenbar ist die Fähigkeit, sich um andere zu kümmern, etwas ganz anderes als scharfsinnig moralische Dilemmata lösen zu können.

Ein derart bemerkenswertes selbstloses Verhalten läßt sich am besten unter dem Gesichtspunkt der langfristigen Persönlichkeitsentwicklung erklären: Mit der Zeit entwickeln solche Menschen Gewohnheiten, die sie dazu führen, ihr Leben in den Dienst anderer zu stellen. Und, so das ermutigende Ergebnis, sie sehen diesen Dienst an anderen als Teil ihres eignen persönlichen Wachstumsprozesses.

Es ist aufschlußreich, die moralischen Vorbilder aus der Studie von Colby und Damon mit den kreativen Menschen zu vergleichen, die wir in diesem Buch untersucht haben. Insgesamt würde ich sie nicht als kreativ beschreiben, denn anders als Gandhi oder Freud fanden sie selten neue Wege, um anderen zu helfen. Sie nahmen vielmehr ernst, was einflußreiche Menschen wie Jesus seit unvordenklichen Zeiten predigen. Zwar zeigte ihr Verhalten Wirkung auf Menschen in ihrem Umkreis, dieser Einfluß blieb jedoch lokal begrenzt. So sind sie nur sehr bedingt als »Beeinflusser« zu beschreiben. In dem Maße, wie solche Menschen andere dazu anregen, ebenfalls Gutes zu tun, können wir sie als »spirituelle« Menschen bezeichnen.

Mit den Unterscheidungen, die wir in unserer Untersuchung eingeführt haben, läßt sich sittliches Verhalten näher beleuchten. Individuen können sich in jeder Domäne, die sie beherrschen, moralisch, amoralisch oder unmoralisch verhalten. Das gleiche gilt, wo sie selbst ein neues Gebiet »schaffen«. Ihr Verhalten gegenüber anderen kann ebenso unterschiedlich sein. Vielleicht sind »moralische Vorbilder« in dem Maße einzigartig, wie sie ihre persönlichen Ziele für die Familie, die Gemeinschaft oder selbst die Weltgesellschaft opfern. Selbsterkenntnis und Erkenntnis über andere, das Interesse für ein Wissensgebiet oder einen Tätigkeitsbereich werden hier für einen übergeordneten Zweck nutzbar gemacht: Die Verbesserung der Lebensbedingungen anderer Menschen. Natürlich ist dieses Ziel zuweilen eine Wahnidee. Das ist der Grund, warum man – wie im Fall der Kreativität – ein »Umfeld« der einen oder anderen Art benötigt, bevor man verläßlich beurteilen kann, wer oder was als moralisch »zählt«.

Das Überleben unserer Kultur, ja unserer globalen Zivilisation, hängt vielleicht mehr von der Moral der Bürger als von ihrer Kreativität und Neuerungskraft, Einflußmächtigkeit oder Spiritualität ab. Von Ralph Waldo Emerson stammt der berühmte Ausspruch, daß Charakter höher stehe als Intellekt. Auseinandersetzungen zwischen den Kulturen drehen sich ebenso häufig um moralische Belange wie um Fragen der Wirtschaft oder politischen Vorherrschaft. Da solche Belange jedoch nicht unabhängig von der spezifischen Moral und den Werten der jeweiligen Gesellschaft sind, kann man sich ihnen nicht in der gleichen Weise nähern wie den Formen von kreativer Intelligenz, auf die ich mich hier konzentriert habe.

Außergewöhnliche Leiden

Spricht man vom Außergewöhnlichen, so mag man versucht sein, sich auf die im herkömmlichen Sinn intelligentesten Menschen und großartigsten menschlichen Errungenschaften zu konzentrieren. Zu einem besseren Verständnis gelangen wir jedoch, wenn wir Menschen untersuchen, die aufgrund ihrer Unterschiede oder Mängel herausragen. Zudem erweist sich, wie unser Begriff der »fruchtbaren Asynchronität« nahelegt, zuweilen die Kombination von Stärken *und* Schwächen als produktiv.

Seit der klassischen Figur des Bogenschützen Philoktet haben Menschen im Abendland über das Verhältnis von Bogen und Wunde spekuliert. Als Preis, der für das Geschenk der Schöpferkraft zu bezahlen sei, so dachte man, müssen schöpferische Menschen unter einem Mangel leiden, unter einer »Wunde«, mit der sie auf die Welt kommen oder die ihnen später geschlagen wird. Natürlich bereitet es keine Schwierigkeiten, die vielen Künstler aufzuzählen, die ein körperliches Gebrechen hatten (zum Beispiel der lahme Byron oder der taube Beethoven) oder ein psychisches Trauma erlitten (die vernachlässigten Geschwister Brontë, der schizophrene Robert Schumann). Da aber auch vielen Kreativen solche offenkundigen Mängel fehlen und ihr Vorhandensein allein noch keine außergewöhnliche Kreativität verbürgt, lassen sich höchstens Wechselbeziehungen erkennen zwischen bestimmten »Wunden« und bestimmten Leistungen – in der Art, wie wir dies oben bei Virginia Woolf versucht haben.

Bestimmte Wunden lassen sich wiederholt im Leben von außergewöhnlichen Menschen finden. Auffällig ist der Verlust eines oder beider Elternteile in der frühen Kindheit. Der Philosoph und Schriftsteller Jean-Paul Sartre bemerkte einmal, daß die beste Gabe, die ein Vater seinem Sohn mit auf den Weg geben könne, darin bestehe, jung zu sterben. Läßt man einmal die Übertreibung und die Ironie beiseite, so scheint es tatsächlich so, daß Menschen durch den Schmerz eines frühen Verlustes motiviert werden, in ihrer Vorstellung eine bessere Welt zu schaffen. Ein solches Ereignis führte in vielen Fällen Menschen dazu, ein kreatives Leben zu führen oder Führungspositionen anzustreben, häufiger, als dies durch puren Zufall geschehen wäre. Wenn jemand schon in jungen Jahren mehr als eine Tragödie durchmachen muß, so ist er als heranwachsender Mensch zunehmend gefährdet. So scheint Virginia Woolf unter einer Häufung von Traumata gelitten zu haben, denen sie schließlich nichts mehr entgegenzusetzen hatte. Natürlich gibt es auch einzelne Traumata, die für sich genommen schon vernichtend genug sind, um das Leistungspotential eines Menschen zu zerstören: Man denke an die Überlebenden des Holocaust oder der chinesischen Kulturrevolution, von denen viele völlig unfähig wurden, produktiv zu arbeiten.

Ein neurologisches Krankheitsbild, die Temporallappen-Epilepsie, scheint mit einer ganz anderen Form von Kreativität in Zusammenhang zu stehen. Eine Manifestation dieser Erkrankung, die jene Teile des Gehirns befallen kann, die mit Sprache und Gefühlen zu tun haben, ist eine Neigung zum Vielschreiben (*hypergraphia*) und zur Konzentration auf religiöse Themen (Hyperreligiosität). In den meisten Fällen legen Menschen, die an Temporallappen-Epilepsie erkrankt sind, anderen gegenüber ein bizarres Verhalten an den Tag; ihre ausufernde Textproduktion ist mit dramatischen Darstellungen spiritueller Themen durchtränkt, die außer für sie selbst nur von medizinischem Interesse sind. Es gibt jedoch Auffassungen, wonach sich diese eigentümliche pathologische Weltsicht in den Werken von Künstlern spiegelt, die unter dieser Krankheit gelitten haben sollen, wie Fjodor Dostojewski oder Vincent van Gogh. Eine veränderte, intensive Wahrnehmung könnte in solchen Fällen als sekundäre Begleiterscheinung des Syndroms zu ungewöhnlich kraftvollen Schöpfungen beigetragen haben.

Wenn sie ihre politischen oder religiösen Kampagnen planen, ihre Beiträge zur Wissenschaft oder ihre Kunstwerke schaffen, können sich außergewöhnlich kreative Individuen viele Stunden lang konzentrieren und selbst noch die scheinbar abwegigsten Anregungen aufnehmen. Eine solche Konzentration ist natürlich wünschenswert, aber sie kann Ähnlichkeit mit autistischem Verhalten haben – einer Geisteskrankheit, bei der die Aufmerksamkeit derart ichbezogen ist, daß Autisten unfähig sind, jemals mit anderen normal zu kommunizieren. Es überrascht nicht, daß es in den Familien von Menschen, die in bestimmten akademischen Disziplinen wie Mathematik, Natur- und Ingenieurwissenschaften ein hohes Leistungsniveau erreichen, einen höheren Anteil von Autisten gibt als in der übrigen Bevölkerung.

Eine solche Bündelung der Aufmerksamkeit geht häufig mit einer beachtlichen Energie einher. Außergewöhnlich kreative Menschen bleiben lange auf, brauchen wenig Schlaf, können viel länger gehen, rennen oder reden als Gleichaltrige und brauchen oft sogar solche Ventile, um ihre Energie zu verausgaben, da sie andernfalls nicht arbeiten könnten. Und häufig haben sie einen unbändigen Appetit – auf Erfahrung, auf Essen, auf Sex. Wir können annehmen, daß es nicht einfach eine erworbene Fähigkeit ist, über so viel Energie zu verfügen, obwohl dies möglicherweise für die Fähigkeit gilt, diese Energie für die eigene Arbeit zu kanalisieren. Die großzügige Ausstattung mit Kraftreserven könnte ebenso wie die unnatürlich stark fokussierte Aufmerksamkeit in noch ungeklärter Weise mit klinischen Befunden wie Hyperaktivität oder dem Tourettes-Syndrom in Verbindung stehen.

Betrachten wir schließlich die offensichtliche Wechselbeziehung zwischen bestimmten Mängeln und bestimmten Gaben. Der Neurologe Norman Geschwind und sein enger Mitarbeiter Albert Galaburda prägten den Begriff »Pathologie der Überlegenheit«. Ihrer Meinung nach gibt es zum Beispiel einen faszinierenden Zusammenhang zwischen pathologischen Schädigungen der linken Gehirnhälfte während der Schwangerschaft, Sprachproblemen und einem damit einhergehenden Aufblühen (technisch gesprochen: einer Hypertrophie) von räumlicher Vorstellungskraft und künstlerischen Fähigkeiten. Obwohl ihre Erklärung des Syndroms umstritten bleibt, deckt sich Geschwinds und Galaburdas allgemeine These mit unserem Begriff fruchtbarer Asynchronität: Ein Mangel in einem kognitiven oder affektiven Bereich kann mit der Fähigkeit Hand in Hand gehen, andere Stärken zu entwickeln. Ob es sich um den Verlust eines Elternteils handelt, eine seltene Nervenkrankheit oder ein ungewöhnliches Maß an Energie und Konzentrationsfähigkeit: Aus einer Schwäche kann eine Stärke werden. Man muß die »Asynchronitäten«, die einem zugefallen sind, *ausnutzen*, sie mit vielversprechenden Themen oder Gebieten verknüpfen, Enttäuschungen in Chancen ummünzen, und man muß dazu vor allem genügend Ausdauer mitbringen.

Hochkulturen

Nahezu alle Historiker würden der Auffassung zustimmen, daß sich bestimmte Regionen in bestimmten Perioden der Geschichte im Hinblick auf Qualität und Quantität ihrer Leistungen hervorgetan haben. Wer wollte bestreiten, daß es legitim ist, im 5. Jahrhundert vor Christus Athen einen besonderen Stellenwert einzuräumen oder dem Römischen Reich zur Zeit Christi, der Tang-Dynastie im 8. Jahrhundert, der islamischen Gesellschaft im Spätmittelalter, den italienischen Stadtstaaten im 15. Jahrhundert, Frankreich im 18. Jahrhundert, den zentraleuropäischen Hauptstädten am Ausgang des 19. Jahrhunderts und New York zur Mitte (und vielleicht noch einmal am Ende) des 20. Jahrhunderts?

Man kann diese Kandidaten zynisch beurteilen und zu dem Schluß gelangen, daß ihre Auswahl nur dem Bedürfnis von Historikern nach allgemein akzeptierten geschichtlichen Wendemarken entgegenkommt, die sich allein dem Zufall verdanken. Ich bin nicht dieser Meinung. So wie Wunderkinder ein einzigartiges Zusammenwirken von persönlichen, familiären, fachspezifischen und historischen Voraussetzungen darstellen, entstehen meiner Auffassung nach auch

»Hochkulturen« aus dem glücklichen Zusammentreffen seltener, schwer zu bewahrender Kräfte und Ereignisse.

Nehmen wir als Prototyp Florenz im 15. Jahrhundert. Umgeben von blühenden Regionen, hatte Florenz eine zentrale Stellung. Der Handel über Norditalien entwickelte sich prächtig, und Menschen aus dem gesamten Mittelmeerraum kamen regelmäßig durch den Stadtstaat. Es gab eine anspornende Rivalität mit anderen italienischen Regionen wie Venedig, Siena, Mailand und Rom. Alte Künste und Handwerksberufe wurden wiederentdeckt, neue blühten auf. Die Sehnsucht, Neuland zu betreten – sowohl in geographischer wie in wissenschaftlicher Hinsicht – war nach einem Jahrtausend der Ruhe wieder erwacht.

In Reaktion auf die düstere Stimmung im Mittelalter gab es einen allgemeinen religiösen und spirituellen Aufbruch – man wandte sich einer äußerlichen Festkultur zu, statt die hermetische Kontemplation zu suchen. Vielleicht ebenso wichtig war, daß bestimmte Schlüsselfamilien – besonders die Medici – (in konstruktiver wie destruktiver Weise) politische Führung anboten und als Auftraggeber der herausragendsten Persönlichkeiten fungierten, wie Ghiberti, Leonardo da Vinci, Michelangelo und Brunelleschi. In dieser fruchtbaren Region lassen sich im 13. und 14. Jahrhundert Störungen erkennen, dann eine zeitweilige Hochphase im 15. Jahrhundert und daran anschließend ein relativ schneller Verfall.

Eine ähnliche Geschichte durchlebten andere Hochkulturen. Eine rege Aktivität zieht dabei talentierte Menschen ins Zentrum einer Kultur, wo die Besten gefördert werden, zusammenarbeiten und miteinander in Wettstreit treten. Die politische Führung muß nicht demokratisch sein – tatsächlich kann ein Hauch von autoritärer Führung bei der Verwirklichung ehrgeiziger Projekte von Vorteil sein. Aber es muß eine gewisse Toleranz im Hinblick auf die Erkundung von Ideen und die Überschreitung von Grenzen geben. Ein gewisses Maß an Wohlstand ist unabdingbar. Die exemplarisch kreativen Menschen, die wir hier ausgewählt haben, lebten alle in Zeiten, in denen diese seltenen historischen Bedingungen gegeben waren: Mozart zog Kraft aus der Aufklärung; Freud konnte sich auf intellektuelle Gegenströmungen in Wien stützen; Virginia Woolf gewann Inspiration aus dem Bloomsbury-Kreis und Mahatma Gandhi bot sich die Gelegenheit, im frühen 20. Jahrhundert konstruktive Leitgedanken des Ostens und Westens zusammenzuführen.

Hochkulturen enden in Maßlosigkeit, entweder auf der Suche nach Eroberungen im Ausland oder als Folge von Feiersucht und Verschwendung zu Hause. Wien und London sind nicht länger die beherrschenden Metropolen, die sie vor einem Jahrhundert waren. New York, Tokio, Berlin oder Rio de Janeiro erleben in unserer Zeit vielleicht einen ähnlichen kulturellen Niedergang. Und so, wie ein kreativer Wissenschaftler oder Künstler schließlich von einem ebenso talentierten und hungrigeren jungen Kollegen übertroffen wird, so weicht eine Hochkultur schließlich einer anderen, die ihrerseits eine Zeitlang in den Vordergrund tritt.

Gesellschaften können sich auch auf andere Weise hervortun. Ägypten hatte Jahrtausende hindurch eine gewisse Führungsrolle, weil es absolut beständig blieb. Konfuzianische Gesellschaften haben gerade deshalb überlebt, weil sie extreme Schwankungen vermeiden konnten und wenig Vertrauen in wissenschaftlichen und technologischen Fortschritt *per se* setzten. Dutzende von Steinzeitkulturen überlebten mit kleinen Bevölkerungszahlen viele Jahrhunderte lang in einem gewissen Gleichgewicht mit ihrer Umwelt und ihren zuweilen freundlichen, zuweilen feindseligen Nachbarn. Ureinwohnervölker in Amerika, wie etwa die Keres-Indianer im amerikanischen Bundesstaat New Mexiko, haben einen völlig anderen Begriff von Begabung, der in den Mittelpunkt rückt, welchen Beitrag der einzelne zur Gemeinschaft leisten kann. Und auch umgekehrt gibt es, um für einen Augenblick zum Thema pathologischen Verhaltens zurückzukehren, Gesellschaften, die sich in kurzer Zeit selbst dezimieren – wie die von dem Anthropologen Colin Turnbull untersuchten Ik, die Nazis unter Hitler und die Völker der ehemaligen sowjetischen Machtsphäre.

Fragen

Schon allein der Versuch, außergewöhnliche Kreativität zu untersuchen, wirft eine Reihe von Fragen auf. Meine Konzentration auf das Individuum als Akteur wird notwendigerweise einigen Kritikern Unbehagen bereiten, besonders in unserer entschieden postmodernen, interdisziplinären Zeit. Wenn der Einwand lautet, daß sich auch im kulturellen Kontext und in überpersönlichen Faktoren ein großes Erkenntnispotential verbirgt, so stimme ich dem völlig zu. Tatsächlich stellen meine Erörterung des Publikums und die Einbeziehung des Gebietes und Umfeldes kreativer Persönlichkeiten den Versuch dar, solche Elemente in einer Analyse zu berücksichtigen, die bisher selbst für die Standards von Psychologen eine übertrieben psychologische Ausrichtung hatte.

Dennoch erscheint es verfehlt, nach Art von Michel Foucault oder Claude Lévi-Strauss die Rolle und das Wirken des Individuums gänzlich außer acht zu lassen – ebenso, wie es dumm wäre, bei der Untersuchung der menschlichen Natur den Einfluß der Gene oder der Kultur zu leugnen. Dieses Buch hätte auch aus einer weniger individualistischen Perspektive geschrieben werden können; aber das Individuum, so möchte ich zu bedenken geben, hätte doch auf die eine oder andere Weise wieder durch die Hintertür hineingeschmuggelt werden müssen, wenn man dem Gegenstand gerecht werden will. Mozart ist nicht einfach nur ein Antonio Salieri, der sich besser (oder schlechter) »verhalten« hat; das Bewußtsein von Virginia Woolf läßt sich nicht einfach durch dasjenige von Marcel Proust oder Katherine Mansfield ersetzen.

Ich habe für diese Konzentration auf das Individuum einen guten Grund. Ich glaube, daß Menschen sich nicht entwickeln können, wenn sie nicht Anhaltspunkte ihrer Möglichkeiten erkennen können, wenn ihnen Orientierungsgrößen fehlen, anhand derer sie ihr eigenes Wachstum oder ihre Stagnation beurteilen können. Wie schon das Wort besagt, können wir nicht alle außergewöhnlich sein. Aber außergewöhnlich kreative Menschen können uns übrigen helfen, unsere Optionen und Möglichkeiten und die Gefahren, denen wir ausgesetzt sind, besser zu verstehen. Nur wenige würden die Meinung vertreten, daß man beim Studium der Kunst die größten Gemälde außer acht lassen oder eine Naturwissenschaft studieren sollte, ohne die wichtigsten Theorien und die aufschlußreichsten empirischen Beweise zu kennen. Hier stimme ich Friedrich Nietzsche zu, der die Auffassung vertrat, daß wir große Menschen lieben und ehren sollten und es die Aufgabe der Geschichtsgelehrten sei, sie beständig in unser Bewußtsein zu rücken. Können wir wirklich ein sinnvolles und erfülltes Leben führen, wenn wir nicht die Höhen und Tiefen kennen, zu denen andere Menschen fähig waren und sind?

Selbst wenn dieses Gegenargument ausgeräumt ist, bleiben jedoch noch beträchtliche methodische Einwände und der Vorwurf der Einseitigkeit bestehen. Ich kann nicht behaupten, daß mein Ansatz im strengen Sinne des Wortes wissenschaftlich ist. Größtenteils handelt es sich bei meinen Untersuchungen um gewöhnliche Fallstudien, die sich auf veröffentlichte Quellen berufen, in einigen Fällen auch auf eigene Beobachtungen, Interviews und den direkten Austausch mit Menschen, die Außergewöhnliches geleistet haben. Dennoch meine ich, daß ich in dreierlei Hinsicht über bloße Fallstudien hinausgehe und mich damit einer wissenschaftlichen Herangehensweise annähere.

Erstens beruhen meine Beobachtungen auf den Erkenntnissen der Psychologie und der Sozialwissenschaften der letzten hundert Jahre. Zweitens geht es mir um die Konstruktion von idealtypischen Modellen, die über das Individuum hinausgehen – wie etwa um die Konstruktion des »idealtypischen Neuerers« oder des »idealtypischen Beeinflussers«. Drittens unternehme ich empirische Studien, die Verallgemeinerungen über verschiedene Formen von außergewöhnlicher Kreativität erlauben. Ich hätte dabei von vornherein versuchen können, Gesetze aufzustellen und psychologische Tests zu entwickeln. Aber ich bin zu der Auffassung gelangt, daß unser beginnendes Verständnis der Gesetzmäßigkeiten – ebenso wie der Ausnahmen – in bedeutsamer Weise verbessert wird, wenn wir uns zunächst ganz detailliert den konkreten Lebensumständen einzelner Personen zuwenden, die ja als Ausgangsbasis allgemeiner Muster dienen müssen.

Daß meine Untersuchung zeit- und kulturgebunden ist, gebe ich gerne zu. Im wesentlichen habe ich mich hier auf die Neuzeit und die westliche Kultur konzentriert. Studien über andere Zeiten, Regionen und Gebiete fehlen noch. Ich bekenne auch meine Voreingenommenheit für Menschen, die ich persönlich bewundere und von denen ich etwas gelernt habe. Ich muß zugeben, daß ich mich hier auf die guten Seiten dieser Individuen konzentriert habe, statt mich wie ein »Pathograph« auf die vielleicht krankhaften Züge etwa von

Gandhis Verhalten gegenüber seiner Familie oder Freuds Behandlung seiner Mitarbeiter (und zuweilen seiner Untersuchungsergebnisse) zu stürzen.

Ich wehre mich jedoch gegen die Vorstellung, daß meine Schlußfolgerungen nur für positive Beispiele gelten. Jede meiner Untersuchungen bezieht auch weniger bewundernswerte Individuen ein, und es gibt, wie ich gelernt habe, keine außergewöhnlichen Menschen – nicht einmal Heilige! – die nicht auch ihre Schattenseiten haben. Die Beschäftigung mit ethischen Fragen ist lohnend, aber ich habe die Menschen, die Einfluß auf die Menschen und Domänen ihrer Zeit hatten, in meiner Untersuchung keinem moralischen Lackmus-Test unterzogen.

Ein letzter kritischer Einwand könnte lauten, daß es zwar faszinierend sein mag, etwas über das Leben jener Menschen zu lesen, die im Hinblick auf ihre Intelligenz und Kreativität »reich und berühmt« sind, daß wir dadurch aber nichts über unsere eigene Zeit, unsere eigenen Probleme und unser eigenes Leben erfahren. Bei meinen früheren Untersuchungen mag dieser Einwand berechtigt gewesen sein. Aber ich war immer der Überzeugung, daß wir alle etwas von den außergewöhnlich kreativen Menschen lernen können, die sich vereinzelt in unserer Mitte finden. Im Schlußkapitel möchte ich mich ausdrücklich einigen solcher Lehren zuwenden.

9

Was wir von Mozart, Freud, Woolf und Gandhi lernen können

Ist außergewöhnliche Kreativität wünschenswert?

Außergewöhnliche Menschen machen das Leben ohne Zweifel interessanter. Sie vermehren unsere Freude und geben uns geistige Nahrung, manchmal halsen sie uns allerdings auch größere Mühen auf. Ich finde es spannend zu fragen: Wünschen Sie sich ein solches Schicksal für sich selbst, ihre Kinder oder andere Menschen, die Ihnen am Herzen liegen?

Kreative Intelligenz wird durchaus belohnt: Außergewöhnliche Menschen genießen zuweilen höchsten Respekt, und — vielleicht wichtiger noch — sie haben das Gefühl, daß sie in der Gegenwart und möglicherweise für die Nachwelt etwas Bedeutendes geschaffen haben. Aber wer ein außergewöhnlich kreatives Leben anstrebt, zahlt dafür einen hohen Preis.

Zunächst muß man auf seinem Gebiet und für die eigene Überzeugung ungeheures Engagement beweisen. Es braucht wenigstens zehn Jahre beständigen Fleißes, um eine Domäne zu meistern. Und danach muß man mit dieser konzentrierten Arbeit unablässig fortfahren, wenn man mit dem Fortschritt mithalten will.

Außergewöhnlich Kreative laufen außerdem beständig Gefahr, Schmerz, Ablehnung und Vereinsamung zu erfahren. Die meisten Neuerer und die meisten Neuerungen werden in ihrer Zeit nicht gut verstanden oder gewürdigt. Das Establishment ist konservativ, Kollegen sind neidisch, die Öffentlichkeit ist möglicherweise feindselig. Man braucht eine dicke Haut, um der genauen Prüfung und Durchleuchtung standzuhalten, die bei jedem Durchbruch fast unweigerlich in die Wege geleitet wird. Tatsächlich muß sich, wer nach Außergewöhnlichem strebt, auf ein Leben gefaßt machen, das beständig unter dem Trommelfeuer der Kritik steht. Obwohl Erfolg auch Belohnungen mit sich bringt, lädt jeder Triumph zu frischem Neid und neuer Kritik ein und erhöht außerdem die Wahrscheinlichkeit, daß die eigenen Ideen – manchmal unbewußt, manchmal absichtlich – verzerrt werden.

Es gibt gelegentlich außergewöhnlich kreative Menschen, die auch in moralischer Hinsicht absolut integer sind. Es gibt auch die seltenen hochkreativen Persönlichkeiten, die ihr ganzes Leben im Gleichgewicht bleiben. Aber die Gesetze kreativer Intelligenz weisen deutlich in eine andere Richtung. Nähert sich das Lebensende, so treibt interner und externer Druck außergewöhnliche Menschen dazu, sich auf ihr Werk zu konzentrieren und alles andere auszuschließen. Jene Mitarbeiter und Familienmitglieder, die bereit sind, sich ganz in den Dienst ihrer Mission zu stellen, dürfen wahrscheinlich weiterhin in engem Kontakt mit ihnen bleiben. Wer jedoch eigene Ansichten entwickelt oder nicht länger unverzichtbar ist, wird mit großer Wahrscheinlichkeit verstoßen.

Das Leben außergewöhnlich kreativer Menschen ist oft angefüllt mit psychischen Verletzungen und tragischen Verlusten. Tatsächlich waren die meisten der außergewöhnlichen Menschen, die ich untersucht habe, schwierige Persönlichkeiten: häufig gemarterte Menschen, die Nahestehenden Schmerzen zufügten. Es ist nicht ungewöhnlich, daß solche außergewöhnlichen Menschen unglücklich sind, Zusammenbrüche erleiden, sich mit Selbstmordgedanken tragen und sich von engen Mitarbeitern entfremden, die ihrerseits das Gefühl haben mögen, daß ihr Leben ruiniert ist. Selbst ein moralischer Held wie Gandhi ist keine Ausnahme von diesem Muster, war doch die Beziehung zu seiner Frau von ständigen Spannungen geprägt und sein Verhältnis zu seinem ältesten Sohn Harilal katastrophal schlecht. Diese beunruhigende Schlußfolgerung könnte man mit der Schlagzeile einer britischen Zeitung auf den Punkt bringen: EINSTEIN = GENIE MINUS NETTIGKEIT.

Diese doch recht pessimistische Darstellung des hohen Preises von außergewöhnlicher Kreativität muß jedoch etwas abgeschwächt werden. Zunächst sind außergewöhnliche Menschen ohne Zweifel hohen Belastungen ausgesetzt, aber es ist durchaus nicht sicher, daß ihre Qualen – und der Schmerz, den sie anderen zufügen – schlimmer sind als die anderer ausgewählter Gruppen. (Ich frage mich, was wohl eine angemessene Kontrollgruppe für außergewöhnlich kreative Menschen sein könnte.) Zweitens ist es wichtig zu betonen, daß außergewöhnliche Individuen häufig zu großen Akten der Freundlichkeit und Großzügigkeit fähig sind – wenn sie zuweilen Scheusale sind, so können sie doch manchmal auch edle Seelen sein.

Ein letzter wichtiger Punkt ist, daß ich nicht den Eindruck gewonnen habe, daß außergewöhnliche Menschen schicksalhaft garstig sind. Ich bezweifle, daß sie im Alter von zwanzig Jahren in einem psychologischen Test als besonders »schwierig« abschneiden würden. Ihre verschrobenen Persönlichkeiten sind vielmehr das Ergebnis ihrer eigenen, häufig qualvollen Erfahrungen. Der extreme Druck, der schon in ihrer frühen Karriere auf ihnen lastet, weil sie ganz auf sich gestellt sind, und die enorme Belastung, sobald sie es »geschafft« haben, wirken auf unglückselige Weise zusammen und machen sie zu guten Kandidaten für einen Bestseller oder Film, der ihre »Krankhaftigkeit« beleuchtet.

Gibt es Erfolgsrezepte?

Trotz solcher Warnsignale entscheiden sich viele Menschen (oder ihre Familien) mehr oder weniger bewußt, die höchsten Gipfel eines Gebietes zu erklimmen. Wahrscheinlich ist zumindest in unserer Gesellschaft das Streben nach materiellem Erfolg zunächst ein stärkerer Motivationsgrund als der Wunsch, eine dauerhafte Spur in der eigenen Kultur zu hinterlassen. Ich konzentriere mich hier jedoch auf solche Menschen, die versuchen, eine Rolle als kreativer Neuerer, Meister, Beeinflusser oder Selbstbeobachter auszufüllen.

Wer in einer Untersuchung wie dieser nach Tips für ein »außergewöhnlich kreatives Leben« Ausschau hält, wird vielleicht nach äußeren Merkmalen suchen und zum Beispiel feststellen können, daß Beeinflusser nicht viel schlafen. Er oder sie könnte dann auf die Idee kommen, die Fähigkeit zu trainieren, mit nur wenigen Stunden Schlaf pro Nacht auszukommen. (Dies tat etwa der junge Bill Clinton.) Oder sie erfahren, daß Neuerer dazu neigen, ihr eigenes Werk anzupreisen und verbringen deshalb viel Zeit damit, die Aufmerksamkeit der Öffentlichkeit zu gewinnen. Im absoluten Extremfall werden manche vielleicht sogar soweit gehen, ihr eigenes Kind zu dessen höherem Wohle zu vernachlässigen, da außergewöhnliche Menschen in den kritischen Jahren ihrer Kindheit häufig ein Elternteil verlieren oder vermissen. Hier liegt jedoch ein Mißverständnis vor: Außergewöhnliche Kreativität erreicht man nicht dadurch, daß man sich sozusagen die Tracht des Meisters oder Neuerers anzieht.

Der Fehler, sich auf äußere Charakteristika von außergewöhnlicher Kreativität zu konzentrieren, wird auf amüsante Weise in einem Zeugnis von Alfred Brendel deutlich, der selbst einer der außergewöhnlichen Pianisten unserer Zeit ist:

Ich kam nicht aus einer musikalischen oder intellektuellen Familie. Ich bin kein Osteuropäer. Ich bin, soweit ich weiß, kein Jude. Als ich klein war, war ich kein Wunderkind. Ich habe kein fotografisches Gedächtnis und spiele auch nicht schneller als andere Menschen. Ich spiele nicht gut vom Blatt ab. Ich brauche acht Stunden Schlaf. Ich sage aus Prinzip keine Konzerte ab, nur wenn ich wirklich krank bin. Meine Karriere verlief so schleppend, daß ich das Gefühl habe, daß entweder mit *mir* oder mit allen anderen in diesem Beruf etwas nicht stimmt. (...) Mit Literatur – lesen und schreiben – ebenso wie dem Betrachten von Kunstwerken habe ich recht viel Zeit verbracht. Wann und wie ich all diese Stücke gelernt habe, die ich spiele, während ich im übrigen auch noch ein alles andere als perfekter Ehemann und Vater war, kann ich mir absolut nicht erklären. (zitiert nach Alvarez, 1996, S. 49)

Ich mißtraue Programmen, die Kreativität oder Führungsqualitäten fördern wollen – gewöhnlich auch noch in Wochenendseminaren. Natürlich können solche Erfahrungen die eigene Einstellung gegenüber den eigenen Fähigkeiten verändern oder ein bereits entwickeltes Talent freisetzen, mit dem wir in bescheidener Weise schöpferisch tätig sein oder andere Menschen beeinflussen können. Aber eine außergewöhnliche Karriere ist das Ergebnis von Erfahrungen, die sich nur über Jahre und Jahrzehnte entfalten können: Es besteht keinerlei Chance, die entscheidenden Elemente in wenigen Tagen zu trainieren.

Meine Untersuchungen geben einige Hinweise, welches Milieu außergewöhnliche Kreativität befördert. Auch weiterhin spricht viel für das geordnete bürgerliche Leben – so langweilig es anmuten mag. Es ist für junge Menschen vorteilhaft, Erwachsene zu treffen, die der Überzeugung sind, daß man beständig arbeiten sollte, um seine Fertigkeiten in einem oder mehreren Wissens- oder Tätigkeitsgebieten zu verbessern. Liebe und andere Formen von Unterstützung sind wichtig, aber es kann strategisch besser sein – wenn auch vielleicht nicht so sympathisch –, solche Zuneigung an die Erfüllung von Aufgaben und beständige Fortschritte auf einem Gebiet zu knüpfen.

Rollenvorbilder sind entscheidend. Von frühauf sollte das Kind entweder persönlich oder indirekt (früher durch Bücher, heute durch Film und Fernsehen, morgen durch elektronische Netzwerke) mit Vorbildern in Berührung kommen, die auch unter großen Schwierigkeiten ihr Ziel weiterverfolgten. Eltern oder Lehrer können Kindern dabei helfen, mit unvermeidlichen Enttäuschungen und Rückschlägen fertig zu werden. Während es einerseits unrealistisch ist, Enttäuschungen einfach zu ignorieren, besteht doch andererseits ein großer Unterschied, ob man sich im momentanen Mißerfolg badet oder ihn als Ansporn, Herausforderung und Möglichkeit sieht, daraus zu lernen.

Vielversprechende Kinder (im Gegensatz zu gefährdeten) müssen mit anderen begabten Menschen vertraut werden und ihre Aufgabe in einer Umgebung finden, die ihrem Talent am ehesten entspricht. Spätere Neuerer werden von kulturellen Zentren angezogen, wo sie Gleichgesinnte suchen und sich mit ihnen zusammentun. Natürlich schaffen es nicht alle Menschen, die danach streben, Maler zu werden und nach New York zu ziehen, mit ihren Gemälden schließlich ins Whitney Museum. Tatsächlich werden die meisten von ihnen schließlich Versicherungen verkaufen oder, wenn sie Glück haben, Kunst an einer höheren Schule oder Kunstakademie unterrichten. Aber nur wenn sie die Möglichkeit haben, mit dem Gebiet und dem Umfeld ihrer Zeit vertraut zu werden, besteht die Chance, daß man in ihnen etwas Besonderes sieht.

Da Wissens- und Tätigkeitsdomänen immer technischer werden, wird es auch immer schwieriger, ohne Ausbildung Bekanntheit zu erlangen. Angehende Wissenschaftler, denen vor achtzig Jahren noch ein einfaches Diplom gereicht hätte, müssen heute zumindest noch eine Zeitlang nach ihrer Promotion weiter forschen, um beeindruckende Ergebnisse zu erzielen. Wen es in die darstellenden Künste zieht, wird heute eine lange Ausbildungszeit und viele Jahre bei einem Meisterlehrer in Kauf nehmen müssen, zum Beispiel an der renommierten New Yorker Juilliard School. Nur in den neuesten Gebieten – zum Beispiel bei der Software-Herstellung – gibt es noch Möglichkeiten für Leute, die keine offiziellen Qualifikationen vorzuweisen haben. Und doch gibt es ein Risiko für Menschen mit sehr langer Ausbildung: Zu einem bestimmten Zeitpunkt nämlich müssen auch sie ihre Flügel erproben und in einer häufig feindseligen Umgebung flügge werden.

Wer nach Einfluß strebt, findet weniger klare Vorgaben. Die persönlichen, sprachlichen und »existentiellen« Fertigkeiten, die einen wirkungsvollen Geschichtenerzähler kennzeichnen, kann man sich ebensogut auf der Straße wie im Klassenzimmer aneignen. Und jene Art von Lebenserfahrung, die zu einer authentischen Geschichte führt und sich überzeugend verkörpern läßt, ist naturgemäß nur schwer durch eine formale Ausbildung zu erwerben. (Sobald man allerdings die eigene Geschichte einem Image-Berater überläßt, opfert man seine Autonomie einer bloßen Formel. Eine solche Strategie wird langfristig kaum Erfolg haben können.)

Vielleicht ist das wichtigste prägende Erlebnis eines künftigen Beeinflussers die Möglichkeit, Autoritäten herauszufordern, ohne dadurch selbst Gefahr zu laufen, vollständig abgelehnt zu werden. Eine solche Herausforderung wird dann am erfolgversprechendsten sein, wenn die Kritik wohlbegründet ist und die Herausforderung mit einer angemessenen Mischung von Selbstvertrauen und Demut vorgetragen wird. Auch hier sind Formeln kaum sinnvoll. Aber es mag sehr nützlich sein, sowohl Vorbilder zu kennen, die diese Art von Herausforderung demonstrieren, als auch kleine Gelegenheiten wahrzunehmen, bei denen sich ein moderater Widerstand praktizieren läßt. Selbst Hitler mußte zahllose Kneipenstreitigkeiten hinter sich lassen, bevor er erfolgreich bekanntere Persönlichkeiten in offiziellen Positionen herausfordern konnte.

Der künftige Neuerer muß Autoritätspersonen nicht direkt herausfordern, steht jedoch letztlich vor dem gleichen Dilemma, weil jeder Durchbruch auf einem bestimmten Gebiet letzten Endes die herrschenden Autoritätsverhältnisse verändert. Schöpferpersönlichkeiten wie Virginia Woolf oder Martha Graham fordern die herrschende Autorität durch ihre ikonoklastischen symbolischen Werke heraus, das heißt durch indirekte Einflußnahme.

Außergewöhnliche Kreativität entsteht also dort am leichtesten, wo Menschen mit außergewöhnlichen Vorbildern konfrontiert werden, wo sie daraus Lehren ziehen und die Möglichkeit geboten bekommen, in einer relativ geschützten Umgebung erste eigene Versuche zu unternehmen. Es ist jedoch wichtig, in Erinnerung zu behalten, daß Menschen auf ihre je eigene Art außergewöhnlich werden, und so hat jeder neue Meister, Neuerer, Beeinflusser oder Selbstbeobachter eine einzigartige Geschichte zu erzählen.

Drei Schlüsselelemente: Reflektieren, Stärken ausspielen, Erfahrung sinnvoll bewältigen

Meine Untersuchung lenkt das Augenmerk auf drei Merkmale, die regelmäßig mit außergewöhnlicher Kreativität verbunden sind – Merkmale, die sich tatsächlich in dynamischer Weise wechselseitig beeinflussen. Ich möchte sie zunächst so vorstellen, wie sie sich im Leben herausragender Menschen finden, und mich dann der Art und Weise zuwenden, wie gewöhnlichere Menschen sie verwirklichen können.

Reflektieren

Wenn wir das Erwachsenenalter erreicht und einen gewissen Grad an Kompetenz in der Domäne erlangt haben, in der wir arbeiten, können wir nicht davon ausgehen, daß wir automatisch die Lehren aus unserer Erfahrung ziehen. Wir sind gut beraten, uns anzustrengen, um zu verstehen, was mit uns geschehen ist und was dies bedeutet – was wir zu erreichen versuchen und ob es uns geglückt ist. An vorderster Stelle steht die *Reflexion* – die regelmäßige, bewußte Betrachtung der Ereignisse des täglichen Lebens im Lichte längerfristiger Wünsche. Für eine solche Reflexion braucht man nicht unbedingt Tage- oder Notizbücher, ja überhaupt kein sprachliches Symbolsystem. Picasso führte im Laufe seiner langen Karriere beinahe zweihundert Notizbücher, aber nur wenige Aufzeichnungen bestanden aus geschriebenen Worten. Dennoch war für ihn die regelmäßige Gewohnheit der Reflexion in wichtigen Symbolsystemen sehr nützlich.

Werfen wir in dieser Hinsicht einen Blick auf unsere vier Beispiele. Von frühauf war Sigmund Freud ständig damit beschäftigt, über seine Wünsche, über seine Erfolge (oder Mißerfolge) nachzudenken. Die Berichte über seine Fallstudien und die Analysen seiner eigenen Träume dienten als unverzichtbare Hilfen, um sein Denken und letztendlich auch sein Programm voranzubringen, Institutionen zur Förderung der Psychoanalyse zu schaffen. Virginia Woolf benutzte Unterhaltungen und schriftliche Berichte, um praktisch jeden Aspekt ihrer Existenz zu reflektieren. Die Kombination ihrer Essays, Tagebücher, Briefe und literarischen Werke stellt eine beispielhafte Sammlung von Reflexionen dar.

Unsere anderen beiden Beispiele bieten ebenso kraftvolle, jedoch andersgeartete Reflexionen. Gandhi unternahm tägliche Spaziergänge, meditierte jeden Tag, hielt regelmäßig Strategiegespräche mit seinen engsten Mitarbeitern ab und beschäftigte sich unablässig mit der Herausgabe von Zeitungen, Büchern, kritischen Attacken sowie mit seiner selbstentwickelten Form von Reflexion über die Herausforderungen, die er täglich zu bestehen hatte: seine »Experimente mit der Wahrheit«. Als Kind bewies Mozart in vielen Briefen an seine Familienangehörigen seine Fähigkeit zur Reflexion. Häufig sprach er darin über musikalische Probleme und Herausforderungen, denen er sich gegenübersah, ebenso wie über amüsante Ereignisse des Tages. In späteren Jahren gibt es weniger Beweise für Mozarts Reflexion; sie beschränken sich leider weitgehend auf seine Schwierigkeiten mit seinem Vater und seine sich verschlechternde finanzielle Situation. Es ist jedoch aufschlußreich, daß Mozart nicht nur eine schriftliche »Partitur« über seine Mühen hinterließ, als er sich musikalischen Herausforderungen wie der Komposition der sechs Haydn-Quartette stellte, sondern diese auch ausdrücklich in seiner Widmung an den bewunderten Haydn erwähnt.

So wie man über die Arbeit reflektieren sollte, ist es wichtig, auch über das eigene potentielle Publikum nachzudenken – ob es sich dabei um die Familie, Freunde oder Gleichaltrige handelt, oder um jene Unbekannten, die letztendlich ein Urteil über die eigenen Erfindungen oder Schriften fällen werden. Es ist klar, was wir in dieser Hinsicht von unseren Beispielen lernen können: Wichtig ist, sich um eine Rückmeldung auf die eigene Arbeit zu bemühen und anderen zuhören zu können. Aber man sollte sich davon auch nicht überwältigen lassen: Wichtig ist auch, daß man seine eigenen kritischen Fähigkeiten nicht über Bord wirft. Dennoch sollte man besonders in den prägenden Jahren viel Gewicht auf das Urteil von Menschen legen, die über große Kenntnisse auf einem Gebiet verfügen.

Reflexion ist naturgemäß eine bewußte Tätigkeit. Es gibt noch zwei weitere Faktoren, die nicht so bewußt sein müssen, die aber gleichermaßen bedeutsam sind und letztlich mit der bewußten Reflexion in Wechselwirkung stehen.

Stärken ausspielen

In der einen oder anderen Besonderheit weichen wir alle von der Norm ab: in den Zufällen unserer Geburt, in der Kombination verschiedener Formen von Intelligenz, in den Umrissen unserer Persönlichkeit, den besonderen Erfahrungen, die wir zu Hause, in der Schule und auf der Straße machen. Einige von uns haben überwältigende Besonderheiten: Mozart war musikalisch ein Erwachsener im Körper eines Kindes; Freud war ein Jude, der im antisemitischen Wien Anerkennung suchte; Virginia Woolf war eine androgyne Frau ohne höhere Bildung, die ein neues Kapitel in der englischen Literatur aufschlug; Gandhi war ein Inder aus der Provinz, der versuchte, die Politik des mächtigsten Reiches seiner Zeit zu ändern – und das Denken der übrigen Welt.

Aber es ist weniger der bloße Umstand solcher Asynchronität, wie wir es oben genannt haben, der außergewöhnliche Menschen von anderen unterscheidet: Entscheidend ist das Ausmaß, in dem es ihnen gelingt, ihre Ungewöhnlichkeit zu erkennen und für sich zu nutzen. Die eigenen Stärken auszuspielen bedeutet die Fähigkeit bestimmter Menschen, ihre Schwächen außer acht zu lassen und sich zu fragen: »Auf welche Weise kann ich meine Stärken einsetzen, um einen Wettbewerbsvorteil in der Domäne zu erlangen, die ich gewählt habe?« Der namhafte Wissenschaftler und Publizist Stephen Jay Gould bietet uns dafür ein gutes Beispiel. Er beklagt, daß die Gebiete Mathematik und Logik nicht seine Stärke seien, und erklärt:

> Alle Menschen haben seltsam überentwickelte Fähigkeiten, aber einige erkennen ihre Einzigartigkeit nie richtig (...). Die Gabe, die ich von Fortuna, der ersten Göttin der Natur, erhielt, war die glückliche Verbindung einer überentwickelten Fähigkeit, die auf einem zentralen beruflichen Tätigkeitsfeld von höchstem Nutzen ist: Ich kann nichts, was ich aufnehme, vergessen oder ausradieren, und ich finde immer legitime und zwanglose Verbindungen unter den disparaten Details in meinem Kopf. In diesem Sinne bin ich eine Essaymaschine. (Gould, 1995, S. XIf.)

Jede unserer vier beispielhaften Persönlichkeiten spielte ihre Stärken in charakteristischer Weise aus. Für Mozart gab es kein Problem. Von den ersten Jahren seines Lebens an ein Wunderkind, schlug er einfach mit größtem Ernst und Engagement eine Musikkarriere ein. Freud sah sich einer großen Herausforderung gegenüber. Er mußte das Spektrum seiner Stärken (Sprachbegabung, personenbezogene Intelligenz) und Beschränkungen (mangelndes räumliches Vorstellungsvermögen und logisches Denken) in eine wissenschaftliche Karriere verwandeln. Als er auf dem Gebiet der Neurologie nicht so erfolgreich war, wie er es sich gewünscht hatte, suchte er nach einem Ansatz in der Psychologie, bei dem ihm seine eigenen intellektuellen und organisatorischen Stärken einen komparativen Vorteil gegenüber seinen Zeitgenossen verschafften.

Virginia Woolf war in sprachlicher Hinsicht und im Hinblick auf ihre personenbezogene Intelligenz ähnlich talentiert, aber ihr eigener Genius richtete sich auf die Selbstbeobachtung, nicht auf die Beeinflussung anderer. Sie war bis zu einem gewissen Grad selbstbewußt, aber Kritik traf sie leichter als Freud. Indem sie sich auf das geschriebene Wort und die private Konversation verließ, öffentliche Debatten, bei denen sie Kritikern Auge in Auge hätte gegenübertreten müssen, jedoch vermied, suchte sie die Auseinandersetzung mit anderen auf ihrem stärksten Gebiet.

Gandhis tiefe Ergründung seiner eigenen Psyche und der Befindlichkeit seiner Landsleute erlaubte es ihm, eine Form des Protestes zu entwickeln, die sich ideal für den indischen Unabhängigkeitskampf eignete. Es beunruhigte ihn nicht, daß er kein guter Student gewesen war oder schlechte Voraussetzungen mitbrachte, um ein Mitglied des Establishments zu werden. Statt dessen bestand er darauf, von den anderen als Mitmensch gesehen zu werden und schob so die Vorurteile von Rasse, Klasse und Ethnie beiseite.

Die eigenen Stärken auszuspielen schafft noch einen zusätzlichen Vorteil. Häufig kommt es zu Durchbrüchen, weil Menschen in der Lage sind, ein familiäres Problem oder eine Herausforderung in einer neuen Weise zu begreifen: Man denke an Freuds Sicht der Psyche (in der Kindheitserlebnisse für die Pathologie der Erwachsenen relevant werden); oder an Gandhis Behandlung sozialer Konflikte (bei der sich westliche und östliche Sichtweisen verbinden). Eine solche konzeptuelle Neufassung ist dann am wahrscheinlichsten, wenn ein Mensch zu »vielfachen Repräsentationen« eines Problems fähig ist, das heißt ein Problem aus einer Reihe verschiedener Perspektiven sehen kann, besonders solchen, die zuvor keine Beachtung gefunden hatten. Je mehr ein Mensch seine einzigartigen Stärken einsetzen kann, um ein Problem anzugehen, desto eher wird er oder sie zu einem Ansatz gelangen, der dieses Problem in besonderer, überraschend neuartiger Weise erhellt.

Erfahrung sinnvoll bewältigen

Die Fähigkeit, die eigene Abweichung von der Norm zu erkennen und in einen Vorteil umzumünzen, exemplifiziert ein drittes Merkmal von kreativer Intelligenz, das ich als Erfahrungsbewältigung bezeichne. Kurz gesagt geht es um die Fähigkeit, Erfahrungen auf eine positive Weise zu verarbeiten, so daß man die richtigen Lehren daraus zieht, um dann mit frischer Energie voranzuschreiten.

Jeden Tag machen wir alle Erfahrungen, von denen einige gut, andere schlecht sind. Außergewöhnlich kreative Menschen verlieren nicht den Kontakt zur Realität. Sie sehen klare Erfolge nicht als Mißerfolge oder versuchen, von Mißerfolgen überhaupt keine Notiz zu nehmen. Entscheidend ist nicht so sehr die Fähigkeit, das Positive in Rückschlägen zu erkennen, sondern Rückschläge als Chance zum Lernen zu begreifen: über eine Erfahrung, die andere lieber so schnell wie möglich vergessen wollen, nachzudenken, sie durchzuarbeiten und zu erkennen, welche ihrer Aspekte Hinweise darüber liefern, wie in Zukunft zu verfahren ist.

Die kumulative Wirkung solcher Erfahrungsverarbeitung ist kaum zu unterschätzen. Wenn man vorsichtig annimmt, daß eine künftige Schöpfer- oder Führungspersönlichkeit eine Erfahrung pro Woche macht, aus der er oder sie eine wichtige Lehre zieht, so kommen in wenigen Jahren einige hundert Erfahrungen zusammen. Diese Leistung verschafft einem solchen Menschen natürlich eine ganz andere Ausgangsposition als jemandem, der sich keine Zeit nimmt, um Lehren aus seinen Erfahrungen zu ziehen oder diese völlig falsch interpretiert.

Die meisten von uns bewältigen ihre Erfahrungen unsystematisch und sporadisch. Bei außergewöhnlich kreativen Menschen wird Erfahrungsbewältigung dagegen zu einer *Lebensgewohnheit*. Während eine Abweichung von zehn oder zwanzig sinnvoll verarbeiteten Erfahrungen kaum ausschlaggebend sein mag, führen Abweichungen von mehreren hundert Erfahrungen zu wirklichen Unterschieden in der Art, wie Menschen ihr Leben gestalten.

Ich war überrascht, wie sehr Ronald Reagan in jeder Phase seiner ungewöhnlichen Karriere von Beobachtern unterschätzt wurde. Zweifellos lag dies an seiner umgänglichen Art, seiner Neigung, sich selbst in den Schatten zu stellen, und vielleicht an seinem Mangel an analytischen Fähigkeiten, die man von Beeinflussern in so hoher Position erwartet.

Reagan war jedoch ein Meister der Erfahrungsbewältigung. Er war nicht nur in der Lage, das Positive an einem Mißerfolg zu sehen (tatsächlich war er vielleicht ein bißchen zu sehr geneigt, das Positive zu betonen). Wichtiger war, daß er aus jeder seiner – erfolgreichen oder erfolglosen – Karrieren Lehren zog und diese in seine nächste

Laufbahn einbrachte. Der Abstand zwischen dem jungen Sportbe-
richterstatter vom College und dem Mann im Oval Office, dem Büro
des Präsidenten, ist enorm. Aber wenn man seinen Weg vom Radio-
sprecher über den Schauspieler in Billigproduktionen (»B-movies«),
den Vorsitzenden der Schauspielergewerkschaft und den Werbemann
bei General Electric bis hin zum Kandidaten für das Amt des Gouver-
neurs von Kalifornien nachverfolgt, läßt sich dieser scheinbar
enorme Abstand rasch überbrücken.

Betrachten wir die hier vorgestellten Persönlichkeiten unter dem
Aspekt der Erfahrungsbewältigung. Nach einer Kindheit, die reich an
Möglichkeiten und Triumphen war, mußte Mozart als Erwachsener
einen Rückschlag nach dem anderen hinnehmen. Nie leugnete er
diese Mißerfolge. Er war jedoch entschlossen, weiter zu komponieren, und es gelang ihm immer besser, die öffentlichen Reaktionen auf
sein Werk außer acht zu lassen und sich nur darum zu kümmern, ob
es seinen eigenen Maßstäben gerecht wurde. Komponieren wurde
ein Trost, nicht sein Sorgenthema.

In seinem Bemühen, eine wissenschaftliche Nische zu finden und
dann andere von seinen Einsichten zu überzeugen, mußte Freud ständig mit Enttäuschungen kämpfen. Statt sich von der Ablehnung, die
er erfuhr, lähmen zu lassen, begann er, Zurückweisung als Teil seines
Weges zu akzeptieren. (Zuweilen konnte er solche Ablehnung sogar
durch seine Theorie erklären.) Über die Jahre gelang es ihm, eine or-
ganisatorische Basis zu schaffen, die es ihm erlaubte, nach seinen eigenen Bedingungen mit seiner Arbeit fortzufahren.

Virginia Woolf erscheint unter dem Aspekt der Erfahrungsbewältigung teilweise als Ausnahme, da sie sich von Kritik einschüchtern
ließ und schließlich ihrem Leben ein Ende setzte. Sie war nicht in der
Lage, die Last ihrer manisch-depressiven Krankheit zu ertragen.
Aber im Laufe ihres Lebens wurde sie im Hinblick auf ihre Fähigkeiten immer selbstbewußter und konnte harte Kritik leichter hinnehmen. Tatsächlich konnte sie schließlich, wie wir gesehen haben, Kritik als Ansporn zu höherer Leistung verstehen – ein Lehrbuchbeispiel
für den erfolgreichen Umgang mit Erfahrung.

Mahatma Gandhi schließlich bewies in seinem Erwachsenenleben
eine bemerkenswerte Fähigkeit, mit Schwierigkeiten und Kritik umzugehen und sie für seine Zwecke fruchtbar werden zu lassen. Gan-

dhi glaubte, daß sich das Leben nach höheren Gesetzen vollziehe und Menschen letztlich Erfolg beschieden sei, wenn sie sich für das Recht einsetzen und an der Wahrheit festhalten. Rückschläge waren für ihn unvermeidlich, aber kein Grund, sich vom Weg abbringen zu lassen. Gandhi war nicht nur in der Lage, Ereignisse für sich selbst positiv zu verarbeiten; es gelang ihm die noch bemerkenswertere Leistung, seine Anhänger davon zu überzeugen, daß sie selbst in Momenten der Niederlage den Sieg davontrugen.

Die Bedeutung dieser drei Merkmale – reflektieren, die eigenen Stärken ausspielen, Erfahrung sinnvoll bewältigen – mag noch deutlicher werden, wenn wir uns klar machen, wie es um unser menschliches Potential bestellt wäre, wenn sie fehlen würden. Zunächst können wir kaum aus Erfahrung klug werden, wenn wir nicht über sie nachdenken. Für jemanden, der die Welt verändern möchte, verbietet sich dies geradezu von selbst. Wenn wir unsere Stärken nicht erkennen und auf die bestmögliche Weise zu unserem Vorteil einsetzen, sind wir gegenüber jenen, die aus einer Position der Stärke antreten, im Nachteil. Wenn wir schließlich jede Erfahrung als gleichermaßen erfolgreich werten oder einfach ihre Deutung und Verarbeitung anderen überlassen, dann ist es unwahrscheinlich, daß wir Großes erreichen können. Es ist die Fähigkeit, Bedeutung – ja sogar Ansporn – in einer scheinbar negativen Erfahrung zu finden, die uns in die Lage versetzt, den Herausforderungen des Lebens zuversichtlich und wirkungsvoll zu begegnen.

Diese drei von mir genannten Merkmale stehen in enger Beziehung zueinander. Reflexion ist eine grundlegende Tätigkeit: Die Fähigkeit, Abstand zu sich und den eigenen Erfahrungen zu gewinnen, ist für wirklichen Erfolg und hohe Leistung unabdingbar. Diese Reflexion geht gewöhnlich in zwei Richtungen: Erstens richtet sie sich auf die Analyse der eigenen Stärken und Neigungen; zweitens befaßt sie sich mit den Lehren, die sich aus den täglichen Erfahrungen ziehen lassen. Manchmal vollzieht sich diese Analyse bewußt, aber zuweilen ist sie einfach eine internalisierte intellektuelle Gewohnheit. Sobald man sich *bewußt* mit der eigenen Erfahrung auseinandersetzt oder die eigenen Stärken abschätzt, unternimmt man tatsächlich bereits eine reflektive Anstrengung.

Kein Mensch kann sein Schicksal gänzlich selbst bestimmen: Unsere Stärken rühren in beträchtlichem Umfang aus unserer Biographie, unsere Erfahrungen hängen weitgehend von den Launen des Zufalls ab. Aber indem wir die Gelegenheit beim Schopf packen, unsere Stärken zu erkennen und unsere Erfahrungen zu bewältigen, werden sie uns verfügbar. Durch diese größere Handlungsmacht wiederum können wir künftige Erfahrungen besser bewältigen und unser Bewußtsein von unseren Stärken und Schwächen nachhaltig verändern.

Was wir alle lernen können

Den meisten von uns wird es nicht gelingen, zu bedeutenden Neuerern zu werden, höchste Meisterschaft auf einem Gebiet zu erlangen, andere in großem Maßstab zu beeinflussen oder durch Selbstbeobachtung zu tiefen Erkenntnissen zu gelangen. Tatsächlich ist dies gewissermaßen eine logische Notwendigkeit. Potentiell kreative Menschen sind ja gerade auf ein Publikum angewiesen, daß sie in ihren Bann schlagen können, und auf geneigte Kritiker, die sie überzeugen können. Andernfalls würde ihnen das Versuchsfeld fehlen, auf dem sie ihre Fähigkeiten ausprobieren und einen bleibenden Eindruck hinterlassen können.

Relativ kleine Abweichungen zwischen dem Gewöhnlichen und dem Außergewöhnlichen können sich, wie ich dargelegt habe, mehr oder weniger schnell zu großen qualitativen Unterschieden entwickeln. Es kann sein, daß Menschen wie Beethoven oder Virginia Woolf, Hitler oder Mahatma Gandhi sich im Alter von einem Jahr nicht allzusehr von uns anderen unterscheiden. Aber im Alter von 25 oder 50 Jahren erscheint der Unterschied zwischen »uns« und »ihnen« praktisch unüberbrückbar. Wenn etwa der Pianist Alfred Brendel, den wir oben zitiert haben, als jemand begann, der von uns anderen ununterscheidbar war, so wurde er später zu einem außergewöhnlichen Menschen, weil er große Anstrengungen unternahm und viel erreichte.

Können wir, die wir nicht außergewöhnlich sind, von solchen Menschen dennoch etwas lernen – etwas, das sich bedeutsam auf unser Leben auswirkt? Ich glaube, daß die Antwort auf diese Frage ein klares Ja ist. Die wichtigsten Lehren ergeben sich aus den vier Arten außergewöhnlicher Kreativität, die ich umrissen habe, und den drei Merkmalen, die viele außergewöhnliche Menschen kennzeichnen – reflektieren, die eigenen Stärken ausspielen, Erfahrung sinnvoll bewältigen.

In unserem eigenen Leben wird jeder und jede von uns unweigerlich in einem oder mehr Gebieten arbeiten. Durch beständige Anstrengung können auch normale Menschen die wesentlichen Elemente und Niveaus einer Domäne meistern. Zumindest können wir es bis zum Niveau von Experten bringen. Aber wir haben auch die Chance, in einem Gebiet Werke und Arbeiten von höchster Qualität zu schaffen oder zu versuchen, dieses Gebiet auf eine Weise zu verändern, die uns sinnvoll erscheint. Natürlich können wir nicht alle die Malerei revolutionieren wie Picasso oder kochen wie die Meisterköche, die die *nouvelle cuisine* schufen. Aber wir können doch solche Gebiete in einer Weise verändern, die uns selbst und den uns nahestehenden Menschen Freude bereitet.

Was die Welt der Personen betrifft, so ist die Fähigkeit, sich eingehend selbst zu beobachten oder Einfluß auf andere auszuüben, Teil unserer menschlichen Anlagen. Ob wir diese Richtungen einschlagen, hängt zuerst davon ab, ob wir bereit sind, Jahre unseres Lebens damit zu verbringen, über die Welt der Menschen nachzudenken und, zweitens, ob wir den Mut aufbringen, neue Wege zu beschreiten. Natürlich können wir nicht alle erwarten, die introspektive Tiefe von Virginia Woolf zu erreichen oder soviel Einfluß auf andere zu gewinnen wie Sigmund Freud oder Mahatma Gandhi. Aber es besteht kein Zweifel, daß sich unsere Einsichten über uns selbst oder unser intuitives Verständnis anderer in unserer bescheidenen Sphäre auf Nahestehende positiv auswirken können.

Erfolg zu haben mit einer oder mehreren der Ausprägungen kreativer Intelligenz, die wir hier vorgestellt haben, hängt in bedeutsamer Weise von den drei Vorgehensweisen ab, die ich identifiziert habe. Wenn man die Hoffnung hegt, auf einem anerkannten Arbeitsgebiet oder in der Welt der Menschen Bedeutendes zu leisten, so ist man gut beraten, sich regelmäßiger und intensiver Selbstbeobachtung zu widmen, die eigenen Stärken auszumachen und in größtmöglichem

Maße auf ihnen aufzubauen, und schließlich die täglichen ebenso wie die herausragenden oder sehr enttäuschenden Erfahrungen so zu deuten, daß sie als Offenbarung und nicht als Niederlage erscheinen. Zu allen Zeiten ist es wichtig, das Augenmerk auf Herausragendes und hohe Standards zu richten. Ob man nun versucht, die Welt zu ändern oder das eigene Leben schöner zu machen: Man sollte immer etwas höher zielen. Die Japaner sprechen von *kaizen*: sich anstrengen, jeden Tag ein bißchen besser zu werden. Selbst wenn die Schritte zur Besserung nicht ausreichen, um zu Weltbedeutung zu gelangen, werden sie zu besseren Ergebnissen führen und uns das Gefühl geben, etwas erreicht zu haben. John Gardner hat dies in einem Essay über »Vortrefflichkeit« sehr gut auf den Punkt gebracht: »Die Gesellschaft, die Meisterleistungen im Klempnerhandwerk geringschätzt, weil das Klempnerhandwerk eine niedrige Tätigkeit sei, oder Schlampigkeit in der Philosophie duldet, weil es sich dabei um eine erhabene Tätigkeit handelt, wird weder gute Klempnerarbeit noch gute Philosophie haben. Weder ihre Rohre noch ihre Theorien werden wasserdicht sein« (1961, S. 86).

Ich werde häufig gefragt, wie man außergewöhnlich kreativ werden und Einfluß auf andere gewinnen kann. Leider können wir an den biologischen Anlagen, die wir mitbekommen haben, nicht viel ändern, oder, wenn wir erwachsen sind, an unseren intellektuellen Stärken und unserer Persönlichkeit. Darauf haben wir nur marginalen Einfluß. Aber, ob nun Dichter oder Klempner, man kann viel lernen, indem man seine eigene Domäne eingehend studiert und vorauszuahnen versucht, in welche Richtung sie sich entwickeln wird. Ebenso kann man davon profitieren, das Urteil relevanter Gruppen anderer Menschen zu verstehen und zu begreifen, wie es zustande kommt, ob es sich dabei nun um eine Gruppe von zwölf oder zwölftausend Menschen handelt. Im Erwachsenenalter erlangen häufig jene einen Wettbewerbsvorteil, die neben ihren Fertigkeiten zusätzlich auch zu einer nuancierten Einschätzung der Arbeitsweisen ihres Gebietes und ihres Umfeldes gelangen.

Auf die komplementäre Frage: »Werde ich außergewöhnlich sein?« habe ich eine eigenwillige, teils enttäuschende, teils ermutigende Antwort. Da das Umfeld – das Urteil anderer Menschen – sich nur langsam bewegt, könnte es sein, daß Sie sterben, bevor Sie erfahren, daß Sie außergewöhnlich sind. Aber eben weil das Umfeld so bedächtig agiert, werden Sie auch nicht sicher wissen, wenn Sie *nicht* außergewöhnlich sind.

Ich möchte im Hinblick auf diese Fragen noch einen weiteren Punkt anmerken. Man sollte die eigene Unterschiedlichkeit erkennen – die Asynchronität, mit der man gesegnet oder geschlagen ist – und das Beste daraus machen. Verwandeln Sie ihre Asychnronität in einen Segen und ziehen Sie Nutzen aus ihr. Machen Sie eine kritische Bestandsaufnahme Ihrer Erfahrungen, sowohl der guten wie der schlechten, und versuchen Sie, diese auf die positivste Weise zu deuten. »Positiv« bedeutet hier nicht, daß man sich selbst beglückwünschen soll. Vielmehr ist gemeint, daß man versuchen soll, das, was passiert ist oder was man getan hat, so zu verstehen, daß man in Zukunft den größtmöglichen Nutzen daraus ziehen kann.

Diese wenigen Hinweise, so ist mir wohl bewußt, sind kaum überraschend – schon gar nicht für die Leser dieses Buches. Mir ist auch klar, daß ich hier einige Bedingungen von kreativer Intelligenz außer acht gelassen habe. So habe ich zum Beispiel nicht die Bedeutung der Erbanlagen, der Religion, der Geschwister, der politischen oder weltanschaulichen Einstellung betont. Ich hoffe jedoch, daß es mir gelungen ist, ein Bild davon zu geben, wie sich eine Reihe von zusammenwirkenden Faktoren bei einem Menschen über eine beträchtliche Zeitspanne hinweg so auswirken, daß in den glücklichsten Fällen daraus ein Lebenswerk entsteht, das in unserer Welt einen positiven Unterschied macht.

Kreative Möglichkeiten in der Zukunft

Menschen haben Außergewöhnliches immer zum Teil dadurch erreicht, daß sie sich der Artefakte bedienten, die ihnen zu Verfügung standen. Die ersten Neuerer, die eine Axt oder ein Schwert schwingen konnten, erhoben den Anspruch, ihre Sippschaft anzuführen; schließlich eroberte der Beeinflusser, der ein Bataillon gutbewaffneter Soldaten befehligen konnte, seinen Teil der Welt. Künstler und Wissenschaftler haben sich immer die jüngsten Innovationen einer

Gesellschaft zunutze gemacht; und obwohl nicht alle Komponisten elektronische Musik schaffen und nicht alle Graphikkünstler auf computergestützte Designprogramme zurückgreifen, wären Künstler in Zukunft schlecht beraten, wenn sie diese technischen Mittel außer acht ließen. Tatsächlich müssen heute zum Beispiel Filme, wie der bekannte Regisseur und Filmproduzent George Lucas bemerkte, nicht mehr am Drehort entstehen; sie lassen sich auch in einem elektronischen Studio zu einem Bruchteil der Kosten produzieren (vgl. Lucas, 1995).

Bisher halten wir Menschen jedoch immer noch unverkennbar das Ruder in der Hand. Wir sind außergewöhnlich, weil wir die Computerprogramme entwerfen und entscheiden, wann wir sie einsetzen und wann wir den Stecker herausziehen. Wenn die Zeit kommt, wo Computer – in ihren vielfältigen Formen – Probleme aufwerfen *und* lösen, die jenseits menschlicher Vorstellungskraft liegen, dann wird das Außergewöhnliche zunehmend seinen Ort in der Welt der Artefakte finden. Es bleibt abzuwarten, ob menschliche Faktoren, die mit der künstlichen Welt der Maschinen überhaupt nichts zu tun haben – Schmerz, Verletzlichkeit, das Bewußtsein unserer Endlichkeit – an Bedeutung gewinnen oder in Zukunft weniger wichtig sein werden.

Ein ähnlicher Schatten liegt auf herausragenden Leistungen, wenn sie aus biologischer Perspektive betrachtet werden. Wir nähern uns mit raschen Schritten einer Zeit, in der *genetic engineering*, die Manipulation von Genen, zu einer alltäglichen Tatsache werden könnte. Bald werden wir wissen, welche Gene oder Gruppen von Genen bestimmte kognitive Fähigkeiten (hohe wissenschaftliche Intelligenz, Musiktalent, Körpertalent) und bestimmte Persönlichkeitsmerkmale (manische Depression, Obsessionen, vielleicht sogar Risikobereitschaft und die Fähigkeit, in kluger Weise seine Stärken auszuspielen) steuern. Wenn wir uns dafür entscheiden, Menschen auf dieser Grundlage genetisch zu manipulieren oder andere Formen von Genmanipulation zu verwenden, dann wird auch hier wieder das Außergewöhnliche seinen Ort woanders finden – dieses Mal in den Bio- und Gen-Labors.

Niemand kann heute sagen, ob es sich hier um unrealistische Schreckgespenster oder um reale Möglichkeiten handelt, die mit beängstigender Geschwindigkeit auf uns zukommen. Für mich besteht jedoch kaum ein Zweifel, daß es für unsere langwährenden und sich immer noch langsam entwickelnden kulturellen Institutionen und Traditionen vernichtend wäre, wenn sich diese Möglichkeiten in Gewißheiten verwandeln. Es wird einer seltenen Form von Außergewöhnlichkeit bedürfen – einer Verschmelzung der Fähigkeiten, Neues zu schaffen und andere zu beeinflussen –, um erfolgreich mit diesen beispiellosen und unwägbaren Herausforderungen fertig zu werden.

Natürlich hatten Menschen immer das Gefühl, daß bestimmte Ereignisse außerhalb ihrer Kontrolle lagen, und in jeder Epoche gab es immer viele, für deren Geschmack oder Temperament sich die Dinge viel zu schnell entwickelten. Es besteht jedoch kein Zweifel, daß wir in einer Zeit leben, in der die Geschwindigkeit und das Gefühl des Wandels überwältigend sind. Niemand kann abschätzen, wie sich die Potenzierung der Rechenkapazitäten, die Entwicklung von Netzwerken, die Lasertechnologie, das Ende des Kalten Krieges, das Entstehen von globalen Organisationen oder die neuen fundamentalistischen und tribalistischen Strömungen auf unser aller Leben auswirken werden – um nur ein paar der Themen zu nennen, die uns auf der Titelseite jeder beliebigen Zeitung ins Auge springen. Die Kolumnistin Jane Bryant Quinn brachte es kürzlich witzig und salopp auf den Punkt: »Wenn man glaubt, daß man kapiert, was los ist, hat man keine Ahnung, was abläuft.«

Diese Situation hat radikale und beunruhigende Konsequenzen für die menschliche Entwicklung im allgemeinen und für die Aneignung von Expertenwissen im besonderen. Welche Veränderungen es in der Vergangenheit auch immer gegeben hat, die meisten Menschen hatten die begründete Zuversicht, daß ihre Kinder in einer Welt aufwuchsen, die sie sich selbst noch vorstellen konnten. Bis vor kurzem konnte man selbst in den modernen säkularen Gesellschaften davon ausgehen, daß die Rolle wichtiger Fachberufe (Arzt, Rechtsanwalt, Buchhalter) und Arbeiter- und Angestelltenberufe (Fabrikarbeiter, Reinigungskraft, Krankenpflegeberufe) unverändert bliebe. Man konnte auch annehmen, daß die wichtigsten Institutionen und Arbeitsstätten erhalten bleiben würden (Geschäftsbüros, Fabriken, Schulen, Krankenhäuser, Kunstzentren) und dort beschäftigte treue Arbeitnehmer so etwas wie Arbeitsplatzsicherheit verdienten.

All dies steht nun in Frage. Die Rolle von Ärzten hat sich in den letzten zwanzig Jahren stärker verändert als in den vorangehenden hundert. Computer und Roboter haben viele der Tätigkeiten übernommen, die zuvor von Menschen ausgeübt wurden. Viele unserer vertrautesten Institutionen – wie Krankenhäuser oder unsere Arbeitsstätten – verändern sich so grundlegend, daß sie in Zukunft wohl kaum wiederzuerkennen sein werden. Am stärksten beunruhigt die Menschen, daß es tatsächlich keine Jobsicherheit mehr gibt: Sie müssen damit rechnen, während ihres ganzen Lebens Karrieren oder zumindest Positionen zu wechseln. Über beinahe jedem schwebt das Damoklesschwert, ein Opfer struktureller Arbeitslosigkeit zu werden oder aufgrund veralteter Fertigkeiten den Arbeitsplatz zu verlieren.

Einige begrüßen diese Veränderungen, während viele (mich eingeschlossen) sie beunruhigend finden. Natürlich unterscheiden sich Menschen untereinander sehr stark in ihrer Fähigkeit, mit Herausforderungen, Risiken und neuen Möglichkeiten umzugehen. Das Spektrum reicht von jenen, die Erich Fromm zufolge »vor der Freiheit fliehen«, bis zu jenen, die nach einem Wort von Mihaly Csikszentmihalyi in der Begegnung mit dem Unvertrauten und der Herausforderung restlos aufgehen (»flow«). Aus der Blickrichtung dieser Untersuchung sind es die Neuerer – die das Neue suchen, die das Vertraute ungeduldig macht oder langweilt –, die heute die vielversprechendsten Aussichten haben, außergewöhnliche Glanzleistungen zu vollbringen. Umgekehrt sind es jene, die das Unbekannte verängstigt oder einschüchtert, die sich nun eher in ihr Fachwissen einigeln und hoffen, daß dies wenigstens zu ihren Lebzeiten und für ihre Kinder ausreicht.

Aber ganz so einseitig sind unsere Fähigkeiten nicht verteilt. Es ist wohl sinnvoller anzunehmen, daß alle Menschen fähig sind, ein *gewisses* Risiko auf sich zu nehmen, besonders in einer freundlichen Umgebung, und daß alle Menschen andererseits auch Gefahr laufen, von Veränderungen, die sich zu schnell und unerwartet vollziehen, überwältigt zu werden. Menschen scheinen sich dagegen in ihrer ursprünglichen Empfänglichkeit für Veränderung zu unterscheiden – die vielleicht im Genom festgelegt ist und von ihren frühkindlichen Erfahrungen bestimmt wird, die sie entweder für neue Erfahrungen öffnen oder sie zunehmend mißtrauischer und ängstlicher gegenüber dem Unbekannten machen. Die richtige Verarbeitung von Erfahrung kann hier einiges bewirken, aber wo sie auf Selbsttäuschung beruht, verliert sie ihre Funktion.

Die meisten von uns geben sich damit zufrieden, außergewöhnlich im Kleinen zu sein – sich vielleicht unbeholfen an einem Gedicht oder einer Geschichte zu versuchen. Nur wenige Menschen haben das Talent und die Nerven, nach den Sternen zu greifen und nach wirklich außergewöhnlicher Kreativität zu streben, um mit ihrem Beitrag ein bedeutendes Feld menschlicher Erfahrung umzuformen. Solche Menschen müssen wohl in der schönen neuen Welt, die uns bevorsteht, immer größere Verantwortung übernehmen.

Humane Kreativität

Angeregt von unseren großen Beispielen, möchte ich dieses kleine Buch mit einer Ermunterung schließen. Aufgrund der Verschieden-artigkeit der Menschen, die auf dieser Welt leben und aus einer enor-men Vielzahl von Kulturen kommen, haben wir unzählige Möglich-keiten, uns hervorzutun und etwas zu bewegen. Aufgrund der be-grenzten Fähigkeiten unserer Intelligenz und der Notwendigkeit, uns zu beschränken, wenn wir anderen etwas mitteilen wollen, neigen wir dazu, uns auf nur wenige Beispiele zu konzentrieren – und viel-leicht zu häufig auf immer dieselben Beispiele: auf die Luthers, Mo-zarts oder Grahams. Jeder von uns kennt in seinem oder ihrem eige-nen Leben Beispiele von unauffälligen Menschen, die etwas bewegen, die unser Leben schöner machen. Am Ende des Romans *Middle-march* schreibt George Eliot über die Protagonistin Dorothea:

> Doch die Wirkung ihres Wesens auf die Menschen ihrer Umgebung entzog sich an Breite und Tiefe jeder Berechnung: denn das Wachstum des Guten auf der Welt hängt zum Teil von unhistorischen Taten ab; und daß es nicht so schlimm um dich und mich bestellt ist, wie es hätte sein können, verdanken wir nicht zuletzt den einzelnen, die treulich ihr verborgenes Leben gelebt haben und in Gräbern ruhen, die keiner mehr besucht. (1962, S. 1134)

Bis zum heutigen Punkt in der Menschheitsgeschichte verfügten wir über einen gewaltigen Luxus, einen Luxus, den wir nur kurze Zeit ausgenutzt und nun für immer verloren haben. Dieser Luxus bestand in der freien und vollen Entfaltung unserer Talente. Die Möglichkeit dazu wurde hart erkämpft, vor allem im Westen und seit dem 17. Jahrhundert. Davor wurden Menschen nicht dazu ermutigt, sich aus der Menge hervorzutun, und jene, die es taten, hatten ebenso häufig mit einem Todesurteil wie mit einem Lorbeerkranz oder einer Nische im Pantheon zu rechnen.

Viele Menschen, darunter auch die Leser dieses Buches, haben von dieser beinahe zufälligen Möglichkeit profitiert. Und viele von uns, mich eingeschlossen, sträuben sich dagegen, die Chance einer freien Entfaltung unserer Intelligenz aufzugeben oder diese Freiheit anderen vorzuenthalten.

Doch heute, wo sich drohend die Möglichkeiten einer Zerstörung oder radikalen Umgestaltung der Welt abzeichnen und sich unsere Zivilisation weitgehend globalisiert, stehen wir vor einem epochalen Dilemma. Wenn wir es zulassen, daß sich Neuerung und Beinflussung anderer ohne Rücksicht auf die Konsequenzen frei entfalten, laufen wir große Gefahr, daß unsere Welt (durch eine neue Waffe) zerstört oder (durch ein mißglücktes genetisches Experiment) unbewohnbar wird. Wenn wir andererseits wie Sparta nach der Blüte Athens oder die Nazis nach der Weimarer Republik harte Maßnahmen ergreifen, um eine solche freie Entfaltung zu unterbinden, geben wir eben jene Freiheit preis, für die so viele Menschen guten Willens jahrhundertelang gekämpt haben.

Zusammen mit Mihaly Csikszentmihalyi und William Damon hoffe ich, daß eine andere Form von Kreativität, die wir *humane Kreativität* genannt haben, dieser Herausforderung gerecht wird. Wir sind der Überzeugung, daß sich mit der unschätzbaren Möglichkeit, die eigene Intelligenz und die eigenen Ressourcen frei zu nutzen, die Verantwortung verbinden sollte, diese gut und human einzusetzen. Wir rufen nicht nach Zensur, sondern nach einer ernsten Auseinandersetzung mit den sozialen, ökonomischen, politischen und kulturellen Auswirkungen von Neuerung und Einflußnahme. Wer die Möglichkeit zu außergewöhnlich kreativer Tätigkeit hat, ob einzeln oder als Mitglied von Berufsgruppen oder Disziplinen, sollte

Anstrengungen unternehmen, um seine oder ihre Arbeit verantwortlich einzusetzen. In gleicher Weise sollten außergewöhnlich kreative Menschen ihre Arbeit in der Öffentlichkeit, die sie unterstützt und mit den Konsequenzen dieser Arbeit leben muß, zur Diskussion stellen. Wir können es uns nicht leisten, einfach darüber hinwegzugehen, wenn die Konsequenzen der schöpferischen Tätigkeit eines Individuums anderen aufgebürdet werden. Wir können die Verantwortung für unsere Worte, Taten und Erfindungen nicht auf Religionen, Gerichte oder andere Gemeinschaften oder Berufsstände abwälzen. Vielmehr fällt diese Verantwortung jenen Menschen zu – wenn es auch nicht ihre einzige Verantwortung ist –, die mit der Möglichkeit beschenkt wurden, neue, aufregende Schöpfungen zu verwirklichen.

Die Grundlagen für humane Kreativität sind vorhanden. Sie finden sich zum Teil in den Leitprinzipien, die traditionell in künstlerischen und beruflichen Gebieten gelten: der Hippokratische Eid bei Ärzten, die intellektuelle Redlichkeit bei Wissenschaftlern, die Verpflichtung auf die Gerechtigkeit bei Juristen, die Uneigennützigkeit der Wächter im Sinne Platons. Leider sind diese Glaubensüberzeugungen und Praktiken in den letzten Jahren zunehmend in Vergessenheit geraten und geben der verführerischen Suggestionskraft von Botschaften nach, die den Wert des Eigennutzes und der freien Marktkräfte verkünden. Aber sie sind noch nicht völlig verschwunden, und vielleicht lassen sie sich wiederbeleben.

Hier kommt die menschliche Komponente ins Spiel. Man kann so viele Moralbücher schreiben, wie man will, und allen Menschen obligatorische Ethikkurse verordnen. Aber solange nicht talentierte und vielversprechende Menschen, ja, solange nicht *alle* Menschen die Möglichkeit haben, lebenden Vorbildern humaner Kreativität zu begegnen, werden sie diese Option weder ernst nehmen noch wissen, wie sie in ihrem eigenen Leben nach diesem Ideal streben sollen. Daher ist es entscheidend, daß die Erziehung Menschen und Institutionen herausstellt, die – häufig gegen den Strom – Beispiele für nachdenkliche und verantwortungsbewußte Neuerung und Einflußnahme darstellen. Die Helden der Vergangenheit – George Washington, Niels Bohr, Martin Luther King, Rosa Luxemburg – und die bekannten oder heimlichen Helden der Gegenwart müssen studiert, die Mittel ihres Einflusses verstanden und in neuer Weise dargestellt werden, damit sie zur Gegenwart sprechen können. Hierin liegt der tiefere Grund, um außergewöhnlich kreative Menschen zu studieren: Sie bieten äußerst wichtige Orientierungshilfen, an denen künftige Menschen – ob sie nun gewöhnlich oder außergewöhnlich sind – ihr eigenes Leben ausrichten können.

Wo wir uns mit kreativen Menschen beschäftigen und ihnen nacheifern, sollten wir nicht ihre problematischen Seiten leugnen – die Biographien von Sigmund Freud, Mahatma Gandhi, Thomas Edison oder Marie Curie sind in ihren groben Zügen inspirierend, aber gemahnen im Detail zur Vorsicht. Menschen mögen Göttern gleichen, aber sie ähneln auch in gleicher Weise anderen Tieren. Tatsächlich führt eine übertriebene Verehrung von Helden unweigerlich zu der typischen Enttäuschung, die ehemalige Idealisten kennzeichnet. Aber ohne solche Beispiele – wie beschränkt und mit Fehlern behaftet sie auch sein mögen – werden wir nicht einmal ansatzweise zu menschlicheren Formen von Kreativität, Menschenführung und Spiritualität gelangen. Und so schließe ich denn trotz meiner erklärten Absicht, zu beschreiben, statt moralische Belehrung zu erteilen, in der Hoffnung, daß dieses Buch anderen als Inspiration dienen möge.

Literaturhinweise

Alvarez, A. (1996), »The Playful Pianist«, *The New Yorker*, 1. April 1995, S. 49-55.

Arnold, Karen (1995), *Lives of Promise*, San Francisco.

Astington, Janet W. (1993), *The Child's Discovery of Mind*, Cambridge.

Bamberger, Jeanne (1982), »Growing up Prodigies: The Mid-life Crisis, in: *Developmental Approaches to Giftedness*, David T. Feldman (Hg.), San Francisco, S. 265-279.

Banks, Joanne T. (1989), *The Selected Letters of Virginia Woolf*, New York.

Bate, Walter Jackson (1963), *John Keats*, Cambridge.

Ders. (1975), *Samuel Johnson*, New York.

Bell, Quentin (1977, 1978, 1980, 1983, 1984), *The Diary of Virginia Woolf*, 5 Bde., New York.

Ders. (1981), *Virginia Woolf: Eine Biographie*, Frankfurt am Main.

Blom, Eric (1956), *Mozart's Letters*, Harmondsworth (England).

Bloom, B. (1985), *Developing Talent in Young People*, New York.

Bondurant, Joan V. (1958), *Conquest of Violence: The Gandhian Philosophy of Conflict*, Berkeley.

Bouchard, Thomas J./Lykken, David T. u.a. (1990), »Source of Human Psychological Differences: The Minnesota Study of Twins Reared Apart«, in: *Science*, 250, S. 223-228.

Brown, Judith (1989), *Gandhi: Prisoner of Hope*, New Haven.

Clark, Ronald W. (1981), *Sigmund Freud*, Frankfurt am Main.

Colby, Anne/Damon, William (1992), *Some Do Care*, New York.

Coles, Robert (1998), *Moralische Intelligenz oder Kinder brauchen Werte*, Berlin.

Csikszentmihalyi, Mihaly (1990), *Flow: Das Geheimnis des Glücks*, Stuttgart.

Ders. (1996), *Kreativität: Wie Sie das Unmögliche schaffen und ihre Grenzen überwinden*, Stuttgart.

Edel, Leon (1978), *Henry James*, New York.

Einstein, Alfred (1945), *Mozart: His Character, His Work*, New York.

Eliot, George (1962), *Middlemarch*, Zürich.

Ericsson, Anders/Krampe, R.T./Tesch-Romer, C. (1993), »The Role of Deliberate Practice in the Acquisition of Expert Performance, in: *Psychological Review*, 100 (3), S. 363-406.

Erikson, Eric H. (1971), *Gandhis Wahrheit: Über die Ursprünge der militanten Ge waltlosigkeit*, Frankfurt am Main.

Erikson, Erik (1959), *Identität und Lebenszyklus*, Frankfurt am Main.

Feldman, David H. (1994), *Beyond Universals in Cognitive Development*, Norwood (New Jersey).

Ders. (mit L. T. Goldsmith) (1986), *Nature's Gambit*, New York.

Fischer, Louis (1951), *Das Leben des Mahatma Gandhi*, München.

Ders. (1983), *The Essential Gandhi*, New York.

Freud, Sigmund (1986), *Briefe an Wilhelm Fliess 1897-1904*, hg. von Jeffrey Moussaieff Masson, Frankfurt am Main.

Ders. (1991), *Die Traumdeutung*, Frankfurt am Main.

Ders. (1948), *Gesammelte Werke*, 18 Bde., Bd. 14: »Dostojewskij und die Vatertötung«, Frankfurt am Main.

Ders., »Entwurf einer Psychologie« (1895), in: ders., *Gesammelte Werke in Einzelbänden*, Bd. 1., *Werke aus den Jahren 1892-1899*, Frankfurt am Main.

Fromm, Erich (1990), *Die Furcht vor der Freiheit*, München.

Gandhi, Mahatma (1948), *Autobiography: The Story of My Experiments with Truth*, New York (deutsch: *Eine Autobiographie oder Die Geschichte meiner Experimente mit der Wahrheit,* Gladenbach 1995).

Gardner, Howard (1993), *Der ungeschulte Kopf: Wie Kinder denken*, Stuttgart.

Ders. (1993a), *The Arts and Human Development*, New York.

Ders. (1993b), *Multiple Intelligences: The Theory in Practice*, New York.

Ders. (1994), *Abschied vom IQ: Die Rahmentheorie der vielfachen Intelligenzen*, Stuttgart.

Ders. (1996), *So genial wie Einstein: Schlüssel zum kreativen Denken*, Stuttgart.

Ders. (1997), *Die Zukunft der Vorbilder: Das Profil der innovativen Füh rungskraft*, Stuttgart.

Ders. (im Druck), »Extraordinary Cognitive Achievements": in: *Handbook of Child Psychology*, William Damon (Hg.), Bd. 1 (hg. von R. Lerner), New York.

Gardner, John (1961), *Exellence*, New York.

Geschwind, Norman (1977), »Behavioral Changes in Temporal Lobe Epilepsy«, in: *Archives of Neurology*, 34, S. 453.

Geschwind, Norman/Galaburda, Albert M. (1987), *Cerebral Lateralization*, Cambridge.

Goertzel, Mildred G./Goertzel, V. (1962), *Cradles of Eminence*, Boston.

Gould, Stephen Jay (1977), *Ontogeny and Phylogeny*, Cambridge.
Ders. (1995), *Dinosaurs in a Haystack*, New York.
Grove's Dictionary of Music and Musicians (1980), New York.
Gruber, Howard E. (1981), *Darwin on Man*, Chicago.
Ders. (1982), »Piaget's Mission«, in: *Social Research*, 49, S. 239—264.

Herrnstein, Richard/Murray, Charles (1994), *The Bell Curve*, New York.
Hildesheimer, Wolfgang (1990), *Mozart: Biographie*, Frankfurt am Main.
Hollingworth, Leta S. (1942), *Children above IQ 180*, Yokers (New York).

Jamison, Kay Redfield, *Touched with Fire: Manic Repressive Illness and the Arti-
stic Temperament*, New York.
Janik, Allan/Toulmin, Stephen (1987), *Wittgensteins Wien*, München/Zürich.
Jones, Ernest (1961), *The Life and Work of Sigmund Freud*, hg. von Lionel Trilling u. Steven Marcus, New York (deutsch: *Sigmund Freud: Leben und Werk*,
hg. und gekürzt von Lionel Trilling u. Steven Marcus mit einer Einführung
von Lionel Trilling, Frankfurt am Main 1969).

Kagan, Jerome (1994), *Galen's Prophecy*, New York.
Kaufmann, Walter (Hg.) (1980), *The Portable Nietzsche*, New York.

Lucas, George (1995) zitiert in: *New York Times*, 25. Dez.

Masson, Jeffrey M. (Hg.) (1986), *Sigmund Freud: Briefe an Wilhelm Fliess
1887-1904*, Frankfurt am Main.
Mehta, V. (1976), *Mahatma Gandhi and His Apostles*, New York.
Miller, Leon K. (1989), *Musical Savants: Exceptional Skill in the Mentally Re-
tarded*, Hillsdale (New Jersey).
Mozart (1963), *Briefe und Aufzeichnungen. Gesamtausgabe*, hg. von der Interna-
tionalen Stiftung Mozarteum Salzburg, Band 2: 1777-1779, Kassel u.a. 1962
und Band 3: 1780-1786, Kassel u.a. 1963

Nanda, Bal R. (1985), *Gandhi and His Critics*, Delhi (Indien).
Nechita, Alexandra (1966), *Outside the Line*, Atlanta.

Payne, Robert (1990), *The Life and Death of Mahatma Gandhi*, New York.
Perner, Josef (1991), *Understanding the Representational Mind*, Cambridge.
Piaget, Jean (1983), *Meine Theorie der geistigen Entwicklung*, Frankfurt am
Main.
Plomin, Robert/McGuffin, Peter/Owen, M. (1994), »The Genetic Basis of
Complex Human Behaviors«, *Science*, 264, S. 1733-1739.
Policastro, E./Gardner, Howard (im Druck), »From Case Studies to Robust Ge-
neralizations: An Approach to the Study of Creativity« in: *Handbook of Crea-
tivity*, Robert J. Sternberg (Hg.), New York.

Poole, Rogers (1990), *The Unknown Virginia Woolf*, Atlantic Highlands (New Jersey).

Sacks, Oliver (1987), *Der Mann, der seine Frau mit einem Hut verwechselte*, Reinbek bei Hamburg.
Sacks, Oliver (1995), *Eine Anthropologin auf dem Mars: Sieben paradoxe Geschichten*, Reinbek bei Hamburg.
Schonberg, Harold C. (1969), »It All Came Too Easily for Camille Saint-Saëns«, in: *New York Times*, 12. Jan. 1969, 2. Abt., S. 17.
Selfe, Lorna (1977), *Nadia*, New York.
Shirer, William L. (1979), *Gandhi: A Memoir*, New York.
Simons, Judy (1990), *Diaries and Journals of Literary Women from Fanny Burney to Virginia Woolf*, London.
Simonton, Dean K. (1994), *Greatness: Who Makes History and Why*, New York.
Sternberg, Robert J. (1998), *Erfolgsintelligenz: Warum wir mehr brauchen als IQ und EQ*, München.
Stevenson, Harold/Stigler, James W. (1994), *The Learning Gap*, New York.
Storr, Anthony (1996), *Feet of Clay*, New York.
Sulloway, Frank J. (1997), *Der Rebell der Familie*, Berlin.
Suziki, Shinichi (1969), *Erziehung ist Liebe: Ein neuer Weg zur Talenterziehung*, Kassel.

Terman, Lewis M./Oden, Melita H. (1925), *Genetic Studies of Genius*, Bd. 1: *Mental and Physical Traits of One Thousand Gifted Children*, Stanford.
Terman, Lewis M./Oden, Melita H. (1947), *Genetic Studies of Genius*, Bd. 4: *The Gifted Child Grows Up*, Stanford.
Toulmin, Stephen (1978), »The Mozart of Psychology«, *New York Review of Books*, 25, S. 51-57.
Turnbull, Colin (1973), *Das Volk ohne Liebe: Der soziale Untergang der Ik*, Reinbek bei Hamburg.
Turner, Walter James (1956), *Mozart: The Man and His Work*, Garden City (New York).

Wellman, Henry M. (1990), *The Child's Theory of Mind*, Cambridge.
Weschler, Lawrence (1990), *Shapinsky's Karma, Boggs's Bill, and Other True Life Tales*, New York.
White, Merry (1987), *The Japanese Educational Challenge*, New York.
White, S. (1965), »Evidence for a Hierarchical Arrangement of Learning Processes«, in: *Advances in Child Development and Behavior*, Lewis Lipsitt, C. Spiker (Hg.), 2 Bde., New York.
Wilson, Edmund (1961), *The Wound and the Bow*, London.
Winner, Ellen (1998), *Hochbegabt: Mythen und Realitäten von außergewöhnlichen Kindern*, Stuttgart.
Woolf, Leonard (1988), *Mein Leben mit Virginia: Erinnerungen*, Frankfurt am Main.

Woolf, Virginia (1978) *Ein Zimmer für sich allein*, Berlin.

Dies. (1985), *Moments of Being*, New York (deutsch: *Augenblicke: Skizzierte Erinnerungen*, Stuttgart 1981).

Dies. (1983), *Nacht und Tag*, Frankfurt am Main.

Dies. (1990), *Orlando*, Frankfurt am Main.

Dies. (1991), *Die Wellen*, Frankfurt am Main.

Dies. (1991), *Zum Leuchtturm*, Frankfurt am Main.

Dies. (1997), *Mrs. Dalloway*, Frankfurt am Main.

Dies. (1994), *Tagebücher, 1920-1924*, Bd.2, hg. von Klaus Reichert, Frankfurt am Main.

Register

Graf, Steffi 155
Graham, Martha 14, 16, 81, 95, 99, 119, 177
Grandin, Temple 67
Grant, Duncan 113
Gruber, Howard 19

Hardy, Thomas 125
Haydn, Joseph 71f., 74, 76, 80, 86, 179
Haydn, Michael 76
Hendrix, Jimi 157
Higginson, Thomas Wentworth 19
Hitler, Adolf 17, 147, 157f., 176
hochbegabte Kinder (Ellen Winner) 58
Hochkulturen 164ff.
»Hochzeit des Figaro« 85
Hollingworth, Leta 56
Horst, Louis 95
Hugo, Victor 73
humane Kreativität 192-195
Hutchins, Robert Maynard 136
Hyperaktivität 163
Hypergraphie 162
Hyperreligiosität 162
Hysterie (Studien Freuds und Breuers) 89, 92f.

idealtypischer Beeinflusser 135-138, 142, 168
idealtypischer Neuerer 93-96, 168
Identität des Heranwachsenden und tabellarische Zusammenfassung der Entwicklungsprozesse 46f., 49
Identität 46
idiographischer Ansatz 20
individuelle Unterschiede 47f.
Individuum, Definition 19
Informationsverarbeitung 43
Intelligenz 51-69
    gebietsspezifische 63ff.
    Umwelteinflüsse auf 58, 60ff., 64, 66f.

genetische Einflüsse auf 57f., 60
individuelle Unterschiede der 48
neue Sichtweise von 52ff.
schulische Frühreife 54-57
Quellen von 57ff.
Theorie »vielfacher Intelligenzen« 52ff.
traditionelle Ansichten über 51
s. a. vielfache Intelligenzen; psychometrische Intelligenz
Intelligenzverständnis des Kindes theoretisches 37ff.
intrapersonale Intelligenz 53
IQ-Tests: und Glockenkurve 55f.
    Eltern und 57f., 59f.
    Vorhersagekraft von 58f.
    Rolle von 53f.
    schulische Frühreife und 54, 56
    s. a. psychometrische Intelligenz
Ironie 38

James, Henry 38
James, William 33
Janet, Pierre 102
Japan: Lernen und Motivation in 52
    konfuzianischer Einfluß auf Erziehung in 60ff.
Jefferson, Thomas 14, 150
Johannes XXIII., Papst 157
John und Michael 66
Johnson, Samuel 59
Jones, Ernest 93, 100
Jones, Jimmy 157
Joplin, Janis 157
Joyce, James 18, 25f., 110, 118, 125
Jung, Carl Gustav 98, 106
Jungfrau von Orléans 13

kaizen 187
Kearney, Michael 54
Keats, John 73f., 87, 120
Kennedy, Rose 13
Keynes, John Maynard 113